Beiträge zur Rechtsmethodologie und Rechtsmethodik

Akademie der Wissenschaften
der Deutschen Demokratischen Republik

Institut für Theorie des Staates und des Rechts

Staats- und rechtstheoretische Studien

8

Beiträge zur Rechtsmethodologie und Rechtsmethodik

AKADEMIE-VERLAG · BERLIN
1980

Aus dem Russischen übertragen und wissenschaftlich bearbeitet von:
Rolf-W. Bauer, Frank Kretschmar, Vera Kropp, Bärbel Richter,
Angelika Schmidt, Christian Schmidt, Ute Seifert-Kricher, Roswitha Svensson

Erschienen im Akademie-Verlag, DDR-108 Berlin, Leipziger Str. 3—4

Lizenznummer: 202 · 100/11/80
Gesamtherstellung: VEB Druckerei „Thomas Müntzer", 582 Bad Langensalza
Bestellnummer: 753 679 3 (2173/8) · LSV 0495
Printed in GDR
DDR 12,— M

Inhalt

Vorbemerkung

In den letzten Jahren wird immer stärker erkannt, daß die Ausarbeitung methodologischer und methodischer Probleme der Rechtswissenschaft eine nicht unwesentliche Voraussetzung dafür ist, um die gesellschaftliche Wirksamkeit des sozialistischen Rechts zu erhöhen. Gleichzeitig trägt die Lösung rechtsmethodischer und rechtsmethodologischer Probleme dazu bei, die marxistisch-leninistische Rechtswissenschaft stärker philosophisch zu fundieren, was wiederum wichtig ist für die weltanschaulich-ideologische Auseinandersetzung mit dem bürgerlichen Rechtsdenken. Es dürfte deshalb außer Zweifel stehen, daß auch die rechtwissenschaftliche Forschung der DDR in den kommenden Jahren dem Methodologie- und Methodenproblem verstärkte Aufmerksamkeit widmen wird. Um eine entsprechende Forschung zu konzipieren, ist es unerläßlich, zunächst Stand und Fragestellung der internationalen Diskussion auf diesem Gebiet zur Kenntnis zu nehmen. Der Auswertung der Forschungsergebnisse der sowjetischen Rechtswissenschaft kommt dabei besondere Bedeutung zu. Mit dem vorliegenden Band soll hierzu ein kleiner Beitrag geleistet werden.

Die Auswahl der einzelnen Beiträge war von dem Anliegen bestimmt, einen Eindruck von der thematischen Breite und Vielfalt der Bemühungen zu vermitteln, die seit Jahren in der Sowjetunion unternommen werden, um eine Methodologie der marxistisch-leninistischen Rechtswissenschaft auszuarbeiten. Auch soll gezeigt werden, welche Wege beschritten werden müssen, um Fragestellungen aus anderen Wissenschaftsdisziplinen für die Lösung rechtsmethodologischer und rechtsmethodischer Probleme heranzuziehen. Die interdisziplinäre Spannweite der Problematik muß besonders unterstrichen werden; sie verdeutlicht, daß eine marxistisch-leninistische Rechtsmethodik und Rechtsmethodologie allein im Rahmen juristischer Problemstellungen nicht entwickelt werden kann. Die vorliegenden Beiträge machen aber auch zugleich die Schwierigkeit deutlich, Fragestellungen aus anderen Disziplinen gegenstandsadäquat in der Rechtswissenschaft anzuwenden. Auf einen Nenner gebracht, geht es darum, die Diskussion zum Methoden- und Methodologieproblem in der marxistisch-leninistischen Rechtswissenschaft auch unter den Staats- und Rechtswissenschaftlern der DDR zu stimulieren.

Bei der Auswahl der Beiträge wurde schließlich bedacht, daß dem interessierten Leser in der DDR das umfängliche methodentheoretische Werk von D. A. Kerimow „Philosophische Probleme des Rechts“, das ebenfalls vom Institut für Staats- und

Rechtstheorie der Akademie der Wissenschaften herausgegeben wurde, zur Verfügung steht. Die Übersetzung und wissenschaftliche Bearbeitung der ausgewählten Beiträge besorgte ein Kollektiv junger Assistenten. Diese Arbeiten — von der FDJ-Grundorganisation unseres Instituts zum Jugendobjekt erklärt — wurden im Rahmen des sozialistischen Wettbewerbs aus Anlaß des 60. Jahrestages der Großen Sozialistischen Oktoberrevolution geleistet.

Berlin, im März 1977 *Karl A. Mollnau*

A. F. Teerdanzev

Das Prinzip der Parteilichkeit in der marxistisch-leninistischen Staats- und Rechtswissenschaft

Die Parteilichkeit ist ein charakteristisches methodologisches Prinzip der Rechtswissenschaft; es ermöglicht dem Wissenschaftler, klare weltanschauliche Positionen zu beziehen, und beeinflußt dadurch den Forschungsprozeß und seine Ergebnisse. Die große Bedeutung, die dem Prinzip der Parteilichkeit in der Wissenschaft zukommt, wurde im Rechenschaftsbericht des ZK der KPdSU an den XXV. Parteitag wiederum hervorgehoben. Wir wollen versuchen, den Inhalt dieses Prinzips in der Rechtswissenschaft im folgenden umfassender und genauer zu klären.

Nicht selten wird gesagt, die Rechtswissenschaft sei parteilich, weil sie die Interessen einer bestimmten Klasse widerspiegele, deren Positionen vertrete oder der historischen Aufgabe der Arbeiterklasse — dem kommunistischen Aufbau — diene.[1] Eine solche Charakterisierung ist im großen und ganzen richtig: dennoch ist sie unserer Ansicht nach nicht ganz ausreichend, handelt es sich doch auch darum, daß die Rechtswissenschaft objektiv sein und zu wahren Kenntnissen über staatlich-rechtliche Erscheinungen kommen muß. Die Wahrheit aber ist objektiv weder von der Menschheit noch vom einzelnen Menschen abhängig.[2] Werden Kenntnisse über das Wesen und die objektiven Entwicklungsgesetze von Staat und Recht hingegen entstellt oder einseitig formuliert und dadurch Klasseninteressen angepaßt und für Klassenziele ausgenutzt, wie das von bürgerlichen Ideologen häufig getan wird, dann können sie nicht beanspruchen, wahr zu sein.

Die Klassiker des Marxismus-Leninismus sahen die Parteilichkeit in solchen Wissenschaften, wie der Philosophie, der politischen Ökonomie und der Staats- und Rechtswissenschaft vor allem dann realisiert, wenn an die zu untersuchenden Gegenstände materialistisch herangegangen wird. „MARX und ENGELS", schrieb LENIN, „waren von Anfang bis zu Ende parteilich in der Philosophie. Sie verstanden es, die Abweichungen vom Materialismus und die Nachgiebigkeit gegenüber dem Idealismus . . . aufzudecken." Sie bewerteten diese oder jene Lehren „ausschließlich vom Standpunkt der konsequenten Einhaltung des Materialismus."[3] Wie LENIN sagte, haben sie nicht nur den Materialismus in der Erkenntnistheorie weiterentwickelt und angewendet, sondern sie zeigten auch, wie man auf dem Gebiet der Gesellschaftswissenschaften den Materialismus durchsetzen muß.[4]

Eine materialistische, und das heißt zugleich parteiliche Betrachtungsweise von Staat und Recht setzt stets die Untersuchung der materiellen Quellen und klassenmäßigen Bedingungen ihres Funktionierens voraus.[5] Wird der Materialismus konsequent angewendet, so führt dies unweigerlich zur Aufdeckung des Klassenwesens von Staat und Recht. Damit wird das Prinzip der Parteilichkeit realisiert und gleichzeitig eine Gegenposition zur scheinbaren Parteilichkeit der bürgerlichen Sozialwissenschaften bezogen.[6]

Die Klassiker des Marxismus-Leninismus reduzieren die Parteilichkeit in der Staats- und Rechtswissenschaft jedoch nicht auf die materialistische Analyse der Klassenverhältnisse, sondern sie stellten sich bei der Bewertung staatlich-rechtlicher Erscheinungen stets zugleich auch auf den Standpunkt des Proletariats. LENIN schrieb, man könne in der Staatslehre stets „den Kampf der verschiedenen Klassen untereinander, einen Kampf, der sich im Kampf der Ansichten über den Staat, in der Einschätzung der Rolle und Bedeutung des Staates widerspiegelt oder darin seinen Ausdruck findet"[7], wahrnehmen. Dies war eine Konkretisierung des allgemeinen Prinzips der Parteilichkeit bezüglich seiner Anwendung auf den Staat. Der Materialismus schließt die Parteilichkeit in sich ein, da er dazu verpflichtet, „bei jeder Bewertung eines Ereignisses direkt und offen den Standpunkt einer bestimmten Gesellschaftsgruppe einzunehmen"[8].

Gerade bei der Bewertung sozialer Sachverhalte und staatlich-rechtlicher Erscheinungen gehen die Ansichten auseinander. Das ist verständlich, denn jede gesellschaftliche Klasse und jede politische Partei orientiert sich an dem Wertesystem, das ihrer Stellung in der Gesellschaft, ihren Klassenzielen und -interessen entspricht. Dies ist die Ursache für verschiedenartige, ja sogar diametrale Bewertungen. Diametral entgegengesetzte Bewertungen gibt es heute zum Beispiel hinsichtlich des Charakters des sozialistischen und des bürgerlichen Staates. Selbst wenn bestimmte Prozesse, die sich in diesen Staaten vollziehen, sowohl von marxistisch-leninistischen als auch von bürgerlichen Wissenschaftlern übereinstimmend erkannt und beschrieben werden, so wird die Bewertung dieser Prozesse dennoch unterschiedlich und oft genug gegensätzlich sein. Für diese Tatsache ist die Konvergenztheorie ein beredtes Beispiel.[9]

Als methodologisches Prinzip fordert die Parteilichkeit vom marxistisch-leninistischen Wissenschaftler, bei seinen Forschungen von den Grundthesen des historischen Materialismus auszugehen, an der materialistischen Dialektik festzuhalten und die zu untersuchenden Erscheinungen vom Standpunkt der Arbeiterklasse aus zu bewerten. Dabei ist es wichtig, das Verhältnis von Parteilichkeit und Objektivität in der Wissenschaft zu bestimmen.

Bürgerliche Wissenschaftler halten diese beiden Begriffe meist für unvereinbar. Nach ihrer Meinung widerspricht die Parteilichkeit der Objektivität; Parteilichkeit sei Voreingenommenheit, sei Mißachtung der Wahrheit zugunsten politischer Ziele usw. In Wirklichkeit ist jedoch die bürgerliche Parteilichkeit, die unter dem Mantel scheinbarer Objektivität verborgen ist, nichts anderes als eine bewußte oder unbewußte Anwendung und Nutzung solcher methodischer Prinzipien, die den Interessen der Bourgeoisie und der Existenz und Aufrechterhaltung der bürgerlichen Gesellschaft dienen. Das marxistisch-leninistische Prinzip der Parteilichkeit erfordert in der Wissenschaft ein dialektisch-materialistisches Herangehen an die zu untersuchenden Objekte; gerade dadurch wird die Objektivität der wissenschaftlichen Untersuchung gesichert. Staatliche und rechtliche Erscheinungen von der Position der Arbeiterklasse aus zu beurteilen, widerspricht nicht der Objektivität, weil die Arbeiterklasse die einzige Klasse in der geschichtlichen Entwicklung der Gesellschaft ist, die nicht danach strebt, ihre Herrschaft zu verewigen. Wenn das Proletariat die alten Produktionsverhältnisse gewaltsam beseitigt, so hebt es damit die Existenzbedingungen der Klassen überhaupt und somit seine eigene Herrschaft als Klasse auf.[10] Die Arbeiterklasse hat es nicht nötig, das Klassenwesen und die klassenmäßige Bestimmung ihres Staates und Rechts zu verbergen; im Gegenteil, sie ist daran interessiert, das wirkliche Klassenwesen von Staat und Recht überall aufzudecken, um ihre Haltung im Klassenkampf gegenüber dem Staat richtig zu fixieren. Für die Arbeiterklasse ist es wichtig, alle wesentlichen Seiten, alle objektiven Gesetze der Entwicklung und des Funktionierens des sozialistischen Staates und Rechts zu erkennen. Parteiliche Analyse staatlich-rechtlicher Erscheinungen setzt Objektivität der Staats- und Rechtswissenschaft voraus. LENIN bemerkte: „Der Materialist enthüllt die Klassengegensätze und legt damit seinen Standpunkt fest . . ., der Materialist (ist) . . . folgerichtiger als der Objektivist und führt seinen Objektivismus vollständiger, gründlicher durch."[11] Das Prinzip der Parteilichkeit verträgt sich daher auch nicht mit opportunistischen Zugeständnissen an zeitweilige Gegebenheiten, mit prinzipienlosen Kompromissen bei der Bewertung dieser oder jener Objekte der Wissenschaft usw.

Die Objekte der Staats- und Rechtswissenschaft könnten wie folgt untergliedert werden: Staat und Recht der Ausbeuterklasse; vorbürgerliche und bürgerliche Staats- und Rechtstheorie; sozialistischer Staat und sozialistisches Recht; marxistisch-leninistische Staats- und Rechtswissenschaft.

Was die Untersuchung von Erscheinungen der ersten Gruppe betrifft, so ist es notwendig, sie vom Standpunkt ihrer sozialen und klassenmäßigen Bestimmung als Instrumente der Klassenherrschaft zu charakterisieren, und sie nicht nur nach unseren Auffassungen von der Gerechtigkeit, sondern auch unter Beachtung ihrer Funktion in der historischen Entwicklung einzuschätzen.[12] Bei der Untersuchung der Institutionen des gegenwärtigen bürgerlichen Staates und Rechtes muß deren Klasseninhalt herausgearbeitet werden, wobei zu berücksichtigen ist, daß in einer Reihe kapitalistischer Länder heute die Arbeiterklasse die Möglichkeit hat, „die Mehrheit des Volkes zusammenzuschließen, die Staatsmacht ohne einen Bürgerkrieg zu erringen", daß sie bereits vor dem Sturz des Kapitalismus „die Bourgeoisie zu Maßnahmen zwingen kann, die über den Rahmen der üblichen Reformen hinausgehen und sowohl für die Arbeiterklasse und die Entfaltung ihres weiteren Kampfes für den Sieg der Revolution, für den Sozialismus, als auch für die Mehrheit der Nation lebenswichtig sind"[13].

Letzteres ist jedoch nur möglich, wenn bürgerlich-demokratische staatliche und rechtliche Institutionen (Parlament, politische Freiheiten, Gesetzlichkeit) vorhanden sind und vom organisierten Proletariat aktiv genutzt werden können. Oft bleibt die Form solcher Institutionen auch nach der Machteroberung erhalten, sie wird aber mit einem neuen Klasseninhalt erfüllt. LENIN sprach deshalb von der Notwendigkeit, bei der Ausarbeitung sozialistischer Gesetze alles, „was es in der Literatur und in der Praxis der westeuropäischen Länder zum Schutz der Werktätigen gibt", auszunutzen.[14]

Die zeitgenössischen bürgerlichen Staats- und Rechtslehren sind in der Regel mit Varianten des philosophischen Idealismus (Neopositivismus, Pragmatismus, Existentialismus usw.) verbunden. Analysiert man diese bürgerlichen Staats- und Rechtslehren, so darf nicht vergessen werden, daß der philosophische Idealismus nicht nur Unsinn, sondern „vom Standpunkt des dialektischen Materialismus eine *einseitige*, übertriebene . . . Entwicklung (Aufbauschen, Aufblähen) eines der Züge, einer der Seiten, der ganzen Erkenntnis zu einem . . . Absolutum" (ist).[15] Juristische Theorien bürgerlicher Wissenschaftler idealistischer Prägung dürfen deshalb nicht einfach abgetan werden. Ihr Mangel besteht meist in ihrer Einseitigkeit; sie verabsolutieren eine Seite der rechtlichen Wirklichkeit (z. B. die Gebundenheit des Rechts an den Staat, die Normaktivität des Rechts, die

Verbindung von Rechtssetzung und Rechtsrealisierung mit psychologischen Erlebnissen der Normadressaten usw.), und sie ignorieren zugleich andere Seiten. Soweit diese Theorien allerdings einen bestimmten Realitätsaspekt untersuchen, enthalten sie auch exaktes Material (spezielle Methoden, Tatsachen usw.), das unsere Wissenschaft nicht ignorieren darf.

Irrationalistische Theorien hingegen und solche, die auf zügelloser Apologetik der bürgerlichen Staats- und Rechtsordnung beruhen oder von Antikommunismus bzw. von sozialem Illusionismus durchdrungen sind, müssen schonungslos entlarvt werden. Und schließlich gilt es, sich kritisch mit jenen Theorien auseinanderzusetzen, die mit verfeinerten Methoden die marxistische Staats- und Rechtswissenschaft „korrigieren" wollen. Das Prinzip der Parteilichkeit erfordert, die scheinbare Parteilichkeit dieser bürgerlichen reformistischen Lehren zu entlarven. Noch immer hat ENGELS recht: „Heutzutage gibt es auch Leute genug, die den Arbeitern von der Parteilichkeit ihres höheren Standpunktes einen über allen Klassengegensätzen und Klassenkämpfen erhabenen Sozialismus predigen. Aber sie sind entweder Neulinge, die noch massenhaft zu lernen haben, oder aber die schlimmsten Feinde der Arbeiter, Wölfe im Schafspelz."[16]

Parteilichkeit in der Staats- und Rechtswissenschaft setzt voraus, objektiv und prinzipienfest an die Einschätzung staatlich-rechtlicher Erscheinungen heranzugehen. Beispiele dafür finden wir in den Arbeiten LENINS. Er unterstrich immer das Neue, den höheren Typ des sozialistischen Staates und Rechts, ihren grundlegenden Gegensatz zu den vorangegangenen Staats- und Rechtstypen. Gleichzeitig kritisierte er schonungslos viele Seiten der staatlich-rechtlichen Realität der eben erst entstandenen sozialistischen Gesellschaft, wie Bürokratismus, Karrierismus, Korruption, Formalismus, Schlendrian, Unwissen, kulturelle Zurückgebliebenheit, fachliche Ungeeignetheit von Staatsfunktionären, Verletzungen der Gesetzlichkeit, Unvollkommenheit der Gesetzgebung und anderes. Prinzipiell verurteilt hat das ZK der KPdSU jene negativen staatlich-rechtlichen Erscheinungen, die mit dem Personenkult um STALIN in Zusammenhang standen.

Objektivität bei den Untersuchungen und Prinzipienfestigkeit bei der Beurteilung der sozialistischen staatlich-rechtlichen Institutionen sind für die marxistisch-leninistische Staats- und Rechtswissenschaft kennzeichnend. Zu ihrer Aufgabe gehört es, die objektiven Entwicklungsgesetze des politisch-rechtlichen Überbaus, die Merkmale des Staates und des Rechts sowie deren gesellschaftliche Wirksamkeit zu erforschen.

Die Parteilichkeit der marxistisch-leninistischen Rechtswissenschaft erfordert zu begründen und zu erklären, warum der sozialistische Staat und sein Recht Institutionen eines neuen Klassentyps sind. Ihr ist jedoch jede gedankenlose Apologetik fremd. „Hurrapatriotismus" nach dem Prinzip, „was unser ist, was sozialistisch ist, das ist das Beste und bedarf keiner Vervollkommnung", lehnt sie ab. Die Auffassung, diese oder jene sozialistischen staatlichen Institutionen seien so perfekt, daß sie nicht mehr verbessert werden könnten, führt zu Stagnation und Konservatismus sowohl bei der Entwicklung dieser Institutionen als auch in der Wissenschaft selbst. Die Parteilichkeit der marxistisch-leninistischen Wissenschaft erfordert jedoch, die bestehenden sozialistischen staatlich-rechtlichen Erscheinungen vom Gesichtspunkt der fortschreitenden Entwicklung der sozialistischen Gesellschaft aus zu betrachten. Hierzu dienen instrumentelle und essentielle (primäre) Wertungen.[17]

Instrumentelle Wertungen antworten auf die Frage, inwieweit Staat und Recht effektive

Instrumente zur Erreichung der kommunistischen Ziele sind. Bewertungen solcher Art sind für die Rechtswissenschaft typisch, da der sozialistische Staat und das sozialistische Recht sowie ihre Institutionen vor allem Instrumente zur Verwirklichung bestimmter Ziele sind. Die marxistisch-leninistische Rechtswissenschaft widmet gegenwärtig den instrumentellen Bewertungen, und zwar sowohl den positiven wie auch den negativen, große Aufmerksamkeit, da ohne sie weder der Staatsapparat noch die Gesetzgebung vervollkommnet werden können. Kennzeichnend für diese Forschungsrichtung sind Effektivitätsanalysen des Rechts, denn die Effektivität des Rechts und des Staatsapparates kann ohne instrumentelle Bewertung nicht analysiert werden. Wurden z. B. bestimmte Institutionen als ganzes oder hinsichtlich konkreter Funktionsweisen instrumentell negativ bewertet, so kann man auch konkrete Vorschläge machen, um sie zu verbessern.

Instrumentelle Bewertungen sind äußerst kompliziert, da beispielsweise Rechtsnormen unterschiedliche Ziele verfolgen können. In solchen Fällen stimmen instrumentelle Bewertungen nicht überein oder sind sogar gegensätzlich. Ein und dieselbe Norm kann unter einem Aspekt instrumentell positiv und unter einem anderen instrumentell negativ sein. Ebenso können Unterschiede bei der Beurteilung staatlich-politischer Institutionen auftreten. Auf der Basis solcher in mancherlei Hinsicht widersprüchlicher Bewertungen hat die Wissenschaft die optimale Variante des Inhalts einer Rechtsinstitution oder des Aufbaus und der Kompetenz einer staatlichen Institution auszuarbeiten.

Die Parteilichkeit hinsichtlich der sozialistischen Staats- und Rechtsinstitutionen beschränkt sich indes nicht nur auf deren instrumentelle Bewertung. Die Arbeiterklasse verwirft die These, derzufolge der Zweck die Mittel heilige. Die edlen Ziele der Arbeiterklasse verlangen auch entsprechende Mittel, um sie zu erreichen; humane Ziele sind nicht durch inhumane Mittel zu verwirklichen. Parteilichkeit setzt daher die primäre, die essentielle, die grundsätzliche Beurteilung des Inhalts und der Tätigkeit der Staats- und Rechtsinstitutionen der sozialistischen Gesellschaft entsprechend den Auffassungen der Arbeiterklasse über Gerechtigkeit, über Gut und Böse und über Humanität voraus. Die Tätigkeit des sozialistischen Staatsapparates wird nicht nur durch das Recht, sondern auch durch die Normen der kommunistischen Moral geregelt, denn der Mechanismus der rechtlichen Regelung, beginnend mit den Gesetzen bis hin zu den Rechtsanwendungsakten, hat eine moralische Grundlage.

Bei der Bewertung staatlicher Institutionen oder des Inhalts von Rechtsinstitutionen sowie von einzelnen Rechtsnormen ist eine Nichtübereinstimmung zwischen der instrumentellen und der moralischen Einschätzung nicht ausgeschlossen. Manche Rechtsinstitution mag unter dem Gesichtspunkt der instrumentellen Bewertung effektiv sein, kann aber bei einer Bewertung vom Standpunkt der Gerechtigkeit, des Humanismus, der Gleichheit usw. nicht uneingeschränkt gebilligt werden. Solche Unterschiede zwischen instrumenteller und inhaltlicher Bewertung müssen beachtet werden; anzustreben ist ein solches Verhältnis, bei dem die Differenzen minimal sind. Unter Berücksichtigung der Ziele der allgemeinen Vorbeugung kann z. B. der Vorschlag unterbreitet werden, die rechtliche Verantwortlichkeit für diese oder jene rechtswidrigen Handlungen zu erhöhen. Hierbei muß aber auch der Aspekt der Gerechtigkeit geprüft werden. Es kann z. B. auch vorgeschlagen werden, die prozessuale Behandlung bestimmter Rechtsfälle zu vereinfachen. Zur Erreichung bestimmter Ziele (Schnelligkeit, Einsparung von Mitteln) mag dies instrumentell positiv beurteilt werden, vom Standpunkt der Gerechtigkeit kann das aber auch anders sein.

Rechtsakte werden wie andere Akte nicht nur in ihrer allgemeinen, abstrakten Form, die in Normativakten fixiert ist, parteilich eingeschätzt, sondern auch im Verlauf ihrer Wirkung, ihrer Realisierung. Offensichtlich stimmt die Beurteilung der faktischen Realisierung dieser Akte mitunter nicht mit der allgemeinen, abstrakten überein. Ein Rechtsakt des materiellen Rechts z. B., der in der abstrakten Bewertung instrumentell wertvoll erscheint, kann sich im Verlauf seiner Realisierung als instrumentell nicht effektiv erweisen. Oft hängt das nicht von dem zu realisierenden Akt selbst ab, sondern von den prozessualen Formen oder von seiner Verwirklichung.[18] Selbstverständlich kann die Realisierung von Rechtsnormen auch instrumentell vom Standpunkt der verschiedenen Ziele und nach der proletarischen Gerechtigkeit beurteilt werden. Diese Bewertungen stimmen offensichtlich nicht immer überein. Die in einer Hinsicht instrumentell als positiv anerkannte Wirkung des Rechtsaktes kann in anderer Hinsicht negativ sein, oder die instrumentell positive Einschätzung entspricht nicht der unter dem Aspekt der Gerechtigkeit. In den meisten Fällen stimmen allerdings die Bewertungen der verschiedenen Arten überein.

Die Parteilichkeit der marxistisch-leninistischen Staats- und Rechtswissenschaft setzt eine objektive Selbsteinschätzung voraus. Die Parteilichkeit der Selbsteinschätzung zeigt sich nun in ihrer Objektivität als Wissenschaft, d. h. darin, wie sie den Interessen der Arbeiterklasse dient, inwieweit vor allem ihre Kritik am bürgerlichen Staats- und Rechtswesen, an den antikommunistischen Lehren über den Staat und das Recht kämpferisch und fundiert ist, wie gründlich die Gesetzmäßigkeiten der Entwicklung des staatlichen und rechtlichen Überbaus der sozialistischen Gesellschaft erforscht werden, inwieweit sie die Wirklichkeit richtig einschätzt und effektive Vorschläge unterbreitet usw. Die Rechtswissenschaft kann folglich danach bewertet werden, inwieweit sie bei der Realisierung ihrer konkreten Funktionen wirksam ist (der Funktion der Erläuterung, der Prognostizierung, der Arbeit für die Gesetzgebung usw.).

Die Wissenschaft ist bekanntlich nicht nur ein System bestimmter Erkenntnisse. Sie ist auch als Tätigkeit von Personen zu verstehen, die wissenschaftliche Arbeiten schaffen. Die Selbsteinschätzung der Wissenschaft äußert sich in der Bewertung der Arbeiten von Wissenschaftlern. Sie ist somit die Einschätzung wissenschaftlicher Arbeiten durch andere. Entwicklungsstimuli der Wissenschaft sind nicht nur positive Beurteilungen, sondern auch kritische. Die Selbsteinschätzung der Wissenschaft setzt deshalb wissenschaftliche Kritik, Polemik und Diskussionen voraus. Parteilichkeit der wissenschaftlichen Kritik verlangt jedoch Objektivität, Argumentation und Wahrung bestimmter Formen der Polemik, die auf den Normen und Prinzipien der kommunistischen Moral beruhen, wie es L. I. Breshnew forderte, als er auf die Notwendigkeit verwies, daß in jedem wissenschaftlichen Kollektiv eine wirklich schöpferische Atmosphäre, eine Atmosphäre des kühnen Forschens, fruchtbringender Diskussionen und kameradschaftlicher Strenge zu schaffen sei.[19] Diese Aufgabe, heißt es im Bericht des ZK der KPdSU an den XXV. Parteitag, bleibt heute genauso wichtig wie gestern, und der schöpferische Meinungsstreit muß auf unserer gemeinsamen marxistisch-leninistischen ideologischen Plattform vor sich gehen. Daraus folgt, daß wissenschaftliche Forschungen und Diskussionen fruchtbar sein und den Interessen der fortschreitenden Entwicklung der sozialistischen Gesellschaft entsprechen werden, wenn sie von den Ideen der Klassiker des Marxismus-Leninismus und von den sie weiterentwickelnden kollektiven Beschlüssen der Partei durchdrungen sind.

Anmerkungen

In den Anmerkungen zu diesem und den folgenden Beiträgen wurden sowjetische Publikationen und Beiträge aus sowjetischen Zeitschriften in deutscher Sprache wiedergegeben. Lediglich die Namen der Autoren und der betreffenden Zeitschriften wurden in der bibliothekarischen Transkription wiedergegeben.

1 Vgl. Allgemeine Theorie des Staates und des Rechts, Leningrad 1961, S. 13; Das sowjetische Zivilrecht, Bd. 1, Moskau 1968; Theorie des Staates und des Rechts, Moskau 1968; Grundlagen der Theorie des Staates und des Rechts, Moskau 1971, S. 18; Theorie des Staates und des Rechts, Moskau 1962, S. 14.
2 Vgl. Lenin, W. I., Werke, Bd. 14, Berlin 1962, S. 127.
3 Ebenda, S. 343.
4 Ebenda, S. 340.
5 Vgl. Marx, K./Engels, F., Werke, Bd. 21, Berlin 1962, S. 301; Bd. 22, Berlin 1963, S. 199; Bd. 4, Berlin 1959, S. 477.
6 Vgl. Lenin, W. I., Werke, Bd. 19, Berlin 1962, S. 3.
7 Lenin, W. I., Werke, Bd. 29, Berlin 1961, S. 462f.
8 Lenin, W. I., Werke, Bd. 1, Berlin 1961, S. 414.
9 Vgl. Semënov, W. S., Die Grundzüge und der soziale Sinn der bürgerlichen Konvergenztheorie, Moskau 1970, S. 25.
10 Vgl. Marx, K./Engels, F., Werke, Bd. 4, a. a. O., S. 482.
11 Lenin, W. I., Werke, Bd. 1. a. a. O.
12 Lenin hat die bürgerlichen Freiheiten und die bürgerliche Demokratie, die „Freiheit und Demokratie für die Besitzenden, aber lediglich Brosamen für die Besitzlosen waren" (Lenin, W. I., Werke, Bd. 29, a. a. O., S. 345), wiederholt als formal und beschnitten charakterisiert. Gleichzeitig betonte er, daß die bürgerliche Republik, das Parlament und das allgemeine Wahlrecht vom Standpunkt der weltgeschichtlichen Entwicklung der Gesellschaft einen riesigen Fortschritt darstellen (ebenda, S. 477).
13 Programm und Statut der Kommunistischen Partei der Sowjetunion, Berlin 1961, S. 37, 34f.
14 Lenin, W. I., Werke, Bd. 33, Berlin 1962, S. 187.
15 Lenin, W. I., Werke, Bd. 38, Berlin 1964, S. 344.
16 Marx, K./Engels, F., Werke, Bd. 22, a. a. O., S. 321.
17 Vgl. Iwin, A. A., Zur Bewertungslogik, in: Sowjetwissenschaft, Gesellschaftswissenschaftliche Beiträge, 7/1969, S. 721—731; ders., Grundlagen der Logik von Wertungen, Berlin 1975.
18 Beispielsweise können die verschiedenartigen Rechtsinstitutionen, die die Teilnahme der Werktätigen an der Kontrolle der Tätigkeit staatlicher und anderer Einrichtungen regeln, positiv eingeschätzt werden; dies geschieht jedoch nicht immer. Ebenso können Normen instrumentell positiv eingeschätzt werden, durch die Lieferbetriebe für entgangenen Gewinn haftbar gemacht werden. Praktisch ist der Wert dieser Normen ziemlich gering, da sie zwischen den Betrieben selten angewendet werden (vgl. Subanova, N., in: Sovetskaja justicija, 4/1974, S. 15).
19 Vgl. Kommunist, 5/1971, S. 69.

I. S. Samoščenko/
V. M. Syrych

Materialistische Dialektik und Methodologie der Rechtswissenschaft

Wachsendes Interesse an der Methodologie der rechtlichen Forschung charakterisiert die sozialistische Rechtswissenschaft in der Gegenwart. Das ist ganz verständlich, denn gründliche Analysen der Wege und Methoden der Erkenntnis staatlich-rechtlicher Erscheinungen sind eine notwendige Voraussetzung für die erfolgreiche Entwicklung der Rechtswissenschaft, für eine höhere Effektivität der rechtlichen Forschungen und für die fruchtbringende Lösung äußerst wichtiger theoretischer Probleme, die durch die Erfordernisse und Bedürfnisse des kommunistischen Aufbaus bedingt sind.

1. Die Methoden der Erkenntnis staatlich-rechtlicher Erscheinungen

Die Frage nach der Methode der Rechtswissenschaft ist vor allem die Frage der Wechselbeziehung zwischen der materialistischen Dialektik und jenen Erkenntnisverfahren, in denen sie eine Konkretisierung und eine Entwicklung entsprechend der Spezifik staatlich-rechtlicher Erscheinungen erfährt.

In der sozialistischen juristischen Literatur versteht man die Methode der Rechtswissenschaft insgesamt und ihrer einzelnen Disziplinen (allgemeine Staats- und Rechtstheorie, Staatsrecht, Verwaltungsrecht und andere) als eine Einheit von dialektischen und speziellen wissenschaftlichen Methoden. Dabei betrachtet man die dialektische Methode zumeist auf der Ebene der allgemeinen Prinzipien der wissenschaftlichen Erkenntnis, der Vollständigkeit, der Allseitigkeit, der Objektivität, des konkret-historischen Herangehens, und das System spezieller Forschungsverfahren als Gesamtheit einzelner Methoden, die durch die Spezifik des wissenschaftlichen Gegenstandes bestimmt sind. Zur Methodologie der Theorie des Staates und des Rechts zählen die historischen und logischen Methoden, die rechtsvergleichenden Methoden, die Statistik und die konkret-soziologischen Untersuchungen.[1] Zur Methode der Staatsrechtswissenschaft gehören die konkret-soziologische Methode, die rechtsvergleichende Methode, die Kybernetik, die Modellierung, die Statistik und das systemstrukturelle Verfahren[2], und zur Methode der Verwaltungswissenschaft das funktionale und das systematische Verfahren, die konkret-soziologische und die historische Methode.[3] Diese Betrachtung der Methoden rechtswissenschaftlicher Forschung bedarf, obwohl sie dem Wesen nach richtig ist, jedoch einiger Präzisierungen und Konkretisierungen.

Erstens ist durch fünf bis sechs spezialwissenschaftliche Verfahren nicht die ganze

Vielfalt wissenschaftlicher Erkenntnismethoden zu erfassen. In den Werken der Klassiker des Marxismus-Leninismus (z. B. „Die Klassenkämpfe in Frankreich", „Der 18. Brumaire des Louis Bonaparte" von Marx; „Der Ursprung der Familie, des Privateigentums und des Staates" von Engels; „Die Entwicklung des Kapitalismus in Rußland", „Staat und Revolution" von Lenin) verschmilzt die dialektische Methode organisch mit dem vielgestaltigen Arsenal der logischen und spezialwissenschaftlichen Methoden. Außer den Methoden der konkret-historischen und der soziologischen Forschung verwendeten die Klassiker des Marxismus-Leninismus in ihren Arbeiten Verfahren der Analyse und Synthese, der Induktion und Deduktion, der Abstraktion, die Methoden der genetischen und strukturellen Gliederung und andere.

Zweitens wird bei der Charakterisierung der dialektischen Methode nicht selten die organische Wechselbeziehung ihrer Komponenten außer acht gelassen. So betrachtet V. S. Osnovin die dialektische Methode, die er als „Gesamtheit bestimmter theoretischer Prinzipien" versteht, „die einheitlich für alle Gesellschaftswissenschaften gelten", auf der Ebene der methodologischen Bedeutung des Gesetzes des Übergangs quantitativer Veränderungen in qualitative, des Gesetzes der Einheit und des Kampfes der Gegensätze und der Negation der Negation.[4] Die dialektische Methode ist jedoch keine mechanische Summe einzelner Teile, sondern ein System organisch miteinander verbundener Elemente, der Prinzipien der dialektischen Logik.[5] Nur in der organischen Einheit aller ihrer Elemente ist die Dialektik eine wissenschaftliche Erkenntnismethode. Die Mißachtung der Forderung nach Objektivität, das Ersetzen der allseitigen, konkreten Analyse durch einseitige, oberflächliche Forschungen führt zu Eklektizismus und Subjektivismus. Wird eine Erscheinung statisch, ohne ihre Entwicklung zu berücksichtigen, betrachtet, so erhält man ebenfalls keine positiven Resultate, sondern gelangt zu Metaphysik und Dogmatismus.

Drittens bleibt bei Untersuchungen der rechtswissenschaftlichen Methoden in der Regel der Zusammenhang zwischen den konkreten Methoden und der materialistischen Dialektik unbeachtet. Überschätzen nicht gerade deshalb einzelne Autoren die Möglichkeiten einiger spezialwissenschaftlicher und logischer Verfahren bei der Erkenntnis staatlich-rechtlicher Erscheinungen? Rührt nicht gerade daher die Auffassung, daß die Anwendung soziologischer und mathematischer Methoden bei der Untersuchung z. B. der Probleme des Strafprozesses dazu führt, daß man zu den Wissenschaftlern, „die sich in einer endlosen Diskussion zu allen Grundfragen unserer Wissenschaft befinden, bald sagen wird: ‚streiten wir nicht — rechnen wir!' (Leibnitz)."[6]

Die konkret-soziologischen Forschungen ermöglichen quantitative Aussagen zur Charakterisierung der realen Wirkung bestimmter staatlich-rechtlicher Maßnahmen (z. B. der Teilnahme der Werktätigen an der Leitung staatlicher und gesellschaftlicher Angelegenheiten) und zur Entwicklung bestimmter konkreter gesellschaftlicher Erscheinungen (z. B. der Verringerung der Zahl der Rechtsverletzungen). Dadurch wird statt einer spekulativen Annahme die genaue Kenntnis konkreter Erscheinungen und Prozesse des staatlich-rechtlichen Lebens, die Fundiertheit der wissenschaftlichen Schlußfolgerungen über Entwicklungstendenzen entsprechender Erscheinungen und die Überzeugungskraft ihrer Empfehlungen für die Zukunft garantiert. Das ist besonders wertvoll, wenn es darum geht, die Effektivität bestimmter Rechtsnormen zu untersuchen und Vorschläge zu ihrer weiteren Vervollkommnung zu erarbeiten.[7] Man kann jedoch mit Hilfe der konkret-soziologischen Methode keine theoretischen Probleme lösen. Es gibt keine eindeutigen logischen Regeln, auf deren Grundlage man von empirischen Kenntnissen in ähnlicher Art und Weise mit Bestimmtheit auf theoretische Behauptungen schließen könnte, wie das beim Syllogismus der Fall ist. Die in den 20er und 30er Jahren unseres Jahrhunderts formulierte Doktrin logischer Konstruktionen, nach der jede theoretische Behauptung im Prinzip auf eine bestimmte Summe empirischer Feststellungen reduzierbar ist, erwies sich als so haltlos, daß selbst ihre Verfechter sich letztlich von ihr lossagten. Es wurde anerkannt, daß die „theoretische Sprache der Wissenschaft" sich nicht auf die „empirische Sprache" reduzieren läßt, sondern daß sie diese lediglich teilweise interpretiert.[8]

Das Wesen und die Notwendigkeit sind bedeutsame Seiten der Erscheinungen, die nicht mit ihrer äußeren Form zusammenfallen. „Alle Wissenschaft wäre überflüssig", sagte MARX, „wenn die Erscheinungsform und das Wesen der Dinge unmittelbar zusammenfielen."[9] Das Wesen und die Notwendigkeit sind einer unmittelbaren Betrachtung meist unzugänglich und werden durch empirische Untersuchungen auch nicht aufgedeckt. Empirische Daten sind eine notwendige, jedoch nicht die einzige Bedingung, um eine bestimmte Theorie erfolgreich zu entwickeln. Die theoretische Analyse des empirischen Materials ist eine selbständige Etappe der wissenschaftlichen Forschung, die sich in den Zielen und Methoden von der konkret-soziologischen Untersuchung qualitativ unterscheidet. Auf theoretischem Gebiet „versagen die Methoden der Empirie, hier kann nur das theoretische Denken helfen"[10], sagte ENGELS. Für die rechtliche Forschung bedeutet das, es ist für eine erfolgreiche Entwicklung der Rechtswissenschaft wichtig, nicht nur Verfahren der konkret-soziologischen Forschung zu erarbeiten und zu vervollkommnen, sondern auch Methoden der theoretischen Forschung: Abstraktion, Idealisierung, strukturelle und genetische Gliederung, Modellierung usw.

Gegenwärtig wird dem Problem der systemstrukturellen Analyse große Aufmerksamkeit gewidmet. Zweckmäßigkeit und Nutzen ihrer Anwendung bei der Untersuchung staatlich-rechtlicher Erscheinungen sind in den Arbeiten von S. S. ALEKSEEV, A. F. ŠEBANOV, JU. A. TICHOMIROV, V. M. ČCHIKVADZE, C. A. JAMPOLSKAJA[11] und anderen Ausführungen behandelt. Dennoch überbewerten einzelne sowjetische Philosophen und Soziologen zuweilen die Bedeutung des systemstrukturellen Herangehens im wissenschaftlichen Erkenntnisprozeß und sprechen davon, daß die marxistische Soziologie lediglich erste Schritte auf dem Gebiet der systemstrukturellen Analyse sozialer Erscheinungen getan habe.[12] Es ist unangemessen, die Rolle des systemstrukturellen Herangehens bei der wissenschaftlichen Erkenntnis so aufzufassen. Da diese Methode nur eines der logischen Verfahren ist, stellt sie einen integralen Bestandteil der marxistisch-leninistischen Methodologie der wissenschaftlichen Erkenntnis dar. Besonderheiten des modernen strukturfunktionellen Herangehens in der Soziologie lassen sich mit gnoseologischen Illusionen erklären, die mit der Kybernetik zusammenhängen. Die Befreiung von solchen Illusionen wird sowohl für die Kybernetik als auch für die Soziologie nützlich sein.[13]

Wie unbegründet es ist, das konkret-soziologische, systemstrukturelle Herangehen und andere Methoden zu verabsolutieren, wird noch augenscheinlicher, wenn man ihre konkreten Beziehungen zu den dialektisch-materialistischen Methoden betrachtet. Jede logische und spezielle einzelwissenschaftliche Methode wird in einer streng bestimmten Erkenntnisoperation oder in einem bestimmten Stadium der wissenschaftlichen Erkenntnis angewendet. So werden z. B. Methoden der unmittelbaren Beobachtung, der Befragung und der Analyse historischer Quellen bei der Untersuchung empirischer Fakten angewendet. Um sie zu verallgemeinern, sind Methoden der Gruppierungskennziffern, der dynamischen Reihen und der Korrelation notwendig. Die Begriffsbildung wiederum erfolgt mit Hilfe von Idealisierungen, Abstraktionen usw.

In der wissenschaftlichen Erkenntnis werden die Prinzipien der dialektischen Logik in der Regel durch einige Methoden realisiert, die im wesentlichen gleichartige Erkenntnisaufgaben erfüllen. Das Prinzip des Historismus etwa ist die methodologische Grundlage historischer und logischer Methoden. In der Rechtswissenschaft werden beide Methoden zur Erkenntnis der Gesetzmäßigkeiten staatlich-rechtlicher Erscheinungen benötigt. Die historische Methode erforscht ihren Untersuchungsgegenstand in der ganzen chronologischen Vielfalt der Ereignisse und Tatsachen, während die logische Methode denselben historischen Fakt widerspiegelt, aber in abstrakter, theoretisch folgerichtiger Form. Die Wahl von historischer oder logischer Methode hängt in jedem konkreten Fall von der Forschungsaufgabe und vom Entwicklungsstand der Wissenschaft ab.

Die historische Methode ihrerseits unterteilt sich in Abhängigkeit vom vorhandenen Faktenmaterial in eine konkret-historische und in eine retrospektive Methode. Die konkret-historische Methode wird angewendet, um die Genesis der Erscheinungen zu untersuchen, deren Entwicklungsgeschichte mehr oder weniger vollständig in schriftlichen oder in anderen Quellen der materiellen Kultur erhalten geblieben ist. Bei der Erforschung unvollständiger, bruchstückhafter Materialien rechtlicher Erscheinungen, etwa aus der Sklavenhaltergesellschaft und dem frühen Mittelalter, ist die Anwendung der retrospektiven Methode zweckmäßig. Bestimmte Momente und Seiten vergangener Zeiten kann man mit ihrer Hilfe rekonstruieren und dadurch in bestimmtem Umfang Lücken in unserem historischen Wissen schließen. Diese Methode wurde von den Begründern des Marxismus-Leninismus häufig angewendet, so etwa von ENGELS in seiner Arbeit „Der Ursprung der Familie, des Privateigentums und des Staates".

„Die Dialektik", sagte LENIN, „als *lebendige*, vielseitige (wobei die Anzahl der Seiten ewig zunimmt) Erkenntnis mit einer Unzahl von Schattierungen jedes Herangehens, jeder Annäherung an die Wirklichkeit (mit einem philosophischen System, das aus jeder Schattierung zu einem Ganzen erwächst) — das ist der Inhalt, unermeßlich reich im Vergleich zum ‚metaphysischen Materialismus . . .'"[14]

Wie die allgemeinen Gesetzmäßigkeiten der wissenschaftlichen Erkenntnis, die erst den Weg, die Richtung der Erkenntnisgewinnung bestimmen, lassen auch die Prinzipien der dialektischen Logik einen breiten Raum für die Auswahl und Anwendung logischer und spezialwissenschaftlicher Methoden in Übereinstimmung mit der zu erforschenden spezifischen Materie, dem vorhandenen Faktenmaterial, den Forschungsaufgaben, dem Stand der Wissenschaft usw.

Das Verhältnis zwischen der materialistischen Dialektik und den logischen und speziellen einzelwissenschaftlichen Methoden ist ein Verhältnis zwischen den allgemeinen Gesetzmäßigkeiten der Erkenntnis und ihren konkreten Erscheinungsformen. Die Prinzipien der Dialektik werden in konkreten Forschungen in Form logischer oder spezialwissenschaftlicher Methoden realisiert. Dabei werden die neuesten wissenschaftlichen Errungenschaften umfassend berücksichtigt. Jede logische oder spezialwissenschaftliche Methode — wie groß ihre Rolle bei der Erkenntnis auch sein mag — ist jedoch nur dann ein wichtiges und notwendiges Mittel der wissenschaftlichen Forschung, wenn sie mit der dialektischen Methode organisch verbunden ist. Alle Versuche, einzelwissenschaftliche Methoden als universelle und isolierte Erkenntnismittel einzusetzen, sind nicht erfolgversprechend.

2. Das Aufsteigen vomAbstrakten zum Konkreten

Aus der Wechselbeziehung zwischen den dialektischen und den speziellen einzelwissenschaftlichen Methoden ergibt sich eine für das Verständnis der rechtswissenschaftlichen Methode überaus wichtige Schlußfolgerung. Der organische Zusammenhang zwischen den Prinzipien der Dialektik ist auch den spezialwissenschaftlichen Methoden eigen. Die Prinzipien der dialektischen Logik bestimmen als wesentliche Seite der logischen und spezialwissenschaftlichen Methoden nicht nur deren Inhalt, sondern auch deren Beziehungen untereinander. Die organische Wechselbeziehung zwischen den logischen und den spezialwissenschaftlichen Methoden zeigt sich darin, daß es der Forscher in den späteren Etappen der Untersuchung in der Regel mit Material zu tun hat, das mit Hilfe früher angewandter Methoden erarbeitet wurde. Deshalb führen der Verzicht und die Anwendung eines Teils dieser Verfahren ebenso wie ihre unexakte Anwendung zu unvollständigen und zuweilen auch zu unrichtigen Schlußfolgerungen. Werden die Forderungen der konkret-soziologischen Methoden beim Untersuchen der staatlich-rechtlichen Praxis verletzt (einseitige Faktenauswahl, oberflächliches Überprüfen ihres Wahrheitsgehalts, unhistorisches Herangehen usw.), so führt das zu unglaubwürdigen Informationen. Es liegt auf der Hand, daß die auf diesen Informationen beruhenden theoretischen Schlußfolgerungen unabhängig von der Anwendung der übrigen wissenschaftlichen Erkenntnismittel keinen objektiven Charakter besitzen können. Aber auch authentische Fakten liefern keine fruchtbringenden Ergebnisse für die theoretische Forschung, wenn sie nicht entsprechend verallgemeinert werden. Nur wenn alle durch den Untersuchungsgegenstand bedingten logischen und einzelwissenschaftlichen Methoden richtig angewendet werden, erreicht man das Endziel der Erkenntnis: die Enthüllung des Wesens, des Inhalts und der Natur der zu untersuchenden Erscheinungen.

Dieser Zusammenhang der Methoden beweist, daß sich die rechtswissenschaftliche Methode nicht auf die einfache Summe der sie konstituierenden Verfahren reduzieren läßt. Sie stellt vielmehr ein qualitativ neues Mittel wissenschaftlicher Forschung dar. Ein überaus markantes Beispiel dafür ist die Anwendung der marxistischen Methode des Aufsteigens vom Abstrakten zum Konkreten, um staatlich-rechtliche Erscheinungen theoretisch zu untersuchen.

Die Methode des Aufsteigens vom Abstrakten zum Konkreten, die aus materialistischer Sicht zum ersten Male von MARX entwickelt und in überzeugender Weise bei der Untersuchung der ökonomischen Struktur der bürgerlichen Gesellschaft angewandt wurde, hat LENIN als allgemeine Methode zur Anwendung der Dialektik in der wissenschaftlichen Erkenntnis charakterisiert. LENIN unterstrich ihre Bedeutung, indem er feststellte: „Dieser Art muß auch die Methode der Darstellung . . . der Dialektik überhaupt sein (denn die Dialektik der bürgerlichen Gesellschaft bei MARX ist nur ein spezieller Fall der Dialektik).“[15]

Diese Seite der Methode des Aufsteigens vom Abstrakten zum Konkreten findet auch in der heutigen philosophischen Literatur Beachtung. „Der zentrale Punkt im MARXschen Verständnis der logischen Struktur der Wissenschaft“, schreibt insbesondere A. A. ZINOVEV, „ist die Lehre von der Methode des Aufsteigens von der abstrakten Erkenntnis zur konkreten, die Antwort gibt auf die Frage nach jener logischen Form, in der sich die Anwendung der Dialektik als Methode zur Untersuchung der objektiven Realität verwirklicht.“[16] Es wird auch vermerkt, daß die Methode des Aufsteigens vom Abstrakten zum Konkreten, wenn man sie mit den Methoden der konkret-soziologischen

Forschung und den einzelnen Verfahren der theoretischen Erkenntnis vergleicht, die allgemeine Reproduktion dieses oder jenes Objekts charakterisiert und es erfordert, sie in ihrer Ganzheit anzuwenden. Die Anwendung der einzelnen Momente in isolierter oder verabsolutierter Form führt zu Fehlern bei der Entwicklung der Theorie.[17]

Die Methode des Aufsteigens vom Abstrakten zum Konkreten als grundlegende logische Form der Realisierung der materialistischen Dialektik bei der wissenschaftlichen Erkenntnis tritt in dieser Qualität auch in der Rechtswissenschaft auf. Die Methode der theoretischen Reproduktion der staatlich-rechtlichen Sphäre des sozialen Seins, die ein System organisch miteinander verbundener spezialwissenschaftlicher Verfahren bildet, in dessen Form sich die materialistische Dialektik unter Beachtung der Spezifik der Erkenntnis der untersuchten Probleme vollständig widerspiegelt, ist eben die Methode des Aufsteigens vom Abstrakten zum Konkreten in diesem Bereich.[18] Diese Methode ermöglicht in der allgemeinen Staats- und Rechtstheorie, die Fakten der Staats- und Rechtsgeschichte wie auch der konkreten juristischen Wissenschaften weitestgehend zu verallgemeinern. Gestützt auf die von der Geschichtswissenschaft und den konkreten juristischen Disziplinen erarbeiteten Fakten und allgemeinen Begriffe untersucht die Staats- und Rechtstheorie die staatlich-rechtlichen Erscheinungen und Institutionen, die Formen, den Mechanismus und die Funktionen des Staates, die Quellen, den Inhalt, das System und die Realisierungsformen des Rechts, die Gesetzlichkeit und die Rechtsordnung, die Rechtsverletzungen und die juristischen Verantwortlichkeiten usw.

Die abstrakt-logische Erkenntnis der staatlich-rechtlichen Erscheinungen in der allgemeinen Staats- und Rechtstheorie steht mit der konkret-soziologischen Erforschung der gesellschaftlichen Praxis in einem organischen Zusammenhang. Sowohl dann, wenn sie von Abstraktionen ausgeht, die von den Spezialwissenschaften erarbeitet wurden, als auch dann, wenn die Staats- und Rechtstheorie selbst solche elementaren Basisabstraktionen formuliert, die theoretisch weiter entwickelt werden müssen, wendet sie sich ständig zugleich an die Praxis, um die Richtigkeit ihrer Schlußfolgerungen zu überprüfen.

Die Methode der Rechtswissenschaft ist also nicht die Summe einzelner Prinzipien der Dialektik und von vier bis sechs spezialwissenschaftlichen Methoden, sondern ein kompliziertes, organisch-ganzheitliches System von Verfahren der wissenschaftlichen Erkenntnis staatlich-rechtlicher Erscheinungen. Die dialektisch-materialistische Methode spielt dabei nach einem bildhaften Ausspruch von G. A. PODKORYTOV die Rolle einer Strategie der wissenschaftlichen Erkenntnis.[19]

Die intensive Erforschung methodologischer Fragen der Rechtswissenschaft läßt das Problem entstehen, wie diese Errungenschaften in die Praxis der Rechtsforschung eingeführt werden können. Schon heute ist offenkundig, daß den organisatorischen Voraussetzungen bei der Anwendung bestimmter spezialwissenschaftlicher Methoden größte Bedeutung zukommt. Die Methode der konkreten sozialrechtlichen Untersuchungen zum Beispiel kann in vielen Fällen nicht fruchtbringend angewandt, ja zuweilen sogar in Mißkredit gebracht werden, wenn diese organisatorischen Voraussetzungen nicht geschaffen worden sind. In einem Forschungsinstitut beispielsweise konnten Beiträge zur Erforschung der Rechtsnormeneffektivität so lange nicht ausgewertet werden, bis spezielle wissenschaftliche Unterabteilungen eingerichtet worden waren. Erst als interdisziplinär zusammengesetzte Wissenschaftlerkollektive gebildet worden waren, begann man, die Methoden der konkret-soziologischen Untersuchungen bei der Erforschung der Effektivität von Rechtsnormen, der Rechtserziehung und der Arbeitsorganisation in den Justizorganen anzuwenden.

Die allseitige Ausarbeitung der methodologischen Probleme der Rechtswissenschaft stellt auch die juristischen Lehreinrichtungen vor neue Aufgaben. Leider werden die Studenten und Aspiranten der Rechtswissenschaft noch nicht ausreichend über die Formen und Methoden der wissenschaftlichen Erkenntnis unterrichtet.

Schließlich unterstreicht das Verständnis der Methode der theoretischen Rechtsforschungen als der Methode des Aufsteigens vom Abstrakten zum Konkreten, für die das verfügbare theoretische Wissen eine unbedingte Komponente darstellt, ein weiteres Mal, wie wichtig die organische Einheit von Theorie und Methode in der wissenschaftlichen Erkenntnis ist, und zeigt, wie haltlos die Versuche sind, die methodologische Bedeutung der juristischen Kategorien und Begriffe zu leugnen. Das Aufsteigen vom Abstrakten zum Konkreten ist in der Rechtsforschung ohne umfassende Kenntnis der Errungenschaften der Rechtswissenschaft nicht möglich.

W. I. Lenin hielt das Bestreben, Antworten auf konkrete Fragen in einer rein logischen Entwicklung der allgemeinen Erkenntnis zu suchen, für eine Vulgarisierung des Marxismus.[20] Die Vermittlung zwischen dem Allgemeinen und dem Einzelnen über das Besondere setzt voraus, daß im System der Wissenschaften nicht bloß Theorien der höchsten Ordnung, sondern auch solche Theorien existieren, deren Gegenstand diese oder jene Erscheinungen sind, welche entweder in irgendeinem bzw. in mehreren Aspekten oder aber in allen ihren wesentlichen Beziehungen untersucht werden. Gerade solche gesellschaftlichen Theorien sind, wenn sie die Gesetze und Prinzipien des historischen und dialektischen Materialismus richtig widerspiegeln, auch jene unmittelbare methodologische Basis, auf der die Methodik der konkreten sozialen Untersuchungen aufgebaut werden muß.

Somit gibt es mehrere Ebenen der Methodologie. Die höchste Ebene ist die allgemeine wissenschaftliche Methodologie, die dialektische Logik. Die zweite Ebene ist die allgemeine soziologische Methodologie, der historische Materialismus.

Hinsichtlich der konkreten sozialen Untersuchungen spielen auch die konkreten Gesellschaftswissenschaften eine bedeutende methodologische Rolle. Die methodologische Funktion der Begriffe der allgemeinen Rechtstheorie und ihrer Zweigwissenschaften verlangt keine komplizierten Beweise. Keine einzige einigermaßen ernsthafte soziologische Untersuchung auf dem Gebiet des Rechts kann ohne die Lehrsätze, Schlußfolgerungen und Kategorien der Rechtswissenschaft durchgeführt werden.

Anmerkungen

1 Vgl. Staats- und Rechtstheorie, unter Red. von A. I. Denisov, Moskau 1972, S. 9, 27—36.

2 Vgl. Ščetinin, B. V., Probleme der Theorie des sowjetischen Staatsrechts, Moskau 1969, S. 89—104.

3 Vgl. Wissenschaftliche Grundlagen der staatlichen Leitung in der UdSSR, unter Red. von A. E. Lunev/Ju. A. Tichomirov, Moskau 1968, S. 46—57.

4 Vgl. Osnovin, V. S., Grundlagen der sozialen Leitung, Voronež 1971, S. 18, 19.

5 Die Klassiker des Marxismus-Leninismus forderten vor allem Objektivität, Vollständigkeit und konkret-historisches Herangehen als Hauptprinzipien der dialektischen Logik.

6 PETRUCHIN, I., Soziologische Methode zur Untersuchung der Effektivität der Rechtspflege, in: Sovetskaja justicija, 4/1971, S. 10.

7 Vgl. GERCENZON, A. A., Strafrecht und Soziologie, Moskau 1970; SAMOŠČENKO, I. S./NIKITINSKIJ, V. I./VENGEROV, A. B., Über die Grundlagen der Methodologie und Methodik der Erforschung der Effektivität der Wirkung von Rechtsnormen, in: Učenye zapiski VNIISZ, Bd. 25, 1971; PAVLOV, I. V./KAZIMIRČUK, V. P., Leitung, Soziologie und Recht, Moskau 1971; JAVIČ, L. S., Recht und gesellschaftliche Verhältnisse, Moskau 1971, S. 129 u. 152; NIKITINSKIJ, V. I., Die Effektivität der Normen des Arbeitsrechts, Moskau 1971.

8 Vgl. Aktuelle Probleme der Erkenntnis des dialektischen Materialismus, unter Red. von M. B. MITIN/V. S. MOLODCOV u. a., Moskau 1971, S. 125—150; Methodologische Probleme der modernen Wissenschaften, Moskau 1970, S. 295—297; MAMČUR, E. A., Kriterien der Wissenschaftlichkeit theoretischer Konzeptionen, in: Voprosy filosofii, 7/1971, S. 71—80.

9 MARX, K./ENGELS, F., Werke, Bd. 25, Berlin 1968, S. 825.

10 MARX, K./ENGELS, F., Werke, Bd. 20, Berlin 1968, S. 330.

11 Vgl. ALEKSEEV, S. S., Der Mechanismus der rechtlichen Regulierung im sozialistischen Staat, Moskau 1966, S. 4, SEBANOV; A. F., Die Form des Sowjetrechts, Moskau 1968, S. 66; TICHOMIROV, JU. A., Der Leitungsbeschluß, Moskau 1972, S. 7—23; ČCHIKVADZE, V. M./JAMPOLSKAJA, C. A., Über das System des Sowjetrechts, in: Sovetskoe gosudarstvo i pravo, 9/1967, S. 32—40.

12 Vgl. BLAUBERG, I./JUDIN, E. G., Systematisches Herangehen an soziologische Untersuchungen, in: Voprosy filosofii, 9/1967, S. 106.

13 Vgl. Abriß der Methodologie der Erkenntnis sozialer Erscheinungen, Moskau 1970, S. 22/23; vgl. auch: Historischer Materialismus heute: Probleme und Aufgaben, in: Voprosy filosofii, 10/1972, S. 17/18; KOPNIN, P./LEKTORSKU, V., Materialistische Dialektik — methodologische Grundlage der wissenschaftlichen Erkenntnis, in: Kommunist, 7/1971, S. 92/93.

14 LENIN, W. I., Werke, Bd. 36, Berlin 1971, S. 348.

15 Ebenda, S. 347.

16 ZINOVEV, A. A., Das Problem der Wissenschaftsentwicklung in der Logik und Dialektik, in: Dialektik und Logik als Formen wissenschaftlichen Denkens, Moskau 1962, S. 260/261.

17 Vgl. CHAAN, E., Historischer Materialismus und marxistische Soziologie, Moskau 1971, S. 179—184.

18 Vgl. KAZIMIRČUK, V. P., Das Recht und die Methoden seiner Untersuchung, Moskau 1965, S. 66—77; KERIMOV, D. A., Die GERELEWsche Methode des Übergangs vom Abstrakten zum Konkreten und der Prozeß der Erkenntnis rechtlicher Erscheinungen, in: Pravovedenie, 2/1971, S. 7—16; ALEKSEEV, S. S./KERIMOV, D. A./NEDBAILO, P. E., Methodologische Probleme der Rechtswissenschaft, in: Pravovedenie, 4/1964, S. 19—22.

19 Vgl. PODKORYTOV, G. A., Der Historismus als Methode der wissenschaftlichen Erkenntnis, Leningrad 1966, S. 44.

20 Vgl. LENIN, W. I., Werke, Bd. 3, Berlin 1971, S. 18.

V. A. Maslennikov

Die Rolle der Arbeitskollektive in der sozialrechtlichen Forschung

1. Die sozialrechtliche Natur des Arbeitskollektivs

Das wachsende Interesse an der Erforschung der Probleme sozialer Gruppen und Arbeitskollektive wird durch das Bestreben bestimmt, ihre Rolle bei der Entwicklung und Festigung der gesellschaftlichen Verhältnisse zu klären, umfassender die Faktoren der sozialen Aktivität der Persönlichkeit und der Bestimmung der Form und Methode des Einflusses des Kollektivs auf die Herausbildung eines rechtsnormengemäßen Verhaltens seiner Mitglieder aufzudecken.

Keine menschliche Gesellschaft ist lediglich eine mechanische Summe von Individuen, sondern ein integrales System, in dem die Einbeziehung des Menschen in die gesellschaftlichen Verhältnisse über seine Teilnahme an der Tätigkeit eines bestimmten Kollektivs geschieht. Das gilt in besonderem Maße für die sozialistische Gesellschaft.

Die marxistisch-leninistische Auffassung vom Wesen der menschlichen Persönlichkeit als des Ensembles der gesellschaftlichen Verhältnisse bedingt eine allseitige und detaillierte Analyse der realen sozialen Beziehungen, die die Mitglieder der sozialistischen Gesellschaft eingehen. Vor allem aber sind jene Beziehungen zu untersuchen, die mit der Arbeit im Zusammenhang stehen.

Der Marxismus betrachtet niemals den Menschen „an sich", sondern er untersucht ihn als Subjekt kollektiver Tätigkeit, in seinem Wechselverhältnis zu anderen Menschen und zur Gesellschaft als Ganzes. Das ist die methodologische Basis, um die Funktionsweise von Arbeitskollektiven sozialrechtlich zu untersuchen.

Die Bedeutung sozialrechtlicher Untersuchungen von Arbeitskollektiven geht aus einem Dokument des XXIV. Parteitages der KPdSU hervor, in dem es heißt: Im gesellschaftspolitischen Leben und bei der kommunistischen Erziehung der Werktätigen spielen die Arbeitskollektive eine große Rolle.[1] Im Rechenschaftsbericht des ZK an den XXIV. Parteitag der Partei unterstrich L. I. Breshnew die Rolle der Arbeitskollektive als „Grundzellen der sozialistischen Gesellschaft" bei der Entwicklung der sozialistischen Demokratie.[2]

Die Arbeitskollektive sind eine wichtige Komponente der sozialistischen Demokratie. Einerseits wird die Rolle und die Funktionsweise der Arbeitskollektive durch den Charakter des gesellschaftlich-politischen Lebens und durch die Entwicklung der sozialistischen Demokratie bestimmt, andererseits hängen die Bereicherung und Vertiefung der sozialistischen Demokratie in bestimmtem Maße vom Reifegrad der Arbeitskollektive ab.

Im Sozialismus spielen die Arbeitskollektive eine wesentliche Rolle bei der Leitung der sozialistischen Gesellschaft. Sie nehmen teil an der Planung der Volkswirtschaft und der Verteilung des Nationaleinkommens, an der Verwirklichung der staatlichen Kontrollfunktionen, an der Organisation des Produktionsprozesses und an der Festigung der sozialistischen Arbeitsdisziplin. Sie garantieren die Auslastung der Arbeitskräfte und erfüllen eine Reihe sozialer und ökonomischer Funktionen gegenüber ihren Mitgliedern. Die Arbeitskollektive, ihre Organe und gesellschaftlichen Organisationen beteiligen sich an der juristischen Praxis und schaffen sich nichtjuristische Verhaltensnormen (Traditionen, Gewohnheiten, Regeln des sozialistischen Zusammenlebens), wobei sich in diesen Normen bestimmte allgemeine Forderungen des Rechts und der Moral wie in einem Prisma „brechen" bzw. ihren spezifischen Ausdruck finden.

Schließlich sind die sozialistischen Arbeitskollektive dadurch, daß sie ihr Recht zur Aufstellung von Kandidaten für die Volksvertretungen und zur Abberufung von Abgeordneten wahrnehmen, direkt in das politische System der sozialistischen Gesellschaft integriert.

In der Rechtswissenschaft sind bis vor kurzem die strukturellen Beziehungen auf der Ebene der kollektiven Tätigkeit nur in geringem Maße untersucht worden. Das Hauptaugenmerk wurde auf die Analyse der Klassenstruktur der Gesellschaft und auf die Tätigkeit größerer Strukturformationen, z. B. der Parteien, Gewerkschaften und anderer gesellschaftlicher Organisationen, gelenkt.[3]

Der Einfluß der Rechtsnormen auf das Leben und die Tätigkeit der Kollektive wurde ungenügend beachtet, obwohl allgemein anerkannt wird, daß eine der Bedingungen für die Effektivität des Rechts darin besteht, ob und wie intensiv sozialrechtliche Prinzipien und Normen in das Kollektivbewußtsein Eingang finden. Fraglos prädestinieren die sozialökonomischen Grundlagen des gesellschaftlichen Lebens entscheidend die Herausbildung der Persönlichkeit. Aber das Bild dieses Prozesses wäre unvollständig, wenn es nicht die Analyse solcher wichtigen Faktoren der Sozialisierung der Persönlichkeit mit einschlösse wie die Aneignung von Traditionen, von Werten und Verhaltensmustern der Gruppen. Die soziologische Konzeption der Persönlichkeit setzt voraus, daß man das Verhalten der Menschen durch das Prisma der kollektiven Einflüsse betrachtet. J. Ščepańskij konstatiert, daß es unter Soziologen immer eine gewisse Geringschätzung dem Recht gegenüber gab. Die Rechtswissenschaftler ihrerseits, die an die Kraft der regulierenden Normativakte glauben, neigten dazu, die Forschungen der Soziologen unterzubewerten. Gegenwärtig jedoch nähern sich diese beiden Gebiete an. Sowohl Soziologen als auch Rechtswissenschaftler gelangen zu der Schlußfolgerung, daß eine vollständige Beschreibung und Erklärung der gesellschaftlichen Prozesse es erfordert, die beiden Standpunkte zu vereinigen.[4]

Die Analyse der Arbeitskollektive und kleiner Gruppen unter dem Aspekt des Wirkungsmechanismus der Rechtsnormen erlaubt es, unser Wissen um den Einfluß der Gesellschaft auf die Persönlichkeit zu vertiefen und die Faktoren der Persönlichkeitsbildung und -entwicklung in Abhängigkeit vom Kontakt mit dem Kollektiv aufzudecken. Das macht es notwendig, den Kreis jener gesellschaftlichen Erscheinungen, Institutionen und Faktoren zu erweitern, die in das Fachgebiet der Juristen fallen, und erfordert, das soziologische Instrumentarium im Recht anzuwenden. Anders ist es kaum möglich, einen kausalen Zusammenhang zwischen der Wirkung des Rechts und dem Verhalten der Menschen herzustellen.

Notwendige Voraussetzung solcher soziologischer Untersuchungen ist das der sozialen Wirklichkeit entsprechende Verständnis des Wesens des Arbeitskollektivs, seiner Struktur und seiner Funktionen, aber auch der Bestimmung seines Platzes innerhalb der anderen Gesellschaftsgruppen.

In unserer soziologischen Literatur gibt es noch keine genaue Abgrenzung der Begriffe „Gruppe“ und „Kollektiv“. Ihr Wechselverhältnis ist noch nicht geklärt, und deshalb ist es eine dringliche Aufgabe der marxistischen Soziologie, dieses Problem zu lösen. Dennoch sind erste Schritte zu einer solchen Abgrenzung getan: Arbeitskollektive werden als eine Form der sozialen Gruppe betrachtet.[5]

Man muß jedoch betonen, daß es sich bei den Arbeitskollektiven nicht einfach um eine Form unter anderen, sondern um eine spezifische Form der sozialen Gruppe handelt, denn in der philosophischen und soziologischen Literatur wird die kleine Gruppe bisweilen in so weitem Sinne interpretiert, daß sie das Arbeitskollektiv völlig absorbiert. Letzteres verliert in diesem Falle seine Wesensmerkmale und tritt als Forschungsgegenstand nicht so auf, wie es seinem tatsächlichen Wesen entspricht.[6] Trotz der großen Zahl der in den letzten Jahren veröffentlichten Arbeiten, die sich mit dem Arbeitskollektiv beschäftigen, finden viele seiner Seiten und manchmal sogar sehr wichtige Aspekte der Tätigkeit der Arbeitskollektive keine befriedigende Lösung. Das erklärt sich vor allem aus dem fragmentarischen und lokalen Herangehen der Wissenschaftler an diese soziale Institution. Insbesondere bleibt in vielen Arbeiten eine so wichtige Komponente, wie die Struktur der Rechtsbeziehungen, die innerhalb der Kollektive bestehen, unberücksichtigt. Im Ergebnis dessen kommt es zu simplifizierten Vorstellungen vom Begriff und vom Wesen des Arbeitskollektivs in der sozialistischen Gesellschaft.[7] Gleichzeitig werden von den Rechtswissenschaftlern die Vielgestaltigkeit der Struktur des Arbeitskollektivs und die Mannigfaltigkeit seiner sozialen Zusammenhänge und Faktoren nicht beachtet. Als Folge dessen kann man eine gewisse Eingleisigkeit in der rechtlichen Regelung der Funktionsweise des Arbeitskollektivs beobachten.

Obwohl das Arbeitskollektiv im Sozialismus ein großes und vielgestaltiges soziales Gebilde ist, das man unter verschiedenen Aspekten untersuchen kann, hat es dennoch eine spezifische Qualität, die es aus den übrigen sozialen Gruppen heraushebt.

In der sowjetischen soziologischen Literatur sind die hauptsächlichen Kriterien der Spezifik der Arbeitskollektive genannt. Die Kooperation der Arbeit unter den sozialistischen Produktionsverhältnissen, die Art und Weise der gesellschaftlich notwendigen Tätigkeit und die Leitung des Arbeitsprozesses, die sich aus den Eigentumsverhältnissen ergibt und die alle Werktätigen zu gleichberechtigten Herren der gesellschaftlichen Produktion erhebt, ist das wichtigste und grundlegendste Kriterium der sozialistischen Arbeitskollektive.

Dieses Herangehen ermöglicht es, die Arbeitskollektive von Kollektiven gemeinsamer Interessen und Neigungen, von nachbarlichen, künstlerisch-bildnerischen und Sportkollektiven genauso wie von Kollektiven gesellschaftlicher Organisationen und freiwilligen Gemeinschaften abzugrenzen, denn die Vereinigung von Menschen in Arbeitskollektiven erfolgt zum Zwecke der produktiven Tätigkeit (oder der Leitungs-, Wissenschafts-, Versorgungstätigkeit). Demgegenüber erfolgt der Zusammenschluß zu anderen Gruppen mit dem Ziel, andere soziale Bedürfnisse zu befriedigen (Kommunikation, kollektive Freizeitgestaltung, Entwicklung geistiger und körperlicher Persönlichkeitseigenschaften usw.).

Der Umstand, daß das Arbeitskollektiv eine untrennbare „Legierung" einer sozialen Gruppe und Organisation darstellt und deshalb von außen gesehen wie „eine Assoziation von Menschen, die Merkmale der sozialen Gruppe und gesellschaftlichen Organisationen" besitzen[8], auftritt, sollte als zweites Kriterium der Arbeitskollektive akzeptiert werden.

Jedoch gestatten es die oben genannten Kriterien nur, ein Arbeitskollektiv aus der Zahl derjenigen sozialen Gruppen herauszulösen, die außerhalb des Arbeitskollektivs liegen und die nicht in das Arbeitskollektiv eingebettet sind. Daneben aber gibt es kleine formale Gruppen, die innerhalb des Kollektivs bestehen, vor allem gesellschaftliche Organisationen und Arbeitsvereinigungen (z. B. Produktionsbrigaden). Um die Arbeitskollektive von den Produktionsbrigaden zu unterscheiden, genügen die bisher dargelegten Abgrenzungskriterien nicht, denn die Brigade wird genau wie das Arbeitskollektiv insgesamt vor allem zur Erfüllung von Produktionsfunktionen geschaffen. Auch alle ihre anderen Funktionen, die ihre Mitglieder betreffen — ideologisch-erzieherische, kulturelle, alltägliche — werden im Zusammenhang mit den Arbeitsbeziehungen realisiert. Deshalb kann als drittes Abgrenzungskriterium der rechtliche Status der Struktureinheiten und ihrer Leitungsorgane herangezogen werden. Die Notwendigkeit, Abgrenzungskritierien in dieser Hinsicht zu erweitern, läßt sich dadurch rechtfertigen, daß das Arbeitskollektiv eine formal bestimmte Struktur hat, die gerade im Rechtsstatus ihrer Bestandteile und ihrer Leitungsorgane zum Ausdruck kommt.

Dadurch, daß die Struktureinheiten kein selbständiges wirtschaftliches Element darstellen, kann man das Kollektiv der betrieblichen Struktureinheiten (Werkabteilung, Dienststelle usw.) im engeren Sinne nicht als Arbeitskollektiv bezeichnen. Es ist ein Teil eines Arbeitskollektivs. Gewöhnlich jedoch wird dieser Umstand nicht berücksichtigt, und der Begriff Arbeitskollektiv wird gleichermaßen sowohl auf das gesamte Kollektiv des Betriebes als auch auf die betrieblichen Struktureinheiten und sogar auf die Schicht- und Brigadekollektive angewendet.

Es ist bekannt, daß die Werksabteilung in der Regel in Produktionsabschnitte und Schichten eingeteilt ist, die von Meistern und Obermeistern geleitet werden. Wie Artikel 94 der Betriebsverordnung festlegt, ist der Meister genauso wie der Leiter der Werkhalle ein „vollberechtigter Leiter und unmittelbarer Organisator der Produktion und der Arbeit". Dazu verfügt der Meister über Rechte[9], die andere Leiter, z. B. die Brigadiere, nicht besitzen.[10] Deshalb existiert ein wesentlicher Unterschied im Rechtsstatus eines Meisters und eines Brigadiers sowie des Kollektivs eines Produktionsabschnittes und des Kollektivs einer Brigade. Während das Kollektiv des Produktionsabschnittes immer noch ein Kollektiv der betrieblichen Struktureinheit ist, stellt das Brigadekollektiv unserer Meinung nach eben eine jener formellen (offiziellen) kleinen Gruppen innerhalb des Produktionskollektivs dar, von denen weiter oben die Rede war.

In der soziologischen Literatur sind oft die Termini Primärkollektiv und Grundkollektiv zu finden. Unter dem Primärkollektiv versteht man ein Kollektiv, dessen Mitglieder in einem ständigen beruflichen, freundschaftlichen, alltäglichen und ideologischen Kontakt stehen. Das Grundkollektiv ist demgegenüber eine Assoziation, die eine Reihe beigeordneter Primärkollektive umfaßt. Die Mitglieder des Grundkollektivs verkehren nicht unmittelbar miteinander, sondern über die zentrale Leitung und durch zeitweilige Kontakte.

So zählt etwa E. S. Kuźmin zu den Primärkollektiven: die Brigade, die Schulklasse, die Parteigruppe, die Armeeeinheit, und zu den Gruppenkollektiven das Werk, den Sowchos, die Schule, den Truppenteil.[11]

Eine Reihe von Autoren teilt alle Produktionskollektive in Primär- und Grundkollektive ein, wobei sie als typisches Beispiel die Brigade als Primär- und den Betrieb als Grundkollektiv betrachten.[12] Als charakteristische Eigenschaften des Produktionsgrundkollektivs gelten: die größere Zahl von Mitgliedern und die umfassenderen ideellen Gemeinsamkeiten, wozu die Tätigkeit der gesellschaftlichen Organisation und schließlich die Tatsache, daß das Grundkollektiv eine selbständige ökonomische Einheit ist, beitragen.[13]

Daraus ergibt sich, daß eine solche Einteilung auf dem Prinzip der Intensität persönlicher Kontakte basiert und damit das traditionelle Merkmal der Einteilung kleiner Gruppen reproduziert wird. Es ist durchaus möglich, daß dieses Einteilungskriterium auch für die Zwecke der sozialpsychologischen oder soziometrischen Forschungen ausreichend ist. Aber die Juristen, die mit soziologischen Fragen beschäftigt sind, befriedigt das nicht, denn das sozialistische Arbeitskollektiv ist nicht nur eine sozialökonomische und psychologische, sondern auch eine sozialrechtliche Einheit.

Das Arbeitskollektiv kann man nicht allein auf den Personalbestand des Betriebes zurückführen. Zum Arbeitskollektiv wird ein Kollektiv nur unter der Bedingung, daß es einen Teil des staatlichen Produktionsmittelfonds und die notwendigen materiellen und finanziellen Mittel erhält sowie über bestimmte, in Normativakten fixierte juristische Möglichkeiten, Rechte und Pflichten — meist als Ausdruck des Status einer juristischen Person (siehe Absatz 2 der „Verfügung über den sozialistischen staatlichen Produktionsbetrieb") — verfügt. Als komplexe soziale Institution umfaßt das Arbeitskollektiv:

a) das Kollektiv der Arbeiter und Angestellten;
b) ihre gesellschaftlichen Organisationen und Organe;
c) die Verwaltung des Betriebes.

Die Rechte des Arbeitskollektivs sind komplexer Natur:

a) Verwaltungen;
b) Gewerkschaft;
c) Verwaltungs- und gewerkschaftliche Rechte, die gemeinsam oder in Abstimmung verwirklicht werden;
d) Rechte der gesellschaftlichen Organisationen und der Kollektivorgane;
e) Rechte der Belegschaftsversammlung.

Somit ist die Verwaltung ein untrennbarer Bestandteil des Produktionskollektivs, der aufs engste in den Personalbestand des Arbeitskollektivs integriert ist. Dabei geht diese Integration nicht nur auf der Basis der sozialpolitischen Einheit der Sowjetgesellschaft vor sich, sondern birgt in sich einige konkrete ökonomisch-juristische Faktoren, durch die die Verwaltung besondere Wesenszüge erhält, die sie von den übrigen Wirtschaftsorganen unterscheidet.

Deshalb muß man bei der sozialrechtlichen Analyse des Arbeitskollektivs eine gewisse eigenständige Stellung der Verwaltung im Auge haben. Sie nur in ihrer Rolle als Organ des Betriebes zu sehen, das lediglich die betrieblichen Kompetenzen verwirklicht[14], spiegelt den Status der Verwaltung im Kollektiv nur unvollständig wider.

In der Bestimmung des Status der Verwaltung erschöpft sich natürlich nicht die innere Struktur des Produktionskollektivs. Hierzu gehört vielmehr auch das Gewerkschaftskollektiv, die verschiedenen gesellschaftlichen Organe, die unter der Leitung der

Gewerkschaft, Partei oder des Komsomol tätig sind, sowie die Belegschaftsversammlung.

Ein ganzer Komplex von Rechtsnormen bestimmt den Status, die Rechte und Pflichten der betrieblichen Gewerkschaftsorganisationen und ihrer Organe. Das wichtigste dieser Organe, die Betriebsgewerkschaftsleitung, wird als Vertreter des Betriebskollektivs in allen den Fragen angesehen, die die Arbeit und das tägliche Leben betreffen.[15] Daraus folgt, daß für einen Werktätigen, der ein Arbeitsrechtsverhältnis mit einem Betrieb eingeht und dadurch Mitglied des Arbeitskollektivs wird, sich der Kreis seiner Rechte und Pflichten nicht auf zweiseitige Beziehungen zwischen ihm und der Verwaltung beschränkt. Vielmehr kommen darüber hinaus Rechte und Pflichten des Werktätigen gegenüber dem Kollektiv und der Betriebsgewerkschaftsleitung zustande, die sich aus der Mitgliedschaft in der Gewerkschaft und aus der Zugehörigkeit zum Arbeitskollektiv ergeben und dabei nicht nur gesellschaftlichen oder gewerkschaftlichen, sondern auch rechtlichen Charakter tragen.[16] Deshalb sind Rechte- und Pflichtenträger im Produktionskollektiv:

1. Werktätige;
2. das Kollektiv der Arbeiter und Angestellten;
3. die Gewerkschaftsorganisation des Betriebes;
4. die Verwaltung.

Die außerordentlich bedeutsame Stellung der Gewerkschaften und besonders des betrieblichen Gewerkschaftskomitees in der sozialistischen Gesellschaft wurde in den Parteidokumenten und in der Sowjetgesetzgebung fixiert. Der Umfang der rechtlichen und tatsächlichen Möglichkeiten des betrieblichen Gewerkschaftskomitees ist überaus groß und wurde in der arbeitsrechtlichen Literatur gründlich analysiert.

Außer in den Gewerkschaftsorganisationen sind die Mitglieder des Arbeitskollektivs auch noch in anderen gesellschaftlichen Organisationen (Partei, Komsomol) zusammengeschlossen und bilden verschiedene gesellschaftliche Organe (Produktionsberatung, Konfliktkommission, Neuerergemeinschaften).

Die Notwendigkeit eines solchen verzweigten Systems gesellschaftlicher Organisationen und Organe wird von der Vielfalt der Interessen der Persönlichkeit und des Kollektivs bestimmt. Gerade durch ein breites System dieser gesellschaftlichen Organisationen und Interessengesellschaften geht der Mensch die mannigfaltigsten Beziehungen zur Gesellschaft ein. Deshalb tritt in der Regel ein Mitglied eines Arbeitskollektivs gleichzeitig auch als Mitglied einer Reihe anderer im Betrieb existierender gesellschaftlicher Kollektive auf. Das bedeutet, daß die Beziehungen, die sich im Arbeitskollektiv gestalten, für den Menschen nicht die einzigen sind, die seinen Platz in der Gesellschaft bestimmen: durch die gesellschaftlichen Organisationen tritt er in Beziehung zu anderen Menschen, zu anderen gesellschaftlichen Kollektiven und zur Gesellschaft als Ganzes.[17]

Da jeder einzelne Werktätige nicht nur als Mitglied eines Arbeitskollektivs, sondern auch als aktiver Teilnehmer einer Reihe anderer formaler und nicht formaler Kollektive auftritt, stellt das Arbeitskollektiv auch die Gesamtheit dieser gesellschaftlichen Beziehungen dar, die ihrerseits wiederum die Tätigkeit des Arbeitskollektivs als Ganzes beeinflussen.

Hier muß man vor allem auf die aktive, zielgerichtete und kontrollierende Rolle der Parteiorganisation des Betriebes hinweisen, denn die KPdSU ist „der führende Kern aller Organisationen der Werktätigen, der gesellschaftlichen wie auch der staatlichen“ (Artikel 126 der Verfassung der UdSSR).

So ist das sozialistische Arbeitskollektiv eine juristisch organisierte Assoziation von Werktätigen, die innerhalb einer bestimmten Wirtschaftseinheit auf das Erreichen des im Staatsplan gestellten Zieles zusammenwirken. Es ist durch folgende Merkmale gekennzeichnet:

a) ökonomisch-technische Beziehungen zwischen seinen Mitgliedern;
b) offiziell festgelegte Strukturen der administrativen Hierarchie und der Verteilung der Pflichten;
c) bestimmte psychologische Beziehungen, die sich sowohl während der Produktions- als auch während der gesellschaftlichen Tätigkeit des Kollektivs herausbilden.

Das Wesen der Arbeitskollektive als eine Assoziation von Menschen, die auf eine entsprechende Weise für die Produktion industrieller Güter organisiert sind, verlangt an sich bereits eine materielle technologische Struktur und eine dementsprechende Abgrenzung der Funktionen. Das ist darüber hinaus aber auch notwendig, damit das Kollektiv geschlossen und zielstrebig handeln kann und arbeitsfähig ist. Man muß der Vielzahl sozialer Faktoren Beachtung schenken, die Einfluß auf das psychologische Klima im Arbeitskollektiv haben und deren Erforschung deshalb notwendig ist. So zeigten konkret-soziologische Untersuchungen, die in den letzten Jahren zu diesen Fragen durchgeführt wurden, daß das Niveau der jeweiligen Beziehungen in der Brigade spürbar sowohl auf die Arbeitseffektivität als auch auf die Einstellung der Brigademitglieder zur Arbeit und auf die Stabilität des Brigadekollektivs Einfluß nimmt. Insbesondere besteht eine Abhängigkeit zwischen dem Niveau der gegenseitigen Beziehungen in der Brigade und:

a) der Zahl der Arbeitsdisziplinverletzungen;
b) der Einstellung der Brigademitglieder zu ihrer Arbeit;
c) der Erfüllung der Leistungsnormen;
d) der schöpferischen Aktivität der Werktätigen und ihrer Bereitschaft zur Erfüllung gesellschaftlicher Aufträge usw.

Weiterhin ist feststellbar, daß eine Besonderheit des Arbeitskollektivs die Tendenz ist, dauerhaft und langfristig auch außerhalb der Produktionssphäre in der arbeitsfreien Zeit, im täglichen Leben auf seine Mitglieder einzuwirken.[18]

V. J. Frolov stellte auf der Grundlage der von ihm in 45 Betrieben und Einrichtungen Rigas durchgeführten Untersuchungen fest, daß der Charakter der gegenseitigen Beziehungen im Kollektiv (gegenseitige Achtung und Förderung, Diszipliniertheit, Verantwortung für die gemeinsame Sache, Aktivität bei der gesellschaftlichen Tätigkeit usw.) von der Möglichkeit oder Unmöglichkeit der freien und offenen Meinungsäußerung durch jeden Werktätigen abhängt.[19]

Außer dem Leitungsstil und den Möglichkeiten der freien Meinungsäußerung zu Produktions- und anderen Fragen des kollektiven Lebens hat eine richtige Bestimmung des Arbeitsziels wesentliche Bedeutung für die Schaffung eines festen, arbeitsfähigen Kollektivs.

Die Umfrage, die von E. Rosse in einem Talliner Konstruktionsbüro durchgeführt wurde, zeigte, daß nicht immer die offiziell festgelegte Tätigkeitsrichtung des Kollektivs mit der Richtung zusammenfällt, die nach der Meinung der Kollektivmitglieder hauptsächlich ist.[20]

Wenn man den Bürger als Mitglied eines Kollektivs betrachtet, darf man nicht vergessen, daß es keine völlig gleichartigen Kollektive gibt, sondern daß jedes Kollektiv durch bestimmte Besonderheiten charakterisiert ist, die ihrerseits Einfluß auf den

Effektivitätsgrad der Rechtsnormen haben. Hieraus ergibt sich die Notwendigkeit, gerade konkrete Arbeitskollektive zu studieren, sie zu klassifizieren und zu typisieren.

Trotz der gemeinsamen Basis und der augenscheinlichen Ähnlichkeit unterscheiden sich jeder Betrieb und sein Kollektiv von anderen durch die Bedingungen der wirtschaftlichen Tätigkeit, durch die Zusammensetzung des Kaderbestandes sowie durch die Organisation der Leitung und das Leitungsniveau. Nicht zufällig wurden Versuche unternommen, Kriterien für das sogenannte „Potential" des Arbeitskollektivs zu finden. Nach V. S. Panjukov z. B. sollte man hierzu folgende Faktoren rechnen:

a) gewerkschaftlicher Faktor;
b) der organisatorische Faktor;
c) der physiologische Faktor;
d) der Bildungsfaktor;
e) der demographische Faktor;
f) der Alltagsfaktor;
g) der sozialpsychologische und ideologische Faktor.[21]

Die Vielzahl der Umstände, die das soziale Potential des Kollektivs beeinflussen, beweist, daß das strukturell-funktionale Herangehen nicht als einziges Mittel der Optimierung der Leitung des Arbeitskollektivs betrachtet werden kann. In der Literatur wurde bereits festgestellt, daß bei der Erarbeitung eines Leitungsschemas keinesfalls solche Faktoren ignoriert werden dürfen wie:

a) der Charakter des Betriebes;
b) die konkreten Bedingungen, die sich in den Betrieben herausgebildet haben;
c) die bestehende organisatorische Struktur;
d) der im Betrieb herrschende Leitungsstil;
e) die dem Betrieb zur Verfügung stehende Kaderreserve unter Beachtung ihrer Erfahrungen und Qualifikation.[22]

Deshalb müssen in die konkreten sozialrechtlichen Untersuchungen eines Arbeitskollektivs nicht nur die rechtlichen Probleme seiner Struktur und seiner Funktionsweise eingehen, sondern auch Faktoren beachtet werden, die, obwohl sie nicht von Rechtsnormen erfaßt werden, doch auf deren Verwirklichung Einfluß haben. Dazu kann man z. B. die ökonomischen Bedingungen der Produktionstätigkeit des Betriebes, die die Effektivität und Rentabilität der Produktion beeinflussen, und die Verteilungsmöglichkeiten des Fonds für sozial-kulturelle Maßnahmen und für den Wohnungsbau rechnen. Im Zusammenhang damit kann man behaupten, daß bestimmte Schwierigkeiten, die bei der Realisierung wirtschaftlicher Reformen auftreten, nicht nur einen direkten Einfluß auf die Produktionseffektivität haben, sondern auch einen indirekten ausüben, indem diese Schwierigkeiten das Vertrauen des Kollektivs in die Planungsdokumente untergraben. Das wirkt sich letztlich auf die Resultate der Wirtschaftstätigkeit aus.

Manchmal lassen die Juristen, besonders die Spezialisten des Wirtschaftsrechts, gerade diese „menschliche Seite" einer Reform außer acht. Die Probleme der Selbständigkeit des Betriebes kann man nicht ausschließlich unter ökonomisch-rechtlichen Aspekten betrachten, denn es sind auch gesellschaftlich-politische Probleme: Es kommt darauf an, nicht nur eine gewisse, auf Rechtsnormen basierende Selbständigkeit und Unabhängigkeit der Betriebsleiter, sondern auch des gesamten Kollektivs zu gewährleisten.[23] Wie wir sehen, ist die selbst in allgemeinster Form ausgedrückte Problematik der Untersuchung von Arbeitskollektiven ziemlich breit und vielfältig. Das zieht die Notwendigkeit eines komplexen, aber gleichzeitig konkreten Herangehens nach sich.

2. Das Produktionskollektiv als Gegenstand konkreter sozialrechtlicher Untersuchungen

Die in den letzten Jahren durchgeführten soziologischen Untersuchungen zur Problematik der Einbeziehung der Werktätigen in die Leitung der Wirtschaft zeigten, daß, obwohl Erfolge sichtbar wurden, es immer noch wesentliche Mängel gibt.

Erstens sind bestimmte Korrekturen an der Gesetzgebung erforderlich, und zweitens ist die Notwendigkeit herangereift, die organisatorischen Bedingungen zu vervollkommnen, um Doppelarbeit und Parallelität bei der Tätigkeit der gesellschaftlichen Organisationen und der Organe des Kollektivs zu vermeiden, ihre Struktur zu verbessern und ihre Möglichkeit zu erweitern. Man darf jedoch nicht denken, daß dadurch, und etwa nur dadurch, die von der Partei gesteckten Ziele erreicht werden können.

Zu Recht wird von einigen Autoren die Forderung erhoben, an die Untersuchung der gesellschaftlichen Aktivität der Werktätigen, ihrer Teilnahme an der Leitungstätigkeit und ihrer Informiertheit über betriebliche Angelegenheiten komplex heranzugehen.[24] Da man damit rechnen muß, daß eine solche Fragestellung fruchtbringend ist, war unser Forschungsprogramm, dessen Ergebnisse im folgenden dargelegt werden, sowohl auf das Studium der organisatorisch-rechtlichen Form der Einbeziehung der Werktätigen in die Leitung des Betriebes als auch auf die Untersuchung der Problematik der gesellschaftlichen Aktivitäten der Mitglieder von Arbeitskollektiven gerichtet. Deshalb galt es bei der Ausarbeitung des Untersuchungsprogramms, der Analyse der praktischen Arbeit der gesellschaftlichen Organisationen in den Kollektiven, der Beziehungen der Werktätigen zur Tätigkeit der gesellschaftlichen Organisationen und der Organe des Kollektivs sowie der Durchdringung der Rolle und Bedeutung der rechtlichen Formen zur Einbeziehung der Werktätigen in die Leitung des Betriebes das Hauptaugenmerk zu widmen.

Nach A. G. Zdravomyslov tritt das soziale Problem auf folgenden Ebenen zutage, nämlich auf der

a) sozialpsychologischen Ebene, auf der sich das Problem in der Psychologie, im Bewußtsein einzelner Gruppen und Individuen stellt;
b) institutionellen Ebene, auf der das Problem nicht nur die Interessen einzelner Menschen, sondern auch bestimmte Systeme von Instituten und Einrichtungen berührt;
c) gesamtgesellschaftlichen Ebene.[25]

Diese Position ermöglicht festzustellen, daß eine ungenügende Beteiligung der Werktätigen an der Leitung des Betriebes

a) die Interessen der einzelnen Werktätigen, die mit ihrer Stellung als lediglich Ausführende einer begrenzten Arbeitsfunktion nicht zufrieden sind, beeinträchtigt;
b) die Interessen des Arbeitskollektivs beeinträchtigt, da gesellschaftliche Passivität der Werktätigen in einer Verringerung der Anforderungen an sich selbst, an die Kollegen und an die Leiter des Betriebes zum Ausdruck kommt und wiederum zu einer Verschlechterung der Produktionsqualität, zu Disziplinverletzungen und zum Rückgang der Produktionsrentabilität führt;
c) die Interessen der Gesellschaft insgesamt beeinträchtigt, da eine Verringerung der Effektivität der Arbeit einzelner Betriebe sich im Endergebnis auf die Effektivität der gesamtgesellschaftlichen Produktion auswirkt und zugleich die mangelhafte gesellschaftliche Aktivität der Werktätigen im Arbeitskollektiv Einfluß auf die sozialistische Demokratie hat.

An dieser Stelle ist jedoch lediglich Raum, sich auf die erste der genannten Ebenen zu konzentrieren. Nur in einzelnen Fällen gehen wir auf die zweite Ebene ein und berühren die dritte Ebene des Problems überhaupt nicht, obwohl wir sie stets im Auge haben.

Eine notwendige Vorbedingung soziologischer Untersuchungen ist die Präzisierung der in ihnen verwendeten Begriffe. In unserem Fall betrifft das den Begriff der gesellschaftlichen Aktivität, zu dem es in der Literatur bis heute noch keine einheitlichen Meinungen über seinen Inhalt, seine charakteristischen Merkmale und seine Äußerungsformen gibt.

Es ist festzustellen, daß die Bearbeitung einer so wichtigen Frage der marxistisch-leninistischen Soziologie, wie es das Problem der gesellschaftlichen Aktivität der Persönlichkeit und des Kollektivs in der sozialistischen Gesellschaft ist, noch nicht den erforderlichen Stand erreicht hat. Deshalb ist man gezwungen, mit Begriffen und Kategorien zu operieren, die noch keine Bedeutung von spezifischen Termini erlangt haben.

Nichtsdestoweniger kann man zunächst akzeptieren, daß die gesellschaftliche Aktivität als Fähigkeit der Persönlichkeit verstanden wird, bewußt mit der Gesellschaft zusammenzuwirken. Mit anderen Worten: Es handelt sich um ein Merkmal der Persönlichkeit, das in deren Handlungen und Taten, die gesellschaftliche Relevanz haben, zum Ausdruck kommt. Unvollkommen ist auch das Problem der Kriterien der sozialen Aktivität gelöst. In der Regel werden dazu gezählt:

a) die Anzahl der gesellschaftlichen Aufträge;
b) ihre Bedeutung für das Kollektiv;
c) der Grad der Teilnahme der Persönlichkeit an gesellschaftlichen Veranstaltungen (Versammlungen, Konferenzen usw.);
d) Gewissenhaftigkeit und Initiative bei der Erfüllung gesellschaftlicher Aufträge.

Da man um die Unzulänglichkeit der Kriterien der gesellschaftlichen Aktivität wußte, aber keine besseren zur Verfügung hatte, mußte man zur Untersuchung Parameter verwenden wie Häufigkeit des Besuchs von Versammlungen, Teilnahme an der Aufstellung der Betriebskollektivverträge, Einbeziehung der Werktätigen in die Verteilung des Prämienfonds usw. Im übrigen hat für Forschungszwecke jedoch nicht so sehr der Fakt der Teilnahme oder Nichtteilnahme an gesellschaftlichen Aktivitäten Bedeutung, sondern vielmehr das Motiv, der Grund dafür. Diese Tatsache fand, wie später dargelegt wird, in den vorgenommenen Untersuchungen ihre Berücksichtigung.

Schließlich muß man feststellen, daß in der umfangreichen Literatur, die der Erforschung der gesellschaftlichen Aktivität gewidmet ist, selten die Beziehungen zum Recht beachtet werden. Aber diese Beziehungen sind offensichtlich. In der Tat wird die gesellschaftliche Aktivität, die den vielgestaltigen Möglichkeiten der Teilnahme der Bürger an den Angelegenheiten der Gesellschaft, des Staates und der Kollektive Ausdruck verleiht, in wesentlichen Teilen durch Rechtsnormen geregelt.

Das sowjetische Recht bestimmt, wie, in welchen Formen die Bürger in das gesellschaftlich-politische Leben des Landes einbezogen werden. Vor allem das Recht stattet die Mitglieder der Gesellschaft mit einer Summe von Rechten und Pflichten aus, deren Verwirklichung dem Wesen nach materialisierter Ausdruck der gesellschaftlichen Aktivität ist. Darüber hinaus sieht das Recht aber auch juristische Verfahren für die Verteidigung und Wiederherstellung der subjektiven Rechte der Bürger und der Rechte der Kollektive im Falle ihrer Verletzung vor. Deshalb war die Herstellung eines Zusammenhanges zwischen dem Niveau der gesellschaftlichen Aktivität und den Rechtsnormen, die das Verhalten der Kollektivmitglieder, des Kollektivs als Ganzes und seiner gesellschaftlichen Organisationen regeln, eines der Ziele der vorgenommenen Untersuchungen.

Als Forschungsobjekt wurden das Talliner Baggerwerk (Estnische Republik) und das Textilkombinat „Maiaufstand" in Leninakan (Armenische Republik) ausgewählt. Die soziologischen Untersuchungen wurden während einer wissenschaftlichen Exkursion durchgeführt, die vom Institut des Staates und des Rechts der Akademie der Wissenschaften der UdSSR (im Oktober/November 1967 in Estland und im Februar/März 1968 in Armenien) durchgeführt wurde. Die Untersuchungen erfolgten mit Hilfe folgender Methoden:

a) Untersuchung der Dokumentation der gesellschaftlichen Organisationen;
b) Analyse der Betriebsdokumentation (Kaderabteilung, Abteilung Arbeit und Löhne, Dienststelle des Hauptökonomen, Buchhaltung des Betriebes);
c) Interview von Vertretern der Verwaltung, der Leiter gesellschaftlicher Organisationen und einzelner Produktionsarbeiter;
d) Beobachtungen der Beziehungen der Arbeiter untereinander und zu den Meistern unter Produktionsbedingungen;
e) Teilnahme an den Dispatcherberatungen und den Sitzungen des Gewerkschaftskomitees;
f) Fragebogenuntersuchung.

Die Fragebogentexte, die in beiden Betrieben verteilt wurden, waren ähnlich, aber nicht identisch. Die Bestimmung des Kontingents der Befragten unter Beachtung der konkreten Forschungsbedingungen und -möglichkeiten wurde folgendermaßen durchgeführt. Im Talliner Baggerwerk nahm man eine vorläufige 20%ige Auswahl der zu Befragenden nach vier Merkmalen vor (Geschlecht, Alter, Bildung, Beruf). Die Rückgabe der Fragebogen war zufriedenstellend: 77%.

Im Textilkombinat in Leninakan, wo die Anzahl der Arbeiter entschieden höher lag, wurde sozusagen die „Drittelmethode" angewendet: Befragt wurden die Mitarbeiter aus einer von drei Fabriken des Kombinats (der Weberei), aus einer von drei Schichten (der ersten), und befragt wurde schließlich jeder dritte Werktätige. Die Gesamtzahl der zurückgegebenen Fragebogen betrug 335 Stück (14,6% der Gesamtzahl der in der Fabrik, wo die Umfrage durchgeführt wurde, arbeitenden Menschen).

3. Ergebnisse und Schlußfolgerungen der Untersuchungen

Entsprechend dem Programm wollte man bei der Fragebogenumfrage erfahren, ob die Werktätigen mit ihren Arbeits- und Lebensbedingungen zufrieden sind, wie sich die Beziehungen zu den Leitern gestalten, wie die Werktätigen ihre Perspektive einschätzen, inwieweit die Kollektive mit der Arbeit der Verwaltung und der Gewerkschaft vertraut sind, wie oft Versammlungen besucht werden und wie häufig man dort Diskussionsbeiträge leistet und in welchem Maße die Werktätigen an der Verteilung der betrieblichen Fonds und an der Erarbeitung des Betriebskollektivvertrages beteiligt sind.

Zweifellos ist eine der Bedingungen der aktiven Teilnahme der Werktätigen an der Leitung des Betriebes ihre umfassende Informiertheit. Umfrageergebnisse zeigten, daß etwa nur ein Drittel der Befragten sich über die Tätigkeit der Verwaltung und der Gewerkschaftsorganisation des Betriebes für informiert hält. Die Summierung der Antwortvarianten „ja" und „teilweise" ergibt den Parameter 53,2% in bezug auf die

Tätigkeit der Verwaltung und 54,3% in bezug auf die Tätigkeit der Gewerkschaftsorganisationen. Das ist nicht befriedigend. Was die Beantwortung der Frage, über welche Probleme der Verwaltungs- und Gewerkschaftstätigkeit die Befragten besonders informiert waren, betrifft, so erhielt man die meisten Antworten bei den Varianten „Produktionsprogramm" und „Rentabilität des Betriebes" (Verwaltung) und „Teilnahme an der Prämienverteilung" und „Beziehungen zwischen der Gewerkschaftsorganisation und der Verwaltung" (Gewerkschaftsorganisation).

Wie die Kontrollinterviews zeigten, sind die Werktätigen nur recht oberflächlich informiert außer in den Fällen, wo die Kenntnis der Probleme zum dienstlichen Kompetenzbereich des Befragten gehört.

Unzureichend informiert sind die Werktätigen auch über eine Reihe organisatorischer Fragen. Das verringert ihre soziale Aktivität. So nannten 45,1% der Personen, die im Leninakaner Werk keinen Vorschlag für den Betriebskollektivvertrag eingereicht hatten, als Grund die Unkenntnis der Form, in der man solche Vorschläge machen muß. Nur 23,3% der Befragten antworteten, daß sie Vorschläge zur Verteilung des Stimulierungsfonds, des Fonds für sozial-kulturelle Maßnahmen und Wohnungsbau unterbreiteten. Nur in der Hälfte der Fälle (52,1%) fanden diese Vorschläge Berücksichtigung. Die Gründe, weshalb die Werktätigen des Leninakaner Textilkombinates ihr Recht zur Einbringung von Vorschlägen nicht nutzten, können folgende sein:

Es bestand keine Notwendigkeit dazu	34,5
Ich wußte nicht, daß ich solch ein Recht habe	16,4
Ich wußte nicht, wie solch ein Vorschlag einzureichen ist	5,9
Weil das im Betrieb nicht praktiziert wird	11,4
Ich war unentschlossen	10,6
Es fällt mir schwer, zu antworten	21,2

Wie aus diesen Daten ersichtlich ist, haben mehr als ein Drittel der Befragten (33,7%) deswegen keine Vorschläge eingereicht, weil sie entweder nicht darüber informiert waren, daß sie ein derartiges Recht haben, weil dies im Betrieb nicht praktiziert wurde oder sie nicht wußten, wie derartige Vorschläge einzureichen sind.

Auf dem im Talliner Baggerwerk verteilten Fragebogen wurde die Frage etwas anders formuliert: „Wurden Ihre Vorschläge bei der Verteilung des Stimulierungsfonds sowie der Fonds für sozialkulturelle Maßnahmen und Wohnungsbau im Jahre 1967 berücksichtigt?" Mit Ja antworteten 33,6%, mit Nein 66,4%. Innerhalb der Gruppe der Parteimitglieder und Komsomolzen mit Ja 42,9%, mit Nein 57,1%. Innerhalb der Gruppe der Stammarbeiter mit einer Betriebszugehörigkeit von mehr als zehn Jahren mit Ja 33,4% und mit Nein 66,6%. Wie wir sehen, liegt das Niveau der Aktivitäten der Werktätigen im Talliner Baggerwerk in dieser Hinsicht wesentlich über dem des Textilkombinats in Leninakan, wo nur 26,3% Vorschläge zur Fondsverteilung einbrachten.

Es ist feststellbar, daß im Talliner Baggerwerk die Parameter in der Gruppe der Stammarbeiter mit denen des Gesamtbetriebes fast identisch sind, während die Kennziffer in der Gruppe der Parteimitglieder und Komsomolzen entschieden höher lag als im Werk insgesamt: 42% gegenüber 33,6%.

Interessant war auch die Antwort auf die Frage, aus welchen Gründen die Meinung der Mitarbeiter im Talliner Werk bei einem für sie so wichtigen Problem keine Beachtung fand. Dazu wurde die Frage gestellt: „Wenn Ihre Meinung nicht berücksichtigt wurde, warum?" Man erhielt folgende Daten:

Ein Viertel der Befragten hält die ungenügende Beachtung der von den Produktionsarbeitern eingebrachten Vorschläge für einen der Hauptgründe; fast jeder Zehnte der Befragten behauptete, daß er nicht wußte, in welcher Form und wem er solche Vorschläge unterbreiten muß.

Gleichzeitig beweist die Gegenüberstellung der gesamtbetrieblichen Parameter in diesen beiden Positionen mit den Antwortergebnissen der Gruppe Parteimitglieder und Komsomolzen sowie den Stammarbeitern, daß die Verwaltung und die gesellschaftlichen Organisationen die Vorschläge der letzten zwei Gruppen ernst nehmen. Gegenüber den 25,4% Vorschlägen, die im Betrieb insgesamt nicht beachtet wurden, fiel dieser Wert bei der Gruppe Kommunisten und Komsomolzen auf 13% und noch tiefer.

Manchmal ist die Meinung anzutreffen, die Werktätigen möchten nicht mehr Informationen erhalten, als sie derzeitig bereits besitzen. Die Unbegründetheit dieser Behauptung beweisen die Antworten der Werktätigen des Talliner Baggerwerkes auf die Frage: „Sind Sie zufrieden mit der Information, die Sie über die Arbeit im Betrieb erhielten: über Arbeitsrhythmus, Planerfüllung, Versorgungsschwierigkeiten, Behandlung von Wohn- und Alltagsproblemen usw.?“ Es stellte sich heraus, daß ein Sechstel der Befragten mit der Information über Produktions- und Alltagsprobleme zufrieden war. Demgegenüber waren es 42,8% nicht. Allerdings ist auch der Teil der Befragten ziemlich hoch, die nicht darüber nachgedacht haben oder auf die Frage nicht bestimmt antworten konnten, 33,6%. Letztlich betrug der Wert derer, die keine Erweiterung des Informationsumfangs brauchten, nur 16,8%. Jedoch etwa 43% der Befragten sind nicht mit dem Umfang der Information zufrieden, der die Produktions- und Alltagsseite des Lebens ihres Arbeitskollektivs betrifft.

Wie zu erwarten war, ist der Prozentsatz der mit dem Informationsumfang zufriedenen Personen bei den Gruppen der Parteimitglieder und Komsomolzen und bei den Stammarbeitern höher als insgesamt, wobei er bei der Gruppe der Stammarbeiter besonders hoch ist. Das ist verständlich, wenn man bedenkt, daß die Parteimitglieder und Komsomolzen — über ihre Organisation — zusätzliche Informationsquellen haben, wovon die Tatsache zeugt, daß der Prozentsatz der Zufriedengestellten gerade bei der Gruppe am höchsten ist. Gleichzeitig brauchen die Stammarbeiter, die länger mit dem Betrieb verbunden sind und sich mehr für seine Probleme interessieren, solche Informationen in höherem Maße als andere Werktätige. Das beweist auch der Umstand, daß im Kreise der Stammarbeiter die Anzahl der Desinteressierten (Antwortvarianten: „Ich weiß nicht“ und „Ich habe darüber nicht nachgedacht“) sehr klein ist — 14% gegenüber 20,7% bei der Gruppe der Parteimitglieder und Komsomolzen und 33,5% gegenüber dem Betrieb insgesamt. Aus dem Unterschied im Bedarf an zusätzlichen Informationen ergibt sich die Notwendigkeit, die Informationsquellen zu differenzieren und die Methoden herauszufinden, die geeignet sind, das Informationsinteresse der verschiedenen Gruppen von Werktätigen, besonders der Stammarbeiter, zufriedenzustellen.

Die Analyse der Daten von den Talliner Werkabteilungen und Filialen zeigt, daß der Grad der Zufriedenheit mit Informationen in den Filialen geringer war als im Betrieb insgesamt und auch im Vergleich mit den Talliner Werkabteilungen. Das ist verständlich, da sich die Verwaltung und die gesamtbetriebliche Organisation in Tallin befinden. Wesentlich ist jedoch ein anderer Umstand: Der Prozentsatz der Personen, die sich zur Möglichkeit der Informationserhöhung passiv verhalten (die nicht wissen, ob sie mit den

Informationen zufrieden sind oder nicht, und die, die darüber nicht nachdenken), ist in den Filialen entscheidend höher als im Betrieb insgesamt.

Daraus ergibt sich die Notwendigkeit, Maßnahmen zur Verbesserung der Informiertheit der Kollektive zu ergreifen. Interessant war es, die Meinung der Arbeiter selbst zu hören. Zu diesem Zweck wurde die Frage gestellt: „Wie kann man Ihrer Meinung nach die Informiertheit der Arbeiter über die Tätigkeit des Betriebes, der Abteilung und der gesellschaftlichen Organisationen verbessern?"

Die Forschungsergebnisse bestätigen, daß die Leitungsorgane und die gesellschaftlichen Organisationen der untersuchten Produktionskollektive in Übereinstimmung mit den Rechtsvorschriften und den sozialistischen Traditionen wirksam sind, wobei sie bei der Lösung zahlreicher Probleme, die das tägliche Leben aufwirft, beteiligt sind.

Die Parteiorganisation erörtert auf den Versammlungen und Leitungssitzungen Fragen, die die wichtigsten Probleme des Betriebes betreffen. Sie nimmt begründete Beschlüsse und Empfehlungen an und leitet die ideologisch-erzieherische Arbeit im Kollektiv. Die Gewerkschaftsorganisation mobilisiert in Übereinstimmung mit dem Statut der Gewerkschaften und den gesetzlichen Bestimmungen die Werktätigen zur Planerfüllung. Darüber hinaus schützt sie die Interessen der Arbeiter und Angestellten. Verfolgt man die Versammlungen der Gewerkschaftskomitees, gelangt man zu der Feststellung,daß in der Regel die Vorbereitung der Sitzungen durchaus zufriedenstellend ist, daß die angenommenen Beschlüsse den gesetzlichen Bestimmungen entsprechen und daß die Vorsitzenden der Gewerkschaftskomitees den Mitgliedern der Komitees die Möglichkeit geben, ausführlich die Fragen zu erörtern, die zur Lösung kommen sollen. Das gleiche gilt mehr oder minder auch für die anderen gesellschaftlichen Organisationen und Organe des Kollektivs.

In den meisten Fällen zeugen die aufrichtigen und eindeutigen Antworten auf die gestellten Fragen von einem guten psychologischen Klima in den untersuchten Betrieben und weisen die Arbeiter als gleichberechtigte Mitglieder der Arbeitskollektive aus, die sehr kritisch und konstruktiv sowohl die allgemeine Situation im Betrieb als auch einzelne Maßnahmen der Verwaltung und der Leiter gesellschaftlicher Organisationen einzuschätzen vermögen. Die Arbeiter und Angestellten kennen ihre Rechte und ihre Möglichkeiten, auf die Betriebsleitung Einfluß zu nehmen, genau. Gleichzeitig haben sie klare Vorstellungen zu den Ursachen, weshalb diese Rechte und Möglichkeiten nicht immer in vollem Maße in die Praxis umgesetzt werden. Nur ein äußerst geringer Teil der Befragten hält die Unterdrückung der Kritik im Betrieb für eine Ursache der unzureichenden Teilnahme am gesellschaftlichen Leben und an den Angelegenheiten des Betriebes (10%). Als Hauptursache unzureichender sozialer Aktivität betrachten die Arbeiter ein unaufmerksames Verhalten zu ihren Meinungen und Vorschlägen durch die verantwortlichen Personen und die Leiter der gesellschaftlichen Organisationen.

Zweiter wesentlicher Grund der mangelnden sozialen Aktivität der Werktätigen in den untersuchten Betrieben ist ihr kritisches Verhältnis zu den Möglichkeiten, mit der eigenen Meinung auf die betriebliche Leitungspraxis Einfluß zu nehmen.

Besonders negativ wirkt sich in dieser Hinsicht die Nichterfüllung der in den Betriebskollektivverträgen verankerten Verpflichtungen durch die Verwaltung usw. aus.

Ein dritter Grund mangelnder gesellschaftlicher Aktivität ist darin zu sehen, daß eine rechtliche Verfahrensordnung zur Teilnahme der Werktätigen an der Lösung wichtiger sozialer Probleme fehlt und daß eine solche Ordnung nicht bekannt ist. Das gilt in erster Linie für die Formen der Einbeziehung der Produktionsarbeiter in die Verteilung der betrieblichen Fonds, in die Erarbeitung der Betriebskollektivverträge und in die Kontrolle ihrer Erfüllung. Nicht zufällig waren Gründe der „Nichtteilnahme“ auch solche: „Ich wußte nicht, daß ich ein solches Recht habe“. „Ich kannte die Form nicht, in der man einen Vorschlag einreicht“ und „Das wird in unserem Betrieb nicht praktiziert“.

All das bekräftigt die These, daß, abgesehen von der Vervollkommnung bestehender und der Annahme neuer Rechtsakte, die die Teilnahme der Werktätigen an der Leitung des Betriebes regeln, die Veränderung des Verhältnisses der Betriebsleitung zur Initiative und Aktivität der Werktätigen im Rahmen bereits heute existierender organisatorisch-rechtlicher Formen eine große Bedeutung hat.

Die gegenwärtig bestehenden Formen der Einbeziehung von Werktätigen in die Leitung des Betriebes entspricht im großen und ganzen den Erfordernissen der Praxis. Aber dann nur „im großen und ganzen“ und in bezug auf den heutigen, jedoch nicht auf den morgigen Tag. Sozialökonomische Veränderungen in der Wirtschaftstätigkeit werden von der Gründung neuer Produktions- und Industrievereinigungen begleitet. Wenn die Kollektive der Industriebetriebe in technologische, Konstruktions- und wissenschaftliche Forschungsorganisationen integriert sind, stellen diese Organisationen einen neuen Typ von Arbeitskollektiven dar, deren Leitung ihre Spezifik hat.

Das politisch-rechtliche Prinzip, auf dessen Basis die Werktätigen Herren der gesellschaftlichen Produktion sind, erfordert die Anwendung bestimmter organisatorischer und rechtlicher Maßnahmen in der täglichen Praxis. Zur effektiven Teilnahme an der Leitung und besonders bei der Annahme von Beschlüssen müssen die Werktätigen über umfangreiche technisch-ökonomische Probleme informiert sein.

Unsere Untersuchungen zeigten ganz deutlich, daß das Informationsniveau der Werktätigen in den untersuchten Betrieben erhöht werden muß. Eine beträchtliche Zahl der Befragten möchte in der einen oder anderen Form mehr Informationsmaterial erhalten als bisher. Die Erhöhung des Standes der Informiertheit einer Reihe von Werktätigen Hand in Hand mit einer besseren Beachtung ihrer kritischen Bemerkungen und eingebrachten Vorschläge ist ein erster und — wie es scheint — äußerst effektiver Schritt zur Erhöhung der sozialen Aktivität der Werktätigen.

An dieser Stelle kann lediglich die Hauptrichtung der weiteren wissenschaftlichen und praktischen Bearbeitung dieses Problems formuliert werden. Das wirft folgende Fragen auf:

a) Wie müssen Umfang und Charakter der Informationen der Werktätigen sein, damit sie mit Sachkenntnis an der Leitung des Betriebes teilnehmen können?
b) Was sind die Kriterien, wonach man das Vorhandensein oder das Fehlen dieser Information verbal einschätzen kann?
c) Welches sind die effektiven Verfahren ihrer Verbreitung?
d) Auf Grundlage welcher Kennziffern kann man ihre Effektivität einschätzen?
e) Welche Methoden muß man anwenden, um das Informationsniveau mit dem Ziel der Erhöhung der aktiven Teilnahme der Werktätigen an der Leitung des Betriebes zu analysieren?

Die wissenschaftliche Literatur und die Presse der letzten Jahre enthielten eine große Anzahl von Vorschlägen, die auf die Erhöhung der Rolle der Werktätigen bei der Leitung des Betriebes gerichtet waren. Die einen wurden in großem, andere in kleinerem Maßstab diskutiert und durch überzeugende Beweise untermauert. Es ist wichtig, jene zu diskutieren und rechtlich zu fixieren, die sich als effektiv erweisen.

Abschließend kann man sagen, daß konkrete sozialrechtliche Untersuchungen der Produktionskollektive für die Rechtswissenschaft äußerst notwendig sind. Sie liefern das erforderliche empirische Material nicht nur in Form einzelner Beispiele, sondern auf dem Niveau quantifizierter und zusammenhängender Kennziffern, die es erlauben, die Effektivität sowie die Mängel und Unzulänglichkeiten der rechtlichen Regelungen zu bestimmen und die aufgestellten Hypothesen und Behauptungen zu kontrollieren. In dieser Beziehung tragen u. E. die durchgeführten Untersuchungen in einem bestimmten Maße zu einem tieferen Verständnis des Wesens und der gesellschaftlichen Funktionen der Arbeitskollektive im Sozialismus bei.

Man muß nochmals feststellen, daß die erhaltenen Ergebnisse die früher aufgestellten Hypothesen erhärten, zugleich aber eine Reihe neuer gesellschaftlicher Probleme aufwerfen, die der wissenschaftlichen Analyse bedürfen.

Solche im Verlaufe der Untersuchungen entdeckten Probleme, wie die noch mangelhafte Informiertheit der Kollektivmitglieder oder die ungenügende soziale Aktivität einzelner Gruppen von Werktätigen, sind jene inneren Widersprüche der gesellschaftlichen Entwicklung, die im Verlaufe des kommunistischen Aufbaus überwunden werden.

Konkrete sozialrechtliche Untersuchungen kann man deshalb sowohl als ein Mittel betrachten, das hilft, Schwierigkeiten aufzudecken, die bei der Realisierung der Programmdokumente der Partei entstehen, als auch als ein Mittel, das hilft, Lösungsmöglichkeiten zur Überwindung dieser Schwierigkeiten zu finden.

Vor allem in den Programmdokumenten der KPdSU finden die dringenden Möglichkeiten der Teilnahme der Arbeitskollektive an der Gestaltung der politischen und sozialen Sphäre der Sowjetgesellschaft ihre Widerspiegelung. Damit wird zugleich einem bedeutsamen Bereich der Vervollkommnung der sozialistischen Demokratie Ausdruck verliehen.

Anmerkungen

1 Vgl. XXIV. Parteitag der Kommunistischen Partei der Sowjetunion, Schlußworte, Direktiven, Resolutionen, Moskau—Berlin 1971, S. 26.

2 Rechenschaftsbericht des Zentralkomitees der KPdSU an den XXIV. Parteitag der Kommunistischen Partei der Sowjetunion, Moskau—Berlin 1971.

3 Vgl. Uledov, A. K., Über die Bestimmung sozialistischer Kollektive und die Untersuchung ihres Lebens, in: Filosofskie nauki, 5/1968, S. 51.

4 Vgl. Scepańskij, J., Elementarbegriffe der Soziologie, Moskau 1969, S. 12.

5 Vgl. Definition des Kollektivs, Soziologie in der UdSSR, Bd. 2, Moskau 1965, S. 489.

6 Vgl. Gavrilov, V. A., Soziale Mikrogruppen in der sozialistischen Gesellschaft, Moskau 1968, S. 7—11; Uledov, A. K., Über die Bestimmung sozialistischer Kollektive und die Untersuchung ihres Lebens, in: Filosofskie nauki, 5/1968, S. 48.

7 Vgl. Sozialistische Produktionskollektive, Moskau 1964; Das sozialistische Produktionskollektiv als Kategorie der politischen Ökonomie, Moskau 1966; Die Kollektivität — Grundlage der sozialistischen Produktion, Moskau 1969.

8 Vgl. Uledov, A. K., Über die Bestimmung sozialistischer Kollektive und die Untersuchung ihres Lebens, in: Filosofskie nauki, 5/1968, S. 48/49.

9 Vgl. Kommentare zur Betriebsverordnung, Moskau 1968, S. 273—275.

10 Vgl. Direktiven der KPdSU und der Sowjetregierung zu wirtschaftlichen Fragen, Bd. 4, Moskau 1958, S. 509.

11 Vgl. Kuźmin, E. S., Grundlagen der Sozialpsychologie, Leningrad 1967, S. 115.

12 Vgl. AFANA'SÉVA, A. I./NURULLAEV, A. A., Kollektiv und Persönlichkeit, Moskau 1965, S. 7/8; MAKSIMOV, N. A., Das sozialistische Arbeitskollektiv, sein Stellenwert und seine Rolle in der sozialistischen Gesellschaft, in: Filosofskie nauki, 3/1966, S. 25.

13 Vgl. AFANA'SÉVA, A. L./NURULLAEV, A. A., Kollektiv und Persönlichkeit, a. a. O., S. 8.

14 Vgl. Wirtschaftsrecht, Moskau 1967, S. 54—56; Kommentare zur Betriebsverordnung, a. a. O., S. 119.

15 Vgl. Dokumente des Obersten Sowjets der UdSSR, Moskau 1971, H. 39, S. 382.

16 Vgl. LIVŠIC, R. Z., Wirtschaftsreform und Arbeitsrecht, Moskau 1968, S. 11; GINCBURG, L. Ja., Gewerkschaftskomitee und Arbeitsrechtsverhältnis, in: Sovetskoe gosudarstvo i pravo, 1970 S. 11, 52—57.

17 Vgl. Persönlichkeit und Arbeit, Moskau 1965, S. 89—90; BELYCH, A. K., Soziale Organisation der sozialistischen Gesellschaft als Objekt der Leitung, in: Čelovek, i obščestvo, Leningrad 1973, S. 58.

18 Vgl. Probleme der Organisation und Methodik konkreter soziologischer Untersuchungen, Moskau 1963, S. 32/33; VALENTINOVA, N. G., Der Einfluß des Kollektivs auf die Steigerung des Interesses an der Arbeit. Erfahrungen konkreter Untersuchungen, in: Voprosy filosofii, 6/1964; GOLUBEV, I. V./KUŹMIN, E. S., Erfahrungen der Untersuchungen von Produktionskollektiven, in: Soziologie in der UdSSR, Bd. 2, a. a. O.; KRASILOV, A., Werk — Leben — Freizeit, in: Kommunist, 12/1965; KUŹMIN, E. S., Grundlagen der Sozialpsychologie, a. a. O., S. 78—116.

19 Vgl. FROLOV, V. J., Das Moralbewußtsein sozialistischer Kollektive als Objekt soziologischer Untersuchungen, in: Isvestija AN Latvijskoj SSR, 6/1968, S. 10/11.

20 Vgl. ROSSE, E., Mikrogruppe und offizielle Leitung, in: Kommunist Estonii, 9/1968, S. 78f.

21 PANJUKOV, V. S., Zur Bestimmung des Begriffes „soziales Potential" des Arbeitskollektivs, in: Isvestija SO AN SSSR, Serija Obščestvennych nauk, 6/1968, S. 121 f.

22 JUKSVJARAV, R., Probleme der Organisation der Leitung im Betrieb, in: Kommunist Estonii, 9/1968, S. 40/41.

23 Vgl. VOLKOV, Ju. E., Sozialismus und Produktionsdemokratie, in: Voprosy filosofii, 1/1968, S. 12; vgl. auch: BIRMAN, A., Reform und Mensch, in: Voprosy filosofii, 12/1967; TANČUK, I. A., Wirtschaftsreform und Rechte des Betriebes, in: Sovetskoe gosudarstvo i pravo, 1/1968.

24 Vgl. ŠUBIN, V. A., Wirtschaftsreform und soziale Aktivität des Arbeitskollektivs, Mensch und Gesellschaft, Leningrad 1968, S. 54—56; Wissenschaftliche Leitung der Gesellschaft, Moskau 1970, S. 151 ff.; vgl. auch Materialien der wissenschaftlichen Hochschulkonferenz zum Problem: Das Anwachsen der Aktivität des gesellschaftlichen Bewußtseins in der Periode des Aufbaus des Kommunismus, Kursk 1968, S. 167, 248—249, 251.

25 Vgl. ZDRAVOMYSLOV, A. G., Methodik und Verlauf soziologischer Untersuchungen, Moskau 1969, S. 35, 41—42.

R. A. Safarov

Die juristische Prognostizierung

1. Der Begriff der juristischen Prognostizierung

Die prognostische Richtung in der Staats- und Rechtswissenschaft verstärkt gegenwärtig ihr Forschungspotential. Staatlich-rechtliche Erscheinungen und Prozesse prognostisch zu begründen, ist sowohl durch die Bedürfnisse effektiven Wirkens von Staat und Recht in der Praxis des kommunistischen Aufbaus als auch durch die Bedürfnisse der sich entwickelnden Rechtswissenschaft bedingt.

Strategische Orientierungen für die Entwicklung des prognostischen Denkens in der Sowjetunion gaben der XXIV. und XXV. Parteitag der KPdSU. Sie unterstrichen, die Planung müsse sich „auf das präzisere Studium der gesellschaftlichen Bedürfnisse, auf die wissenschaftlichen Möglichkeiten, auf die Analyse und Einschätzung der verschiedenen Lösungsvarianten und deren unmittelbare und langfristige Folgen stützen“[1]

Für die Lösung volkswirtschaftlicher Probleme sind alle sozialen Prognostizierungsarten, darunter auch die juristische, bedeutsam. Im Beschluß der Sektion für Gesellschaftswissenschaften des Präsidiums der Akademie der Wissenschaften der UdSSR vom 8. Juli 1971 „Über die Erforschung der sozialökonomischen Voraussetzungen der Prognose des wissenschaftlich-technischen Fortschritts“ wird die Notwendigkeit hervorgehoben, die soziale Prognostizierung der Entwicklung der verschiedenen Sphären gesellschaftlicher Verhältnisse und der Leitungssysteme zu organisieren. In diesem Beschluß wird weiter unterstrichen, daß die Anstrengungen der Ökonomen, Soziologen, Rechtswissenschaftler, Philosophen, Historiker und der Vertreter anderer Gesellschaftswissenschaften vereint werden müssen.

Ein wichtiger Faktor der Entwicklung der sozialistischen Gesellschaft ist die wissenschaftlich-technische Revolution. Sie wirkt sowohl auf Staat und Recht insgesamt als auch auf deren einzelne Institutionen ein. Deshalb muß man im Prozeß der juristischen Prognostizierung, der stets auf der Grundlage des historischen Materialismus erfolgt, vor allem diesen Faktor berücksichtigen. „Die wissenschaftlich-technische Revolution berührt ausnahmslos alle Lebensbereiche der sowjetischen Gesellschaft. Das zieht die Notwendigkeit nach sich, das Studium ihrer soziologischen, rechtlichen, sozialpsychologischen und Bildungsaspekte zu erweitern und zu vertiefen.“[2]

Die Prognostizierung wird immer mehr zu einer integralen Erkenntnisfunktion der marxistisch-leninistischen Staats- und Rechtswissenschaft. Sie hat nicht nur die existierenden Gesetze zu interpretieren und Vorschläge zur Vervollkommnung des Staatsapparates und der Gesetzgebung auszuarbeiten, sondern auch vorauszusagen, was in zehn bis zwanzig Jahren sein wird.[3]

Die juristische Prognostizierung hat wissenschaftliche Informationen über den zukünftigen Stand staatlich-rechtlicher Prozesse, Erscheinungen und Ereignisse bereitzustellen. Zum Gegenstand dieser Prognostizierung gehören z. B. Informationen über die politische Aktivität der Bürger, über Veränderungen in den Vertretungsorganen der Staatsmacht, über Entwicklungstendenzen der Gesetzgebung, über die Dynamik und Struktur der Leitung. Auf der Grundlage prognostischer Informationen kann über den Charakter zukünftiger staatlich-rechtlicher Prozesse und deren progressive oder regressive Entwicklung sachkundig geurteilt werden. Deshalb erlangen wissenschaftliche und politische Schlußfolgerungen über Entwicklungstendenzen bestimmter Erscheinungen erst dann Überzeugungs- und Beweiskraft, wenn sie sich auf prognostische Informationen stützen.

Der theoretische und praktische Wert der juristischen Prognose besteht darin, daß sie erstens Informationen über den Einfluß bestimmter Faktoren auf staatlich-rechtliche Erscheinungen und zweitens die Bedürfnisse der Gesellschaft nach staatlich-rechtlichen Institutionen und deren Funktionsmöglichkeiten übermittelt.

Der Inhalt von Informationen über die zukünftige soziale Wirkung staatlich-rechtlicher Prozesse können z. B. Aussagen über Hauptlinien und -richtungen, Stufen und Tempi, Perioden und Zeitspannen der Entwicklung dieser Prozesse sein. Auf der Grundlage solcher Informationen können dann Annahmen darüber formuliert werden, wie sich das zu prognostizierende Objekt verändern wird. Zum Beispiel beinhaltet die Information über die sozialen Wirkungsresultate von Gesetzgebungsakten[4] Aussagen über die von ihnen hervorgebrachten Ergebnisse (positive, irrelevante), über Mittel und Methoden ihrer Realisierung, über das Erreichen des Ziels und über Reaktionen der öffentlichen Meinung. Die prognostische Information beleuchtet „nicht nur einzelne Ereignisse, sondern sogar den wahrscheinlichen Verlauf der Ereignisse, d. h. den Entwicklungsprozeß“[5].

Prognostische Aussagen beziehen sich also stets auf die Faktoren, die die Ursache-Wirkung-Beziehungen und die Bedingungen beeinflussen, unter denen sich die vorhandenen Erscheinungen entwickeln und unter denen bestimmte Folgeerscheinungen entstehen.

Die prognostische Untersuchung vermittelt (wahrscheinliche) Informationen über Wege und Verlauf der Entwicklung staatlich-rechtlicher Erscheinungen und Ereignisse. Eben darin zeigt sich die gegenständlich-inhaltliche Seite der marxistisch-leninistischen Prognostizierung, denn im Prognostizierungsprozeß werden die für die Praxis bedeutsamen Fragen des „Wohin?“ zu Fragen des „Wo?“, „Wann?“, „Woher?“, „Warum?“ usw. konkretisiert.

Die Möglichkeit, unerforschte und noch unbekannte Prozesse zu prognostizieren, stützt sich auf den Grundsatz der dialektisch-materialistischen Erkenntnistheorie, daß es keine unerkennbaren Dinge gibt, sondern nur Dinge, die noch nicht erkannt sind. Methodologische Grundlage der wissenschaftlichen Prognostizierung im allgemeinen und der juristischen im besonderen ist daher die marxistisch-leninistische Philosophie. Den Marxismus zeichnet historisches Herangehen an die Erscheinungen des gesellschaftlichen Lebens aus, „nicht nur im Sinne bloßer Erklärung der Vergangenheit, sondern auch im Sinne furchtloser Voraussicht der Zukunft und kühner praktischer Tätigkeit für die Verwirklichung dieser Zukunft"[6].

Die auf der Grundlage der marxistisch-leninistischen Theorie erkannten Gesetzmäßigkeiten der gesellschaftlichen Entwicklung sind die fundamentalen Voraussetzungen der Prognostizierung. Leugnet man die Möglichkeit wissenschaftlicher Voraussicht, so führt dies im Grunde zur Leugnung des Vorhandenseins gesetzmäßiger Beziehungen zwischen Vergangenem, Gegenwärtigem und Zukünftigem. Objekt der Prognostizierung können Gegenstände jedoch nur dann sein, wenn zwischen ihnen Beziehungen einer kausalen Determiniertheit bestehen.

Allerdings kann nicht jede Aussage über künftige Ereignisse als Prognose betrachtet werden. „Die Prognostizierung ist nicht einfach eine Äußerung über die Zukunft. Sie ist die systematische Untersuchung der Entwicklungsperspektiven bestimmter Erscheinungen oder Prozesse mit Hilfe moderner wissenschaftlicher Mittel."[7]

In der Rechtswissenschaft gibt es nicht wenige Arbeiten, in denen die Entwicklungsperspektiven staatlicher und rechtlicher Institutionen analysiert werden. Unseres Erachtens basieren diese Arbeiten jedoch zur Zeit noch ungenügend auf wirklich wissenschaftlicher Prognostizierung.

In der Rechtswissenschaft wurden immer schon Aussagen formuliert, die die Zukunft betrafen. Das zeigt sich in der Tatsache, daß sie seit vielen Jahrhunderten nach dem Prinzip des „de lege ferenda" arbeitet und Vorschläge über den Erlaß von zukünftigen Gesetzen unterbreitet. Aber dies bedeutet durchaus nicht, daß die Rechtswissenschaft auf eine jahrhundertealte Geschichte der Prognostizierung zurückblicken könnte. Im wesentlichen drückt das Prinzip des „de lege ferenda" nichts anderes aus als den Wunsch nach dem Erlaß eines bestimmten Gesetzes. Und diesen Wunsch darf man nicht mit einer Prognose identifizieren, da die Prognose ein anderes Niveau und eine andere Methode voraussetzt, um die Notwendigkeit eines Gesetzeserlasses zu begründen. Wenn man sich auf das Prinzip des „de lege ferenda" stützt, so heißt das noch nicht, daß die Rechtswissenschaft Prognose betreibt. Im Gegenteil: Fast jede Vermutung „de lege ferenda" zu wesentlichen Problemen des staatlichen und rechtlichen Lebens bedarf erst einer prognostischen Begründung.

Manche Autoren interpretieren die Begriffe „Prognostizierung" und „Prognose" in einem weiten Sinn, sie qualifizieren bereits solche theoretischen Arbeiten als prognostische Arbeiten, in denen die Perspektiven rechtlicher Erscheinungen oder Gesetzesvorschläge betrachtet werden.

I. V. Pavlov bemerkte richtig, „daß die Wissenschaft, u. a. auch die Kolchosrechtswissenschaft, eine wichtige prognostische Funktion zu erfüllen hat"[8]. Daraus leitet er ab, daß die Kolchosrechtswissenschaft „Prognosen über die Entwicklungsperspektiven der rechtlichen Regelung der gesellschaftlichen Verhältnisse in den Kolchosen in Verbindung mit dem Prozeß der Annäherung des Kolchoseigentums an das gesamte Volkseigentum ausarbeiten muß"[9].

Heute mutet es als unglaubwürdig an, daß bei uns Ende der 50er, Anfang der 60er Jahre ziemlich intensive Forschungsarbeiten mit prognostischem Charakter durchgeführt wurden, und daß einige „prognostische Thesen" (d. h. gewöhnliche Thesen „de lege ferenda" zu Fragen der Arbeitsverhältnisse, der Entwicklung neuer demokratischer Leitungsformen in Kolchosen — der Verf.) „ihre Widerspiegelung in der Praxis fanden"[10].

M. D. Šargorodskij verweist auf die immer wieder zu hörende fehlerhafte Auffassung, daß man durch irgendeine Maßnahme (hauptsächlich durch Strafandrohung) die Entwicklung sozialer Prozesse in eine erwünschte Richtung lenken könnte. Er wendet sich gegen „Prognosen“ etwa der Art, daß man einen Kriminalitätsrückgang durch Verschärfung der Strafen, eine Geburtenzunahme durch Verbot der Abtreibung und eine Verhinderung des Alkoholmißbrauchs durch Verkaufsverbot von Spirituosen erreichen könnte.[11] Gerade die Anwendung eines wissenschaftlich begründeten prognostischen Instrumentariums zeigt die Mangelhaftigkeit derartiger „Prognosen“ z. B. für die Bestimmung des komplizierten dialektischen Charakters der Kriminalität und der möglichen Wege ihrer Verhütung.

M. D. Šargorodskij wendet den Prognosebegriff jedoch auf dem Gebiet der gerichtlichen Tätigkeit falsch an, wenn er von einer „intuitiven gerichtlichen Prognose“ spricht.[12] Die intuitiven Vorstellungen des Gerichts über das zukünftige Verhalten eines Straftäters, die Möglichkeiten seiner Umerziehung, sind natürlich in der praktischen Gerichtstätigkeit und insbesondere bei der Urteilsverkündung sehr wichtig. Aber auch an diesem Fall sind intuitive Vorstellungen nicht auf die Anwendung eines speziellen Prognoseapparates gegründet, und sie sind deshalb auch keine wissenschaftlichen Prognosen. Solche Vorstellungen eines Gerichts kann man eher zum Typ der hypothetischen Meinungen rechnen, die Elemente einer allgemeinen Voraussicht beinhalten.

Man darf nicht vergessen, daß die Prognose eine besondere Art der wissenschaftlichen Voraussicht ist, die durch eine Reihe spezifischer Merkmale charakterisiert wird. Nur wenn alle oder fast alle diese Merkmale vorliegen, erhält eine wissenschaftliche Information über die Zukunft die Qualität einer Prognose.

Die Spezifik der Prognose resultiert aus der Analyse der Entwicklungstendenzen (grundlegender Richtungen) des zu prognostizierenden Objekts, der Arten von Faktoren (politische, ökonomische, demographische, soziale, psychologische, ideologische, technische, informelle), des Charakters dieser Faktoren (primäre und sekundäre, ständige und zeitweilige, stabile und dynamische, innere und äußere, kontrollierbare und nichtkontrollierbare, positive und negative usw.), die auf das Prognoseobjekt einwirken.

Für eine Prognose ist außerdem charakteristisch, daß sie begründete Einschätzungen der zukünftigen Entwicklung des zu prognostizierenden Objekts, seiner Bedürfnisse und der Möglichkeiten ihrer Befriedigung sowie die Voraussicht der Art und Weise der Einflußnahme auf das Prognoseobjekt und die in dessen Ergebnis zu erwartenden Folgen impliziert. Die Entwicklungsprognose für die Sowjetgesellschaft bis 1990 muß insbesondere die Frage beantworten, welche konkreten strukturellen und funktionellen Veränderungen im System der Staatsorgane in fünf bis zehn Jahren zu erwarten sind und wie sich die Kompetenzen zwischen der UdSSR und den Unionsrepubliken sowie zwischen ihren verschiedenen Organen gestalten werden.

Prognosen sind immer komplexer Natur, denn sie verwenden Untersuchungsmethoden der verschiedensten Wissenschaftsgebiete. Bis in die jüngste Vergangenheit hinein wurden die Entwicklungsperspektiven des Rechts ausschließlich mit den traditionellen Kategorien der Logik (Induktion und Deduktion, Synthese und Analyse usw.) untersucht. Heute ist das ohne Anwendung der modernen Prognostizierungsmethoden (Fragebogen, Expotation, Expotenzbeurteilung u. a.) völlig unmöglich.

Prognosen müssen auch Realisierungsfristen für prognostische Schlußfolgerungen, die Begründung ihres Wahrscheinlichkeitsgrades und die Beschreibung der Möglichkeiten der vorläufigen (a priori) Prüfung ihrer Zuverlässigkeit, enthalten. Die Verifikation einer Prognose ist besonders wichtig, denn ohne Überprüfung der Zuverlässigkeit und des Wahrheitsgehaltes bestimmter Schlußfolgerungen hören sie auf, Prognosen zu sein. Prognostische Schlußfolgerungen lassen sich häufig am besten durch Schemata, Diagramme, Tabellen oder Gleichungen darstellen.[13]

Die Rechtswissenschaft beschäftigt sich vorläufig noch kaum mit Untersuchungen, die auf die Prognose staatlich-rechtlicher Erscheinungen und Prozesse (abgesehen von kriminologischen Prognosen) gerichtet sind. B. V. Ščetinin sagt: „Versuche juristischer Prognostizierung bis hin zu den Staatswissenschaften sind gering. Ihr Wert jedoch ist unbestritten."[14] Man sollte in der Tat die Bedeutung der juristischen Prognostizierung immer wieder betonen und zuverlässige juristische Prognosen fordern. Es muß vor allem begriffen werden, daß Prognosen nicht mit beliebigen Äußerungen über die Zukunft identisch sind.

N. A. Ščelokov bemerkte, in der Praxis sei nicht selten eine offenkundige Unterschätzung der Prognostizierung zu beobachten; die theoretischen und methodischen Grundlagen der Prognostizierung seien nur ungenügend erarbeitet.[15] „Tatsächlich ist es schwer, Spezialisten zu finden, die diese komplizierte Sache beherrschen. Auf dem Gebiet der Prognostizierung gibt es keine wissenschaftlichen Arbeiten, die praktische Anwendung fanden. Das Leben fordert aber konsequent eine schnelle Überwindung dieser ernsten Mängel."[16]

Der Terminus „Prognose" impliziert einen großen Umfang von Begriffen. Deshalb ist eine theoretische Analyse dieser Kategorie wichtig, um die Unterschiede zwischen der „Prognose" und solchen Termini, wie Aufgabe, Ziel, Modell, Ideal, Schlußfolgerungen, Hypothese usw. aufzuzeigen.

Durch den Terminus „Aufgabe" wird bekanntlich zum Ausdruck gebracht, was getan werden muß. Das Subjekt, das die Aufgabe formuliert, weist darauf hin, was sein soll und worauf die Anstrengungen zu richten sind. Demgegenüber bringt der Terminus „Prognose" zum Ausdruck, wie sich die Erscheinungen und Prozesse unter Einwirkung bestimmter Faktoren und Ursachen entwickeln werden.

Die Realität und die Erfüllbarkeit der Aufgaben hängen neben einer Vielzahl anderer Momente auch vom Zuverlässigkeitsgrad der Prognose ab. Deshalb muß jede Aufgabe prognostisch begründet werden, und gerade deshalb formuliert die Partei in ihrem Programm die Aufgaben der Entwicklung des Staates, der Demokratie und des Rechts. Die Realisierung jeder dieser Aufgaben setzt voraus, konkrete Prognosen auszuarbeiten. Mit anderen Worten, selbst die Aufgaben können als Ausgangspunkt von Prognosen dienen. Dadurch wird es möglich, Informationen über die verschiedenen Varianten zu erarbeiten, um die Aufgaben zu erfüllen.

Viel Gemeinsames gibt es zwischen den Termini „Ziel" und „Prognose". Das Ziel ist das „ideale Bild" der zukünftigen Resultate menschlichen Handelns[17], „das gedankliche Modell des gewünschten zukünftigen Resultats der menschlichen Handlungen"[18], das ideelle Abbild des Endresultats, das sich das Objekt geschaffen hat.[19] Aus diesen Bestimmungen ist zu ersehen, daß die Zukunft als Bild im Ziel enthalten ist. Dieses Bild ist nichts anderes als die „gewünschte Zukunft". Aber die Prognose selbst ist nicht Gegenstand des durch bestimmte soziale Gruppen oder Organisationen Gewünschten. Die Prognostizierung stellt sich vielmehr als objektiver Forschungsprozeß von Gesetzmäßigkeiten dar und äußert sich auf Grundlage der tatsächlichen Entwicklung der gesellschaftlichen Verhältnisse über die Zukunft.

Das Ziel dient dazu, die Bedürfnisse und Interessen aufzudecken. Auf Grundlage der Prognose kann man darüber urteilen, ob diese Bedürfnisse vorhanden sind oder nicht und wie sie zu befriedigen sind. Potentiell sind jene Ziele zu realisieren, die erstens mit den grundlegenden Gesetzmäßigkeiten und Tendenzen übereinstimmen und zweitens über die notwendigen Voraussetzungen, Bedingungen und Möglichkeiten verfügen.[20] Deshalb muß die Formulierung der sozialen Ziele der Prognostizierung vorausgehen. Die Wechselbeziehungen zwischen Ziel und Prognose äußern sich darin, daß das Ziel auf Grundlage der wissenschaftlichen Prognose formuliert oder aber das Ziel zum Ausgangspunkt für die Prognose genommen werden kann.

Darüber hinaus ist es wichtig, die Wechselbeziehungen zwischen „Modell" und „Prognose" zu klären. Grundaufgabe der Prognose ist es, das Zukunftsmodell zu erkennen. Wenn z. B. die administrativ-territoriale Struktur das prognostische Problem ist, so kann ihr Modell auf der Grundlage einer Prognose ausgearbeitet werden. Auf der Basis des erkannten Modells kann die administrativ-territoriale Umgestaltung begründeter durchgeführt werden.

Im Unterschied zum Wunschmodell, das durch das Ziel vorweggenommen wird, ermöglicht es die Prognostizierung, das tatsächliche Modell aufzudecken.[21] Beim Vorliegen der entsprechenden Bedingungen wird die prognostische Korrektur des Gewünschten, das als Ziel auftritt, notwendig. Zum Beispiel vermittelt das Zukunftsmodell nur das tatsächliche Resultat der Entwicklung eines bestimmten staatlich-rechtlichen Instituts, aber nicht den Prozeß, in dessen Verlauf dieses Resultat zu erreichen ist. Das Modell selbst enthält nicht die grundlegenden Linien und Richtungen, Stufen und Perioden, Zeiten und Fristen, die für seine Konstruktion notwendig sind.

Man sollte auch zwischen den Termini „Prognose" und „Ideal" unterscheiden. Das Ideal ist nichts anderes als die Verwirklichung des höchsten Ziels und des vollkommenen Modells. Deshalb ist der Unterschied der Prognose vom Ideal notwendigerweise in ihrem Unterschied von Ziel und Modell zu suchen.

Interessant ist die terminologische Analyse zur Unterscheidung von „Hypothese" und „Prognose". Man sollte die Hypothese, die vor der Prognostizierung formuliert wird, von der Hypothese abgrenzen, die man als Resultat des prognostischen Prozesses erhält. Im ersten Fall stellt die Hypothese selbst einen informellen Stimulator zur Untersuchung der Zukunft dar. Hier verläuft der prognostische Prozeß auf der Grundlage der Hypothese und macht das Fundament deutlich, auf das sich das „prognostische Gebäude" zurückführen läßt. Im Verlauf der Errichtung des „prognostischen Gebäudes" wird zugleich geprüft, ob die Hypothese haltbar ist oder nicht. Daraus folgt, daß die Prognose nicht als Hypothese qualifiziert werden darf, selbst wenn auch sie hypothetischen, wahrscheinlichen Charakter trägt. Allerdings kann eine endgültige, unwiderrufliche Hypothese das Niveau eines wahrscheinlichen Zukunftsmodells erlangen.[22]

Während im ersten Fall die Hypothese ein informeller Stimulator ist, verwenden wir sie im zweiten Fall, um den hypothetischen Charakter der Prognose zu bezeichnen. Zugleich ist es wichtig, zu unterstreichen, daß die endgültige Prognose nicht mit der ursprünglichen Hypothese zusammenfallen kann. Das untermauert auch den Gedanken, daß eine Identifizierung von Prognose und Hypothese nicht möglich ist.

Die Prognostik ist die Wissenschaft der Errichtung eines wahrscheinlichen Systems der Erkenntnis über das Zukunftsmodell, das der Verifikation durch die vergangene, gegenwärtige und zukünftige Erfahrung unterliegt.[23] Das prognostische Wissen, das man auf Grundlage der objektiven Erkenntnis der Gesetzmäßigkeiten erhält, tritt als wissenschaftliche Tatsache auf. In dem Artikel „Prophetische Wörter" schrieb W. I. Lenin:

„Auf Wundern beruhende Prophezeiung ist ein Ammenmärchen. Wissenschaftliche Voraussage aber ist eine Tatsache".[24]

Die Autorität der sozialen Prognostik hängt vor allem vom Wahrscheinlichkeitsgrad der Prognosen ab. Deshalb ist eines der aktuellen Probleme der Prognostik das Problem der Apriori-Verifikation und des Beweises. Eine ungenügend hohe Wahrscheinlichkeit der Prognosen darf nicht dazu führen, daß man auf die Prognostizierung und die Entwicklung der Prognostik überhaupt verzichtet. „Es ist besser, ohne absolute Gewißheit vorauszusagen als gar nichts vorauszusagen."[25]

Die allgemeine Prognostik nimmt mehr und mehr die Form einer wissenschaftlichen Disziplin an. Das zeigt sich an klaren Darstellungen ihres Gegenstandes, an der Spezifizierung ihrer Problematik und an der Vervollkommnung ihrer Methoden.

Die juristische Prognostizierung kann man als eine spezifische Art der sozialen Prognostizierung interpretieren. Das ergibt sich vor allem aus ihrem Gegenstand und ihrer Problematik, die einen spezifisch staatlich-rechtlichen Charakter haben. Wichtige prognostische Probleme sind die Untersuchung des revolutionären Entwicklungsprozesses des Sowjetstaates, der demokratischen Institutionen, der Vervollkommnung der Massenkommunikationsmittel und ihres Einflusses auf die Entwicklung des politischen und Rechtsbewußtseins der Bürger u. a. Zu den prognostischen Problemen kann man insbesondere auch die Entwicklungsperspektiven des Rechtssystems, das gesellschaftliche Bedürfnis nach rechtlicher Regelung, die Voraussetzungen und Bedingungen der Effektivität konkreter Gesetzgebungsakte usw. rechnen. Die Ausarbeitung dieser Prognosen gibt die Möglichkeit, die Entwicklungstendenzen des staatlich-rechtlichen Überbaus und einzelne seiner Teile zu bestimmen und rechtzeitig auf die Umgestaltung des Überbaus einzuwirken.

Der Platz von Politik, Ökonomie, Ideologie usw. beim Funktionieren solcher Phänomene, wie Staat, Gesetzgebung, Leitung und Demokratie, ist allgemein bekannt. Deshalb haben auch die politischen, ökonomischen und anderen Arten der Prognostizierung für die juristische Prognostizierung große Bedeutung. Zum Beispiel dient die technische Prognose über die Entwicklung der Mittel zur Automatisierung und Mechanisierung der Leitungstätigkeit als eine der Grundlagen dafür, die Veränderungen der Arbeitsmethoden der staatlichen Leitungsorgane juristisch zu prognostizieren. Andererseits müssen andere Prognostizierungsarten in vielen Fällen juristische Prognosen berücksichtigen. So setzen z. B. eine Reihe ökonomischer die Existenz juristischer Prognosen voraus. Das Problem der „Priorität", d. h. der vorherrschenden, an erster Stelle stehenden Prognosearten ist zu lösen, wenn man sich diesem Problem unter dem Systemaspekt nähert. In der ersten Etappe der Prognostizierung erfolgt die Differenzierung, d. h. die Aufteilung der Objekte in verschiedene Arten. In der zweiten Etappe vollzieht sich die Integration, d. h. die Vereinigung der Objekte und der verschiedenen Prognosearten. Nur die integrierte Prognose kann eine vollständige Vorstellung über das Zukunftsmodell geben.

Die juristische Prognostizierung wird sich aller Voraussicht nach in drei Richtungen entwickeln:

a) Anwendung bereits vorhandener Prognosen, die nicht von der Rechtswissenschaft formuliert wurden;
b) gemeinsame Erarbeitung von Prognosen durch die Rechts- und andere Wissenschaften und
c) selbständige Erarbeitung eigener Prognosen durch die Rechtswissenschaft.

Der Platz der juristischen Prozesse im System der sozialen Prognostik wird durch die Stellung der Rechtswissenschaft im System der Gesellschaftswissenschaften bestimmt — genauer durch Rolle und Aufgabe solcher Erscheinungen wie Staat, Recht, Leitung, Demokratie und Gesetzlichkeit, mit denen sich die Rechtswissenschaft beschäftigt. Die juristische Prognostizierung steht in engem Zusammenhang mit der politischen und ökonomischen Prognostizierung, die für sie besondere Bedeutung haben. Wenn darüber hinaus die aktive Einwirkung zum Beispiel des Staates und des Rechts auf politische und ökonomische Prozesse Berücksichtigung findet, so wird die Bedeutung der juristischen Prognostik deutlich.[26] Zum Beispiel kann man kaum mit einem hohen Wahrscheinlichkeitsgrad der Prognosen zu Fragen des politischen Verhaltens der Bürger (des Interesses, der Aktivität, des Vertrauens) rechnen, wenn diese Prognosen ohne die Rechtswissenschaft ausgearbeitet werden, die den Fragenkomplex untersuchen, der mit der politischen und rechtlichen Stellung der Bürger in der Gesellschaft verbunden ist. Umgekehrt kann die Rechtswissenschaft die Entwicklung der Rechtsnormen und der staatlichen Institutionen nur unter Berücksichtigung der Prognosen des politischen Verhaltens der Bürger prognostizieren.

In Abhängigkeit vom Charakter des Objekts der juristischen Prognostizierung können die Prognosen in territoriale (Allunions-, Republiks-, örtliche), institutionelle (politische, normative) sowie persönliche (Rechtsbewußtseins- und Verhaltens-) Prognosen unterteilt sein. Die juristische Prognostizierung kann nicht „chemisch rein" erfolgen. Einerseits muß sie die prognostischen Informationen der anderen Gesellschaftswissenschaften beachten, andererseits aber kann sie, über ihre eigenen Grenzen hinausgehend, die Erarbeitung der politischen, ökonomischen, ideologischen, demographischen, nationalen, informellen und anderen Prognosen beeinflussen.

2. Die Problematik der juristischen Prognostizierung

Die Probleme der Prognostizierung werden nach bestimmten Kriterien ausgewählt. Dazu gehören: a) die Bedeutung der Probleme für die Entwicklung der juristischen Theorie und Praxis, b) die Zukunftsträchtigkeit des Problems und das Vorliegen ausreichender wissenschaftlicher Kenntnisse für die Untersuchung der vorliegenden Fragen.

Es ist wichtig, nicht heutige, sondern die zukünftigen Probleme als prognostische Probleme zu erkennen. In der Wirklichkeit existiert eine Reihe von Fragen, deren Lösung schon heute durch gesellschaftliche Bedürfnisse diktiert wird. Ihre Parameter sind bekannt, die notwendigen Bedingungen und Möglichkeiten ihrer Lösung sind vorhanden, sie können jedoch nicht gelöst werden. Die Formulierung der schon ausgereiften, aber noch nicht gelösten Probleme ist ein wichtiges Orientierungskriterium für die Auswahl der prognostischen Problematik. Seine Unterschätzung kann dazu führen, daß der Unterschied zwischen Problemen, die schon gelöst sind, und jenen, die man prognostisch untersuchen muß, verlorengeht.

Zur prognostischen Problematik der allgemeinen Theorie des Staates und des Rechts gehört die Betrachtung von Staat, Demokratie und Recht in ihrer Entwicklung. Deshalb muß die juristische Prognostizierung mit jenen Kategorien beginnen, die die Ausgangsbasis der allgemeinen Theorie des Staates und des Rechts bilden.

Der Prognostizierung sollten vor allem die Perspektiven und die Wege der Staatsentwicklung sowie ihre strukturellen und funktionellen Aspekte unterworfen werden.

Die Prognostizierung muß die Evolution der Funktionen des Staates, der Methoden der staatlichen Leitung, der Tätigkeit der staatlichen Machtorgane und andere Fragen einschätzen. Man muß alle Elemente der staatlichen Systeme, aber nicht jedes Element im Detail, prognostizieren.

Die Prognostizierung der Staatspolitik ist eine zentrale Frage. Das erklärt sich aus der Bedeutung der Politik im System der sozialen Erscheinungen. LENIN charakterisierte sie wie folgt: „Politik ist konzentrierte Ökonomie“[27]; „Die Politik hat notwendigerweise das Primat gegenüber der Ökonomik.“[28]

Ohne Prognostizierung der ökonomischen, nationalen, demographischen, Gesetzgebungs-, Gerichts- und Informationspolitik kann eine Reihe konkreter Erscheinungen, die mit dem Staat verbunden sind, nicht prognostiziert werden.

Die prognostische Untersuchung der Politik unterstützt a) die Voraussicht grundlegender Gesetzmäßigkeiten und Tendenzen der gesellschaftlichen Entwicklung, die ihrerseits bei der Erarbeitung politischer Konzeptionen zu berücksichtigen sind; b) die Voraussicht möglicher Folgen eines bestimmten politischen Kurses (z. B. öffentliche Meinung); c) die Ausarbeitung grundlegender strategischer und taktischer Aufgaben für die Planung der Staatspolitik; d) die Erhöhung der Effektivität des staatlichen Überbaus durch seine Entwicklung auf wissenschaftlichen Grundlagen; e) die progressive Einwirkung staatlicher und rechtlicher Institutionen auf die gesellschaftliche Basis durch die legislative Festigung der ökonomischen Politik; f) die Erhöhung des Prestiges der Normativakte als eine der Grundlagen zur Formulierung der öffentlichen Meinung.

„Die allseitige Entfaltung und Vervollkommnung der sozialistischen Demokratie, die aktive Beteiligung aller Bürger an der Staatsverwaltung und an der Leitung des Wirtschafts- und Kulturaufbaus, die Verbesserung der Arbeit des Staatsapparates und die Verstärkung der Volkskontrolle über seine Tätigkeit bilden die Hauptrichtung, in der sich das sozialistische Staatswesen während des Aufbaus des Kommunismus entwickelt“[29], wird in diesem Zusammenhang im Programm der KPdSU hervorgehoben.

Aber es reicht nicht aus, lediglich die allgemeine Entwicklungsrichtung der Staatlichkeit zu kennen; auch konkrete Kenntnisse sind notwendig.

Die juristische Prognostizierung des sozialistischen Staates ist für die Perspektivplanung seiner Entwicklung unumgänglich. Für die Planung sind mehr oder weniger konkretisierte und differenzierte Daten notwendig, die man im Ergebnis der Prognostizierung erhält.

Auf der Grundlage langfristiger Informationen kann man nach einigen Jahren die Entwicklung der Staatlichkeit bewußt und zielgerichtet realisieren und jene Gesetzmäßigkeiten verwirklichen, die im Programm der KPdSU formuliert sind. Das führt möglicherweise dazu, daß die Wirkung negativer Faktoren eingeschränkt wird, und erlaubt es, die Widersprüche, die in den Basis- und Überbauverhältnissen entstehen, aufzudecken und zu beseitigen.

W. I. LENIN äußerte sich über das unvermeidliche Absterben des Staates und unterstrich erstens die Langwierigkeit dieses Prozesses, zweitens seine Abhängigkeit vom Entwicklungstempo der Phasen des Kommunismus, und drittens betonte er, daß „... wir die Fragen der Fristen oder der konkreten Formen des Absterbens vollkommen offen lassen, denn Unterlagen zur Entscheidung dieser Fragen gibt es nicht“[30].

Diese LENINsche These wurde auf der Grundlage der historischen Erfahrung der Sowjetgesellschaft und des Sowjetstaates im Programm der KPdSU weiterentwickelt. Im Parteiprogramm wird hervorgehoben: Die „Entwicklung der sozialistischen Staatlichkeit wird nach und nach dazu führen, daß sie sich in die gesellschaftliche kommunistische Selbstverwaltung verwandelt, zu der sich die Sowjets, die Gewerkschaften und die anderen Massenorganisationen der Werktätigen vereinigen werden"[31]. Im Prognostizierungsprozeß sollte man diese These als eine wissenschaftliche Basis betrachten, die die grundlegenden Forschungsrichtungen bestimmt.

Mit dem Problem des Absterbens des Staates ist eng die Frage nach der Methode der staatlichen Leitung sowie nach dem Verhältnis von Zwang und Überzeugung verbunden. Mit Hilfe einer komplexen Prognose kann man den Kreis grundlegender Fragen bestimmen, durch die die Sphäre des staatlichen Zwangs, die Konsequenzen der Aufgabe bestimmter Methoden des staatlichen Zwangs und sogar die wahrscheinlichen Etappen der Änderung der Wechselbeziehung zwischen Zwang und Überzeugung berührt werden. Es zeigte sich, daß man bereits in der gegenwärtigen Etappe mit Hilfe der juristischen, einschließlich der kriminalistischen Prognostizierung bestimmte Informationen erhalten kann, die es erlauben, diese grundlegenden Fragen zu beantworten. Einen großen Platz in der Prognostizierung des Staates wird das Problem der Funktionen des Staates einnehmen. Im Programm der KPdSU heißt es: „Gesellschaftliche Funktionen, die den jetzigen staatlichen Funktionen bei der Verwaltung von Wirtschaft und Kultur entsprechen, werden auch im Kommunismus fortbestehen, wobei sie sich mit der Entwicklung der Gesellschaft wandeln und vervollkommnen werden. Aber der Charakter und die Methoden ihrer Ausübung werden andere sein als im Sozialismus."[32]

Das zweite wichtige Prognoseproblem der Staats- und Rechtstheorie ist das Problem der Demokratie. Dabei ist zu berücksichtigen, daß vielfältige Faktoren, darunter technische, demographische, ideologische und andere, auf die Entwicklung und das Funktionieren der demokratischen Institutionen, auf die Schaffung der Bedingungen und Möglichkeiten für die Realisierung der demokratischen Ideale des Kommunismus einwirken (und in der Perspektive noch mehr einwirken werden). Folglich muß man bei der Prognostizierung der Demokratie diese vielfältigen Faktoren komplex berücksichtigen. Außerdem sind viele Institutionen der Demokratie mit dem Informationsniveau der Bevölkerung zu politischen Fragen, dem Interesse und der Aktivität der Bürger an bzw. bei der Lösung bestimmter Probleme, mit der Analyse ihrer Meinung usw. verbunden. „Der Staat", sagte W. I. Lenin, „ist dann stark, wenn die Massen alles wissen, über alles urteilen können und alles bewußt tun."[33] Diese Leninsche These wird für unsere Partei grundlegend bleiben. „Die Wahrung der Öffentlichkeit, die Informierung der Parteimitglieder und aller Werktätigen über die Tätigkeit der Partei ist ein Prinzip unseres Parteilebens, an dem wir auch in Zukunft festhalten werden."[34]

Ziel der Prognostizierung des Informationsaspektes der Demokratie ist es, das gesellschaftliche Informationsbedürfnis und die Möglichkeiten seiner Befriedigung aufzudecken. Die Bestimmung des Informationsbedürfnisses setzt die Untersuchung der Entwicklungsgesetzmäßigkeiten der Interessen der Bürger, der Einwirkung von Informationen auf die öffentliche Meinung und das rechtsnormengemäße Verhalten voraus. Die Informationspolitik muß dem Niveau des politischen, des Rechts- und Moralbewußtseins der Gesellschaft entsprechen. Äußerst wichtig ist es, nicht nur die Gesetzmäßigkeiten, die in der Informationssphäre wirken, sondern auch die Folgen der Informationspolitik zu bestimmen. Es ist zum Beispiel wesentlich zu wissen, zu welchen politischen, psychologischen, intellektuellen, moralischen und rechtlichen Folgen unzureichende Informationen und andere Mängel der Informationspolitik führen können.

Das demokratische Funktionieren der Gesellschaft setzt voraus, daß die öffentliche Meinung zu grundlegenden, das gesellschaftliche Interesse berührenden Fragen gehört wird. Dadurch wird sie immer mehr zu einem wichtigen Faktor des Funktionierens des politischen, staatlichen und rechtlichen Systems, zugleich erhöht sich die Abhängigkeit der sozialen Institutionen von der öffentlichen Meinung.

Die Prognostizierung der Demokratieentwicklung impliziert auch den Interessenaspekt. Ziel der Prognostizierung des Interesses ist es, die Veränderungen, die in der Sphäre der Interessen der Bürger auftreten werden, zu erkennen.

Die sich verändernde Klassen- und Nationalstruktur der Gesellschaft bewirkt, daß neue Bedürfnisse entstehen werden, auf deren Grundlage sich ein neuer Interessentyp herausbilden wird. Die Differenzierung der Interessen zieht die differenzierte Beurteilung bestimmter Probleme nach sich. Die immer bessere Befriedigung der gesellschaftlichen und persönlichen Interessen der Bürger ist ein komplizierter Prozeß, der eine kontinuierliche Arbeit voraussetzt, um die dafür notwendigen Voraussetzungen, Bedingungen und Möglichkeiten zu schaffen. Über prognostische Information ist es möglich, auf die Formulierung von Interessen und deren Befriedigung einzuwirken.

Mit dem Interessenproblem ist das Problem der zukünftigen politischen Aktivität eng verbunden. Ziel der Prognostizierung der Aktivität ist die Erforschung der Entwicklungsmöglichkeiten der politischen Aktivität der Bürger und die Erarbeitung eines entsprechenden Stimulierungssystems.

Verfügt man nicht über prognostische Informationen der Interessenentwicklung, so ist es sehr schwer, ja nahezu unmöglich, Voraussagen über die Aktivität der Bürger zu treffen.

In diesem Zusammenhang ist es wichtig, prognostische Informationen darüber zu erarbeiten, welche Verwaltungsfunktionen am besten durch die Bürger auszuüben sind, welche Funktionen man in der Arbeitszeit und welche man in der Freizeit erfüllen kann. Derartige Prognosen erlauben es, eine zielgerichtete Politik zur konsequenten, systematischen Einbeziehung der Bürger in die staatliche Leitung zu betreiben.

Im demokratischen Funktionsmechanismus der Gesellschaft erlangen die gesellschaftlichen Organisationen, Neuererkollektive und Kollektive der schöpferischen Selbstbetätigung zunehmende Bedeutung. Deshalb ist es notwendig, das System und die Funktionen der gesellschaftlichen Organisationen und ihre Entwicklungsperspektiven einer prognostischen Untersuchung zu unterziehen.[35]

Das dritte prognostische Problem ist das Rechtsproblem.[36] Die Spezifik der Gesetzgebungs- und der anderen Normativakte beinhaltet, daß diese für eine langfristige wiederholbare Einwirkung zu gestalten sind. Daraus folgt, daß sich der Gesetzgebungsakt auf die Prognose stützen muß, d. h., er muß erstens den grundlegenden Forderungen der wirkenden und der möglicherweise entstehenden Gesetzmäßigkeiten Rechnung tragen und zweitens die sozialen Folgen berücksichtigen, die er hervorbringen kann (insbesondere Richtung und Charakter der öffentlichen Meinungsreaktionen).

In der Prognostizierung des Rechts nimmt die Entwicklung des Rechtssystems einen wichtigen Platz ein.[37] Als Grundlage des Differenzierungs- und Integrationsprozesses der Rechtszweige dienen die gesellschaftlichen Bedürfnisse, die ihrerseits in den entsprechenden Gesetzmäßigkeiten wirken. Untersucht man diese Gesetzmäßigkeiten sowie die Wissenschaftsentwicklung, so kann man die Evolution des geltenden Rechtssystems prognostizieren.

Die juristische Prognostizierung bestimmt die Entwicklung des Rechtssystems unter Einwirkung verschiedener, z. B. technischer und wissenschaftlicher, Faktoren voraus. In ihrer Gesamtheit werden diese Faktoren das Rechtssystem bedeutend beeinflussen, neue Rechtsinstitutionen hervorrufen und einzelne Gesetzgebungsakte modifizieren. Natürlich besteht zwischen dem wissenschaftlich-technischen Fortschritt und den Veränderungen im Rechtszweigsystem keine direkte Abhängigkeit. Das System der Rechtszweige ist nur insofern Veränderungen unterworfen, wie die wissenschaftlich-technischen Faktoren zu einer wesentlichen Umgestaltung bestimmter Rechtsverhältnisse führen, die durch die verschiedenen Zweige des sozialistischen Rechts geregelt werden.

Bis zum Jahre 1990 ist die Landung des Menschen auf dem Mars und der Venus, bis zum Jahre 2000 ist die erste Ansiedlung der Menschen auf dem Mond und der Start von Automaten zu allen Planeten unseres Sonnensystems geplant. Im XXI. Jahrhundert werden sich Automaten auf den Weg zu anderen Sternen begeben, um Kontakte zu außerirdischen Zivilisationen aufzunehmen und die industrielle Ausbeutung von Bodenschätzen anderer Planeten zu ermöglichen.[38] Durch diese und andere wissenschaftliche und technische Errungenschaften kann z. B. die Entstehung eines neuen Rechtszweiges, eines innerstaatlichen nationalen Kosmosrechts, hervorgerufen werden.

Auch die Entstehung eines nationalen Meeresrechts als eines neuen Zweiges im sowjetischen Rechtssystem liegt im Bereich des Möglichen. Diese Aussage beruht auf der Prognose, daß man bis zum Jahre 2000 mit dem Aufbau der ersten Städte und Fabriken auf dem Meeresgrund beginnen wird.

Ein demographischer Faktor, wie z. B. der, das Leben der Menschen zu verlängern, kann dazu führen, daß eine Reihe von Normen des Verfassungs-, Verwaltungs-, Zivil-, Arbeits- und Familienrechts, in denen das Alter eine bestimmte juristische Rolle spielt, neu durchdacht werden muß. Bis zum Jahre 1990 prognostiziert man ein durchschnittliches Lebensalter des Menschen von 85 und bis zum Jahre 2000 von 100 Jahren.

Die Prognostizierungsproblematik trägt auch zur Rechtsentwicklung bei. Ziel der Prognostizierung ist es, das Bedürfnis nach rechtlichen Regelungen, die Bedingungen ihrer Widerspiegelung und ihr Ersetzen durch andere soziale Normen aufzuzeigen.

Das Recht ist untrennbar mit der Staatsentwicklung verbunden: „Die geschichtliche Entwicklung führt unausbleiblich zum Absterben des Staates. Für das Absterben des Staates bedarf es sowohl innerer Voraussetzungen — des Aufbaus einer entwickelten kommunistischen Gesellschaft — als auch äußerer Voraussetzungen — des Sieges und der Festigung des Sozialismus in der internationalen Arena."[39] Die Bestimmung des Entwicklungsweges des Rechts setzt voraus, daß die Gesetzmäßigkeiten der durch das Recht geregelten Gesellschaftsverhältnisse und ihrer Entwicklungsperspektiven bekannt sind.

Das Problem von Krieg oder Frieden ist für die Prognostizierung der internationalen Beziehungen von besonderer Relevanz. Man kann die Entwicklung der internationalen Verhältnisse für die nächsten 10 bis 30 Jahre prognostizieren und damit die Außenpolitik, d. h. die Folgerichtigkeit und die Fristen zur Verwirklichung bestimmter außenpolitischer Aktionen, planen. Für die Problematik der juristischen Zweigprognostizierung sind diejenigen Fragen bedeutsam, die in den einzelnen Zweigen eine spezifische Rolle spielen. Die Zweigprognostizierung umfaßt einen Problemkreis, der sich auf einzelne Rechtsinstitutionen und Normativakte bezieht, die zukünftig entscheidende Bedeutung für die Zweigentwicklung insgesamt haben werden. Gerade zu diesen Problemen bedarf es prognostischer Einschätzungen, um unter Berücksichtigung der bereits vorhandenen Prognosen die Entwicklung der Zweige und ihrer Institutionen und damit die Effektivität ihrer Funktionsweise zu gewährleisten. In die Prognostizierung der Verfassungsspezifik gehen vor allem solche Problemkomplexe ein wie das staatliche Vertretungs- und Föderationssystem. Für die Prognostizierung des Vertretungssystems sind die Fragen relevant, die mit der Voraussicht ihrer zukünftigen Rolle, ihrer territorialen Organisation, Struktur, Kompetenz und Gesetzgebung verbunden sind.[40] Im Kern werden alle grundlegenden „Knotenpunkte“ des Vertretungssystems durch die Prognostizierung erfaßt.

Im Programm der KPdSU heißt es, daß sich im Verlauf des kommunistischen Aufbaus die Rolle der Sowjets, die die allumfassende Organisation des Volkes darstellen, erhöhen wird. Im weiteren Entwicklungsprozeß der Demokratie vollzieht sich die allmähliche Umgestaltung der staatlichen Machtorgane in Organe sozialer Selbstverwaltung.[41] Deshalb ist es notwendig, die Entwicklung der Gesetzmäßigkeiten des Vertretungssystems zu prognostizieren, die grundlegenden Richtungen, in denen diese Entwicklung verläuft, aufzudecken und die allmähliche Transformation der staatlichen Machtorgane in denen der Selbstverwaltung zu konkretisieren.

Die ökonomischen, demographischen und anderen Faktoren bedingen, daß sich die territoriale Organisation unseres Staates verändert. Das wirft vor allem die Frage nach der Schaffung eines Modells der territorialen Strukturen (z. B. der einzelnen Gebiete) auf. Ohne Prognose wird es schwerer sein, über die zukünftige territoriale Organisationsstruktur zu bestimmen. Einen wichtigen Platz im System der Prognostizierung der staatlichen Vertretungsorgane nehmen die Fragen ihrer Konstituierung ein. „Die Partei hält es für notwendig, die Formen der Volksvertretung zu vervollkommnen und die demokratischen Prinzipien des Wahlsystems zu entwickeln.“[42] In diesem Zusammenhang wird es notwendig sein, die optimale rechtliche Normierung der Volksvertretungen sowie die Entwicklung der Institutionen der Vertretungsdemokratie (Wahlen, Aufträge, Rechenschaftslegung und Kritik) und der unmittelbaren Demokratie (der Volksbefragung zu Gesetzesprojekten, die Volksabstimmung über die Gesetzesprojekte Volksentscheid) zu analysieren.[43]

Die ökonomische Entwicklung der Gesellschaft, der technische Fortschritt, demographische Aspekte der Urbanisierung, das intellektuelle Niveau der Gesellschaft und die Informationsprozesse haben Auswirkungen auf die Kompetenzen, die Formen und Methoden der Tätigkeit der Vertretungsorgane. Wie wir feststellen konnten, hat der technische Faktor sowohl einen positiven als auch einen negativen Einfluß auf die Vertretungsorgane. In der bürgerlichen Gesellschaft streben die Gegner der parlamentarischen Demokratie danach, die Rolle und die Bedeutung der Vertretungsorgane mit Hilfe der Technik zu paralysieren. Auf einer Sitzung des amerikanischen „Komitees des Jahres 2000“ erklärten z. B. Experten: „Das Fernsehen ist ein unmittelbares und mächtiges Werkzeug in den Händen einer zentralen Regierung.“[44]

Auch das Problem der Entwicklung föderativer Beziehungen bedarf der Prognostizierung. Das Problem der Annäherung der sozialistischen Nationen setzt die Untersuchung der Gesetzmäßigkeiten voraus, die auf die national-staatlichen Verhältnisse wirken. Auf dem Gebiet der nationalen Beziehungen stellte die Partei die Aufgabe: „. . . die Formen der nationalen Staatlichkeit der Völker der UdSSR sind voll auszunutzen und zu vervollkommnen“[45].

Ein Ziel der Prognostizierung ist die Feststellung des objektiven gesellschaftlichen Bedürfnisses nach der Vervollkommnung bestimmter Formen der nationalen Staatlichkeit und die Erarbeitung von Varianten zur Befriedigung dieses Bedürfnisses. Welche Züge wird zukünftig die sowjetische Nation haben? Welche Qualitäten erhält die neue historische Gemeinsamkeit — das Sowjetvolk — in 20 bis 30 Jahren? Diese und viele ähnliche Fragen spiegeln sich in staatlich-rechtlichen Aspekten der sowjetischen Föderation wider. Kennt man die Antworten auf diese Fragen, kann man die Lösung dieser Fragen planen.

In der Zweigprognostizierung nehmen die Fragen des Verwaltungsrechts — System, Struktur und Zusammensetzung der staatlichen Leitungsorgane, Kompetenzen und Methoden der Tätigkeit dieser Organe, verwaltungsrechtliche Gesetzgebung — einen wichtigen Platz ein.

Die ökonomische Prognose der Entwicklung existierender und die Aufdeckung neuer Volkswirtschaftszweige lassen Urteile über das staatliche Leitungssystem zu, die über einen hohen Wahrscheinlichkeitsgrad verfügen. Jedoch kann man sich bei der Lösung von Fragen über das System der staatlichen Leitungsorgane nicht auf ökonomische Prognosen über die Zusammensetzung der Zweige beschränken, da das Bestehen eines Zweiges noch nicht die Notwendigkeit der Bildung des entsprechenden Ministeriums nach sich zieht. Eine der Grundlagen für Neuerungen im System der staatlichen Leitungsorgane müssen juristische Prognosen sein.[46] Mit Hilfe der juristischen Prognosen kann man z. B. die Frage über die Perspektive der Zweig- und Funktionalorgane richtig lösen. Unter Einwirkung der Technik (Mechanisierung und Automatisierung) ergeben sich in der Organisationsstruktur der staatlichen Leitungsorgane bestimmte Veränderungen. Ein Ziel des technischen Fortschritts kann z. B. darin bestehen, „Möglichkeiten und Grenzen der Rationalisierung der Leitungsstruktur aufzudecken. Die Mechanisierung und Automatisierung im Staatsapparat bewirken Veränderungen in den Bedingungen, im Inhalt und im Charakter der Leitungsarbeit. Eine Teilfrage der Zusammensetzung des Staatsapparates ist die Frage über die Kader, die berufsmäßig Leitungsfunktionen ausüben.“[47]

Indem die juristische Prognostizierung es ermöglicht, grundlegende Funktionen so wichtiger staatlicher Leitungsorgane wie der Wirtschaftsministerien zu formulieren, ist sie zugleich auch prädestiniert, die Vollmachten, die zur Realisierung dieser Funktionen notwendig sind, aufzudecken. Vor allem die Wirtschaftsreform zieht Veränderungen in den Kompetenzen der Ministerien auf dem Gebiet der Planung und der Technikentwicklung nach sich. Aber auch zukünftig werden Veränderungen in der Funktionsweise und den Kompetenzen der staatlichen Leitungsorgane unvermeidlich sein. Deshalb muß man diese Fragen in die prognostischen Untersuchungen einbeziehen. Die Sowjetwissenschaft mißt auch den Problemen der Entwicklung der Kolchosdemokratie, der Bildung gewählter Organe der landwirtschaftlichen Kooperation sowie der Erarbeitung verschiedener Institutionen und Normen dieser Kooperationsweise große Bedeutung bei. Die prognostische Untersuchung der Gesetzmäßigkeiten, die für die Kolchosproduktion charakteristisch sind, gestattet immer überzeugender die Richtung zu bestimmen, in der man die Kolchosdemokratie entwickeln sollte, wann Vollmachten gebraucht werden und wie diese beschaffen sein müssen, welche Institutionen des Kolchosrechts Perspektive haben und welche nicht usw.

Auch einige Institutionen des Arbeitsrechts haben aus der Sicht der Zweigprognostizierung Bedeutung. Dazu gehören vor allem die Institutionen des Kollektiv- und Arbeitsvertrages. Während z. B. in den Großstädten Arbeitskräftemangel herrscht, sind in den Kleinstädten überschüssige Arbeitskräfte zu finden. Künftig kann dieses Problem noch an Bedeutung gewinnen. Seine Lösung ist ohne entsprechende Rechtsnormen, die einen Ausgleich der Arbeitskräftelage bewirken, unmöglich. Deshalb sollte man den Arbeitskräftebedarf für zehn bis zwanzig Jahre im voraus prognostizieren.

So exakt stellt sich die Problematik der juristischen Prognostizierung im allgemeinen dar. Um bestimmte Probleme als prognostisch bedeutsam zu bezeichnen, ist es — wie bereits dargelegt — notwendig, daß eine prognostische Situation vorliegt und daß das Problem vorher von Rechtszweigwissenschaftlern auf seine prognostische Relevanz hin bewertet wurde.

Anmerkungen

1 Breshnew, L. I., XXIV. Parteitag der Kommunistischen Partei der Sowjetunion, Rechenschaftsbericht des ZK der KPdSU, Referat, Moskau — Berlin 1971, S. 91.

2 Fedosseev, P. N., Der XXIV. Parteitag der KPdSU und die grundlegenden Forschungsrichtungen auf dem Gebiet der Gesellschaftswissenschaften, in: Kommunist, 1/1972, S. 60.

3 Vgl. Die Entwicklung der Rechtswissenschaft — eine wichtige Bedingung zur Lösung der Probleme des kommunistischen Aufbaus, in: Sovetskoe gosudarstvo i pravo, 4/1973, S. 6.

4 Die Folgen der Realisierung von Rechtsakten vorauszusehen, bedeutet, den ganzen Komplex der dabei entstehenden Erscheinungen zu berücksichtigen, die praktischen Ergebnisse der Neuerungen, die auf gesetzgeberischem Wege vorgenommen werden, zu analysieren. (Vgl. Sovetskoe gosudarstvo i pravo, 4/1973, S. 6.)

5 Madej, Z./Pajestka, J., Programowanie i przewidywanie przysztosci, Warschau 1968, S. 44 bis 45.

6 Lenin, W. I., Werke, Bd. 21, Berlin 1972, S. 61.

7 Bestužev-Lada, I. V., Das Fenster in die Zukunft. Gegenwärtige Probleme der sozialen Prognostizierung, Moskau 1970, S. 14.

8 Pavlov, I. V., Die Entwicklung des Kolchosrechts in der gegenwärtigen Etappe, in: Sovetskoe gosudarstvo i pravo, 8/1970, S. 27; Vgl. auch: Über die Prognostizierung wie über die Funktion der Rechtswissenschaft, in: Sovetskoe gosudarstvo i pravo, 3/1969; Sowjetische Theorie des Staates und des Rechts, Moskau 1970, S. 75.

9 Pavlov, I. V., Die Entwicklung des Kolchosrechts in der gegenwärtigen Etappe, in: Sovetskoe gosudarstvo i pravo, 8/1970, S. 28.

10 Ebenda.

11 Vgl. Šargorodskij, M. D., Prognose und Rechtswissenschaft, in: Pravovedenie, 1/1971, S. 47.

12 Ebenda.

13 Vgl. Kudrjavcev, V. N., Kausalität in der Kriminologie, Moskau 1968, S. 151—174; Avanesov, G. A., Theorie und Methodologie der kriminologischen Untersuchung, Moskau 1972.

14 Ščetinin, B. V., Probleme der Theorie des sowjetischen Staatsrechts, Moskau 1969, S. 841.

15 Ausführlicher über die Experimente auf dem Gebiet des Staates und des Rechts siehe a. Safarov, R. A., Das soziale Experiment und Probleme des Staates und des Rechts, in: Sovetskoe gosudarstvo i pravo, 10/1964; Lazarev, V. V., Zu Fragen über den Begriff und die Grenzen des Experiments auf dem Gebiet des Staates und des Rechts, in: Pravovedenie, 1/1966; Nikitinskij, V. I., Die Bedeutung des Experiments in der normschöpferischen Tätigkeit, in: Sovetskoe gosudarstvo i pravo, 10/1970, S. 14.

16 Ščelokov, N. A., Leninsche Prinzipien als Grundlage der Leitung, in: Sovetskoe gosudarstvo i pravo, 10/1970, S. 14.

17 Borsenko, A. V., Probleme des Ziels in der gesellschaftlichen Entwicklung, Moskau 1963, S. 8.

18 Kodin, V. I., Ziel als objektive Wahrheit. Erkenntnistheorie und moderne Wissenschaft, Moskau 1967, S. 155.

19 Vgl. Chudušin, F., Die wissenschaftliche Voraussicht und die Praxis des kommunistischen Aufbaus, in: Političeskoe samoobrazovanie, 7/1968, S. 4.

20 A. M. Gendin schreibt: Andernfalls entsteht einerseits unvermeidlich ein Widerspruch zwischen den Zielen, den Absichten der Menschen und andererseits den praktischen Resultaten ihrer Handlungen. Es entsteht eine Situation, wo die nächsten Ziele, die die Interessen des heutigen Tages widerspiegeln, die tieferen perspektivischen Züge verhüllen und letztendlich zum Hemmnis ihrer Realisierung werden (Gendin, A. M., Die Rolle der sozialen Voraussicht und die Ziele in der Entwicklung der sozialistischen Gesellschaft, in: Filosofskie nauki, 1/1966, S. 28; siehe auch: Gendin, A. M., Die Voraussicht und das Ziel in der Gesellschaftsentwicklung, Krasnojarsk 1970).

21 In diesem Zusammenhang kann man nicht den Standpunkt von A. V. Borsenko teilen, der behauptet, daß das Voraussehen eine Art „gewünschte Zukunft" ist (vgl. Borsenko, A. V., Probleme des Ziels in der gesellschaftlichen Entwicklung, a. a. O., S. 46). Das Unrichtige dieses Standpunktes äußert sich darin, daß das wissenschaftliche Forschungskollektiv mit der Prognostizierung beginnt und nicht weiß, wann, wie das Zukunftsmodell wird. Die Aufgabe besteht darin, ein Modell zu finden, zu beschreiben und zu erklären. Und in dieser Richtung wird die gesamte prognostische Arbeit entwickelt.

22 V. G. Vinogradov betrachtet das Voraussagen als ein Mittel der Formulierung und Prüfung von Hypothesen (vgl. Vinogradov, V. G., Einige Fragen der wissenschaftlichen Voraussage, in: Trudy Moskovskogo instituta inženerov železnodorožnogo transporta, 1965, Bd. 223, S. 39).

23 I. V. Bestužev-Lada definiert die Prognostik als „Wissenschaft über die Gesetze, Arten und Methoden der Prognostizierung" (vgl. Bestužev-Lada, I. V., Prognostizierung als eine Kategorie des Herangehens an Zukunftsprobleme, in: Problemy obščej i social'noj prognostiki, (Moskau) 1/1968, S. 21); D. M. Gvišiani und V. Lisičkin definierten die Prognostik folgendermaßen: „Prognostik, das ist eine wissenschaftliche Disziplin, die die allgemeinen Prinzipien des Aufbaus von Prognostizierungsmethoden für die Entwicklung von Objekten jeder Art und die Gesetzmäßigkeiten für den Prozeß der Erarbeitung von Prognosen gibt (Gvišiani, D. M., Lisičkin, V., Prognostik, Moskau 1968, S. 22).

24 Lenin, W. I., Werke, Bd. 27, Berlin 1974, S. 494.

25 Poincaré, H., Wissenschaft und Hypothese, Leipzig 1914, S. 145.

26 Die sozial-ökonomische Prognostizierung muß durch eine wissenschaftlich begründete staatlich-rechtliche Prognostizierung ergänzt werden, die sich auf eine sachliche Berücksichtigung der Gesetzmäßigkeiten der gesellschaftlichen Entwicklung stützt. Die erfolgreiche Lösung dieses Problems durch die juristische Wissenschaft erfordert die Herausbildung von staatlich-rechtlichen Instituten zur Untersuchung künftiger Etappen der Entwicklung der sowjetischen Gesellschaft (vgl. Sovetskoe gosudarstvo i pravo, 7/1971, S. 12—13).

27 Lenin, W. I., Werke, Bd. 33, Berlin 1971, S. 302.

28 Lenin, W. I., Werke, Bd. 32, Berlin 1970, S. 73.

29 Programm und Statut der Kommunistischen Partei der Sowjetunion, Berlin 1961, S. 96.

30 Lenin, W. I., Werke, Bd. 25, Berlin 1974, S. 483.

31 Programm und Statut der Kommunistischen Partei der Sowjetunion, a. a. O., S. 103.

32 Ebenda.

33 Lenin, W. I., Werke, Bd. 26, Berlin 1961, S. 246.

34 Breshnew, L. I., Auf dem Wege Lenins, Berlin 1971, S. 210.

35 D. V. Šut'ko ist mit der Notwendigkeit der Prognostizierung des Instituts der gesellschaftlichen Organisation einverstanden und bemerkt: „Die Daten, die man als Resultat der Prognostizierung erhält, haben nicht nur wissenschaftlich-theoretische Bedeutung, sondern können auch praktischen Zielen dienen" (Šut'ko, D. V., Soziologische Aspekte der Mitglied-

schaft in gesellschaftlichen Organisationen, in: Fragen der Theorie und der Geschichte der gesellschaftlichen Organisationen, Moskau 1972, S. 24).

36 Über die Notwendigkeit, Fragen der Rechtsschöpfung und der Rechtsverwirklichung zu prognostizieren, schreibt V. V. LAZAREV (vgl. LAZAREV, V. V., Die Besonderheiten der Realisierung von Rechtsvorschriften, in: Sovetskoe gosudarstvo i pravo, 2/1972, S. 24).

37 Vgl. ALEKSEEV, S. S., Probleme der Rechtstheorie, Sverdlovsk 1972, S. 130—152.

38 Vgl. KELLER, V., Der vernünftige Mensch, Moskau 1964. In diesem Buch sind alle wichtigen Prognosen der wissenschaftlichen und technischen Errungenschaften der Zukunft. Die auf den folgenden Seiten angeführten Prognosen sind diesem Buch entnommen.

39 Programm und Statut der Kommunistischen Partei der Sowjetunion, a. a. O., S. 104.

40 G. M. CHAČATRJAN verbindet richtig einige negative Elemente in der Gesetzgebungstätigkeit höchster Vertretungsorgane der Unionsrepubliken (z. B. wiederholte Veränderungen in einzelnen Gesetzgebungsakten, ihre nicht rechtzeitige Annahme, ungenügende Effektivität dieser Akte usw.) mit dem Fehlen sozial-rechtlicher Prognosen (vgl. CHAČATRJAN, G. M., Die Entwicklung der Gesetzgebungstätigkeit des Obersten Sowjets der Unionsrepubliken, in: Wissenschaftliche Zeitschrift der LGU, Serie XII, Recht, 1972, S. 60).

41 Vgl. Programm und Statut der Kommunistischen Partei der Sowjetunion, a. a. O., S. 96.

42 NEMCEV, V. A., Die Wege der Optimierung der administrativ-territorialen Teilung der UdSSR, in: Sovetskoe gosudarstvo i pravo, 6/1972, S. 86.

43 Vgl. Programm und Statut der Kommunistischen Partei der Sowjetunion, a. a. O., S. 97.

44 Vgl. ausführlicher SAFAROV, R. A., Die Entwicklung der unmittelbaren Demokratie in der UdSSR. Fragen der politischen Organisation der Sowjetgesellschaft in der Periode des umfassenden Aufbaus des Kommunismus, Moskau 1962. Anders versteht V. F. KOTOKA die Institute der Vertretungs- und unmittelbaren Demokratie in seinem Artikel Über die Entwicklung der Formen, die die Volksvertretung mit der unmittelbaren Demokratie in der Sowjetunion verbindet, in: Sovetskoe gosudarstvo i pravo, 12/1960.

45 „Deadalus, Toward The Years 2000: Work in Progress". New York 1967, S. 911, 961.

46 Vgl. Programm und Statut der Kommunistischen Partei der Sowjetunion, a. a. O., S. 108.

47 Dabei ist die Kenntnis der Faktoren am allerwichtigsten, die das System der staatlichen Leitungsorgane bedingen. AZOVKIN, I. A., Das System der staatlichen Leitungsorgane in der Periode des Aufbaus des Kommunismus, in: Sovetskoe gosudarstvo i pravo, 12/1967, S. 68—71; vgl. auch GABRIČIDZE, B. N., Der Leitungsapparat der örtlichen Sowjets, Moskau 1971, S. 124—130; BAČILO, I. L., Faktoren, die die Effektivität der Leitung beeinflussen, in: Sovetskoe gosudarstvo i pravo, 2/1972; VIŠNJAKOV, V. G., Struktur und Haushaltsplan der sowjetischen staatlichen Leitung, Moskau 1972, S. 193—205.

D. A. Kerimov

Methodologische Aspekte der Rechtsschöpfung

In den letzten Jahren intensivierte sich die rechtsschöpfende Tätigkeit des Sowjetstaates. Die dynamische Entwicklung sozialer Erfordernisse in der gegenwärtigen Etappe des kommunistischen Aufbaus stellt immer wieder neue Aufgaben an die rechtliche „Umwandlung" der gesellschaftlichen Verhältnisse. Die erfolgreiche Lösung dieser Aufgaben hängt nicht nur von der Lösung spezieller Probleme der rechtlichen Regelung durch die juristischen Zweigwissenschaften, sondern in bedeutendem Maße auch von der Schaffung einer grundlegenden allgemeintheoretischen Konzeption der sozialistischen Rechtsschöpfung ab; denn ohne ein hohes wissenschaftliches Niveau kann man keine konkreten, allseitig begründeten Empfehlungen für die Gesetzgebungspraxis geben. Solch eine Konzeption muß die Untersuchung der Rechtsschöpfung nicht nur als Erkenntnisprozeß, sondern auch als Tätigkeit und als Ergebnis in ihrer dialektischen Einheit berücksichtigen.

Um Rechtsnormen zu schaffen, ist es notwendig, die komplizierten Bedingungen, Faktoren und Umstände der sich entwickelnden gesellschaftlichen Verhältnisse zu kennen, deren rechtliche Regelung durch die Erfordernisse des sozialen Fortschritts diktiert wird. Daher birgt die Kennzeichnung des dialektischen Rechtsschöpfungsprozesses als „reine" Erkenntnis die Gefahr in sich, daß dieser Prozeß ausschließlich geistig-spekulativ dargestellt wird.

Sind die Erfordernisse und Ziele für die rechtliche Regelung bestimmter Verhältnisse erkannt, so wird von der Erkenntnis zur Tätigkeit übergegangen und es beginnt die Periode, in der die Rechtsnormen geschaffen werden. Diese Periode umfaßt verschiedene Stadien, die in der Regel nach bestimmten gesetzlich vorgeschriebenen Verfahren ablaufen.

Das Ergebnis der Rechtsschöpfung ist in der Regel eine Rechtsnorm; ihr Wirken dient der praktischen Regelung gesellschaftlicher Verhältnisse. Wird die Wirksamkeit einer Rechtsnorm untersucht, so müssen deren Effektivität, Zweckmäßigkeit usw. bestimmt werden. Dadurch wird in bestimmtem Grade wiederum der Prozeß der Rechtsschöpfung beeinflußt. Es wird möglich, die geltende Gesetzgebung zu präzisieren, zu korrigieren und zu ergänzen, ihr Niveau zu erhöhen und sie mit praktischen Erfahrungen zu bereichern (das ist die sogenannte Rückkopplung). Auf diese Weise bilden die grundlegenden Momente des Rechtsschöpfungsprozesses einen relativ abgeschlossenen Zyklus.

Die Untersuchung der Rechtsschöpfung in ihrer Gesamtheit ist eine anspruchsvolle

Aufgabe, deren Lösung die Kraft eines ganzen Kollektivs von Wissenschaftlern erfordert. Deshalb beschränken wir uns hier darauf, lediglich einzelne methodologische Aspekte zu betrachten.

1. Die Rechtsschöpfung als spezifische Art der sozialen Erkenntnis

Die Rechtsschöpfung als Erkenntnisbereich weist keine prinzipiellen Unterschiede zur allgemeinen wissenschaftlichen Erkenntnis auf. Auch sie ist den allgemeinen dialektischen Gesetzmäßigkeiten der Entwicklung der wissenschaftlichen Erkenntnis unterworfen. Jedoch hat sie bestimmte Besonderheiten, die von der Spezifik des Gegenstandes, der Richtung, der Funktion und dem Ziel dieses Gebietes der Erkenntnis bestimmt werden.

Eines der charakteristischen Merkmale der Rechtsschöpfung als einer spezifischen Art der Erkenntnis besteht darin, daß diese Widerspiegelung der Wirklichkeit eine unmittelbare Umsetzung ihrer Resultate in die Praxis verlangt. Das Ziel der Rechtsschöpfung ist nicht die Beschreibung, Erklärung oder Systematisierung bestimmter gesellschaftlicher Erscheinungen, sondern die Erarbeitung normativer Vorschriften für die rechtliche Regelung des praktischen Verhaltens der Menschen. Diese Zielstellung der Rechtsschöpfungsprozesse läßt illusionäre Formen des Bewußtseins oder spekulative Betrachtungen der objektiven Realität nicht zu. Rechtsschöpfung wird durch reales Wissen, durch die Aufstellung praktisch-konkreter gesellschaftlicher Ziele, die mit der Regelung und Organisation des Lebens der Gesellschaft und ihrer Mitglieder verbunden sind, charakterisiert. Diese Erkenntnis ist nicht nur eine notwendige Bedingung für die Schaffung von Rechtsnormen, sondern sie geht auch als Komponente in die rechtsschöpfende Tätigkeit selbst ein.

Im Unterschied zur Gesetzgebungstätigkeit des bürgerlichen Staates, der gezwungen ist, der spontanen gesellschaftlichen Bewegung zu folgen, und dem dadurch die Möglichkeiten zur vollen Ausnutzung wissenschaftlicher Ergebnisse entzogen sind, beruht die sozialistische Rechtsschöpfung auf wissenschaftlicher Erkenntnis. Hier gewinnt das Wechselverhältnis von sozialer Wirklichkeit und wissenschaftlicher Erkenntnis einen qualitativ neuen Inhalt. Erstmals in der Geschichte ist es möglich, in voller Übereinstimmung mit den erkannten Gesetzmäßigkeiten der gesellschaftlichen Wirklichkeit rechtsschöpfend tätig zu sein und nicht nur einzelne Gebiete des gesellschaftlichen Lebens, sondern die Interessen der gesamten Gesellschaft zu berücksichtigen. Dabei wächst die Rolle der Wissenschaft ebenso, wie allgemein die Rolle des subjektiven Faktors bei der Rechtsschöpfung, bei der Annahme grundlegender Beschlüsse wächst. Die praktische Zielstellung der Rechtsschöpfung zwingt dazu, sich auf jene gesellschaftlichen Verhältnisse zu konzentrieren, die der rechtlichen Regelung bedürfen. Dabei darf jedoch nicht vergessen werden, daß diese Verhältnisse stets in ihrem organischen Zusammenhang mit den allgemeinen Bedingungen untersucht werden müssen.

Bestimmte gesellschaftliche Verhältnisse zum Gegenstand der Rechtsschöpfung zu machen, ist oft nicht einfach. Häufig bedarf es hierzu spezieller Forschungsarbeit, um diejenigen gesellschaftlichen Verhältnisse zu erfassen, die auf Grund objektiver Bedingungen, der Ziele und Aufgaben der herrschenden Klasse oder des gesamten Volkes einer rechtlichen Regelung bedürfen.[1]

Dieses Problem gewann in letzter Zeit im Rahmen der Vervollkommnung der Wirtschaftsgesetzgebung an Bedeutung, denn durchaus nicht alle Wirtschaftsverhältnisse bedürfen, damit sich die Effektivität der Produktion erhöht, einer strengen rechtlichen Regelung. Ganz im Gegenteil, eine kleinliche Reglementierung des Handelns kann nur Schaden bringen.

Die Rechtsschöpfung beruht weder auf „zeitlos“ geltenden objektiven Gesetzmäßigkeiten, noch schafft sie „zeitlos“ gültige Rechtsnormen. Sie muß vielmehr entsprechend der jeweiligen historischen Situation ihr Wissen konkretisieren, um Rechtsvorschriften schaffen zu können, die nicht nur die gegenwärtigen Verhältnisse regeln, sondern auch deren vorausschaubare Entwicklungstendenzen berücksichtigen. In jeder konkreten Situation wirken die objektiven Gesetzmäßigkeiten in einer bestimmten Form und in eine bestimmte Richtung. Die rechtliche Regelung muß zunächst von dieser Wirkungsweise der objektiven Gesetzmäßigkeiten, die zur Zeit der Rechtsschöpfung existieren, ausgehen. Gleichzeitig aber muß sie die möglichen Veränderungen dieser Bedingungen berücksichtigen. So muß man z. B. bei der rechtlichen Regelung in der Landwirtschaft schon jetzt neue Formen der Kooperation der Produktion (Agrar-Industrie-Komplex u. a.) berücksichtigen, obwohl sie gegenwärtig noch nicht die allgemeine Entwicklung bestimmen.

Die Entwicklungstendenzen und der Wirkungscharakter der objektiven Gesetzmäßigkeiten sind unter den sich ständig verändernden konkret-historischen Bedingungen niemals umfassend vorauszusehen, d. h., jede Voraussicht ist begrenzt. Deshalb müssen Rechtsnormen auf Grund der Entwicklung sowohl der objektiven Gesetzmäßigkeiten selbst als auch ihrer Wirkungsbedingungen immer wieder verändert und den neuen gesellschaftlichen Bedingungen angepaßt werden.

In der objektiven Realität wirken die Gesetzmäßigkeiten nicht isoliert voneinander, sondern als System. Sie sind miteinander verbunden, sie beeinflussen und bedingen sich gegenseitig. Aber auch die rechtlichen Regelungen der gesellschaftlichen Verhältnisse stehen selbst wieder in Wechselwirkung mit anderen sozialen Regulatoren. Deshalb muß die Rechtsschöpfung systematisch vorgehen und die Erkenntnisse all jener Wissenschaften nutzen, die bestimmte objektive Gesetzmäßigkeiten und regulative Faktoren untersuchen.

Die Bildung von Rechtsnormen ist also keine einmalige Handlung, sondern ein ständiger Forschungsprozeß; er setzt die systematische Untersuchung der Wirkungsweise der objektiven Gesetzmäßigkeiten sowie deren Einfluß auf die rechtliche Regelung gesellschaftlicher Verhältnisse voraus.

In der Rechtsschöpfung besitzt das systemanalytische Herangehen an die Untersuchungsobjekte besondere Bedeutung. Das Rechtssystem ist die Widerspiegelung jener Lebensweise, jener gesellschaftlichen und staatlichen Ordnung, jener Verbindungen und Verhältnisse, die es in ihrer Gesamtheit bestimmen und entwickeln. Deshalb wird die allseitige wissenschaftliche Erkenntnis des rechtlichen Regelungsgegenstandes dadurch gewährleistet, daß man das Recht im System jener ökonomischen, politischen und sozialen Faktoren untersucht, deren Produkt es ist.[2]

Der Weg dieser Erkenntnis wurde von MARX so charakterisiert: „Setzen Sie einen bestimmten Entwicklungsstand der Produktivkräfte der Menschen voraus, und Sie erhalten eine bestimmte Form des Verkehrs (commerce) und der Konsumtion. Setzen Sie bestimmte Stufen der Entwicklung der Produktion, des Verkehrs und der Konsumtion voraus, und Sie erhalten eine entsprechende soziale Ordnung, eine entsprechende Organisation der Familie, der Stände oder der Klassen, mit einem Wort, eine entsprechende Gesellschaft (société social). Setzen Sie eine solche Gesellschaft voraus, und Sie erhalten eine entsprechende politische Ordnung (état politique), die nur der offizielle Ausdruck der Gesellschaft ist."[3]

Die Rechtsschöpfung mit dieser dialektischen Methode zu erforschen, bedingt, die entsprechenden Charakteristika und Parameter — wie der erreichte Entwicklungsstand der Produktivkräfte und der Produktionsverhältnisse sowie die Spezifik der Gesellschaft und des politischen Systems — sorgfältig zu untersuchen, denn sie bestimmen das jeweilige Recht. Nur die umfassende Einbeziehung dieser sozialen Faktoren in die rechtswissenschaftliche Forschung erlaubt es, das Klassenwesen, die wirkliche Bestimmung und Rolle des Rechts in einer bestimmten sozialökonomischen und politischen Formation zu erklären.

2. Die rechtsschöpfende Tätigkeit als Instrument der sozialen Leitung

Für die rechtsschöpfende Tätigkeit ist auch die Untersuchung der sozialen Wirkungsmechanismen des Rechts von großer Bedeutung, weil von ihr die Weiterentwicklung der Gesetzgebung maßgeblich bestimmt wird. Rechtssysteme besitzen eine relative Selbständigkeit, und deshalb wird das Recht — insbesondere in der entwickelten sozialistischen Gesellschaft — zu einer effektiven Form, um das Bewußtsein und das Verhalten der Menschen nachhaltig zu beeinflussen. Es wird zu einem effektiven Mittel der Organisation und Leitung des politischen, wirtschaftlichen und kulturellen Lebens und zu einem wichtigen Faktor der Gestaltung und Entwicklung der gesellschaftlichen Verhältnisse überhaupt. Man unterschätzt die Wirksamkeit des Rechts als einer schöpferischen Kraft bei der Regelung des gesellschaftlichen Lebens, wenn man nicht versteht, daß es nicht nur eine bewußte Fixierung existierender gesellschaftlicher Verhältnisse darstellt, sondern in vielen Fällen auch eine prognostische Widerspiegelung des Seins ist.

Die Effektivität der Rechtsschöpfung hängt heute weitgehend davon ab, wie eng sie mit den anderen Gesellschafts-, Natur- und sogar mit den technischen Wissenschaften zusammenwirkt. In der Vergangenheit, als die gesellschaftlichen Verhältnisse noch relativ einfach waren, kam die Rechtsschöpfung im wesentlichen mit den Erkenntnissen der Rechtswissenschaft aus. Die Anwendung von Erkenntnissen anderer Wissenschaften, die auch rechtlich zu regelnde Verhältnisse untersuchen, wurde kaum in Betracht gezogen. Heute ist es bei zunehmender Kompliziertheit der Verhältnisse einfach unmöglich, bestimmte Rechtsnormen ohne spezielle Kenntnisse zu schaffen. Noch vor kurzem wurde von uns die Wirkungseffektivität der Rechtsnormen im negativen Bereich — nach dem sich verändernden Stand der Rechtsverletzungen — bewertet. Jetzt jedoch betrachten wir die Ergebnisse der rechtlichen Regelung aus anderer Sicht; wir untersuchen, bestimmen und bewerten sie nach ihrem Einfluß auf das Bewußtsein, die Weltanschauung und die Ideologie des Menschen, auf das erzieherische Ziel, daß der Mensch nicht nur aus Gewohnheit das Recht einhält, sondern er von seiner Gerechtigkeit, Humanität und Notwendigkeit tief überzeugt ist.

Im Recht widerspiegelt sich wie in einem Brennglas das gesellschaftliche Leben in der Vielfalt seiner Erscheinungen, Tendenzen und Prozesse.

Die zahlreichen Verbindungen, Abhängigkeiten und die komplizierten Wechselwirkungen des Rechts mit nichtrechtlichen regulativen Faktoren erfordern die Anwendung von Ergebnissen der verschiedenartigen Wissenschaftsgebiete im Rechtsschöpfungsprozeß.

So ist es ohne Anwendung von Erkenntnissen der Wirtschaftswissenschaften gegenwärtig unmöglich, die Wirtschaftsbeziehungen effektiv zu regeln. Die Lösung der Probleme des Staats- und Verwaltungsrechts erfordert z. B. die Anwendung der allgemeinen Informations-, Organisations- und Leitungstheorie. Für einen effektiven rechtlichen Einfluß auf Rechtsverletzer ist die Anwendung der Theorie und der Methoden der Sozialpsychologie und der differentiellen Psychologie, der Pädagogik und der Ethik, der Kybernetik und der mathematischen Modellierung usw. notwendig. Ohne die Anwendung der neuesten Ergebnisse eines ganzen Komplexes von Wissenschaften ist die rechtliche Regelung bestimmter gesellschaftlicher Verhältnisse heute bereits unmöglich. Das gilt insbesondere für die Erschließung des Kosmos, den Umweltschutz, die Neutralisierung negativer Einflüsse des wissenschaftlich-technischen Fortschritts, Eingriffe in die biologischen Grundlagen der menschlichen Natur im Rahmen der Genetik usw.[4] Diese und viele andere Probleme sind ohne systematische Verfahrensweisen und ohne die Einbeziehung der verschiedensten anderen Wissenschaftsgebiete nicht mehr zu lösen. Die Rechtsschöpfung ist heute ein Integrationsprozeß, der auf der Nutzung der Erkenntnisse vieler Wissenschaften beruht.

Die systematische Untersuchung der Rechtsbildungsprozesse und der Gegenstände rechtlicher Regelungen schränkt die Aufgaben der Rechtsschöpfung selbst keineswegs ein. Schafft der Gesetzgeber einzelne normativ-rechtliche Regelungen, so muß er einerseits ihre inneren, systemmäßigen Beziehungen beachten; er muß jedoch jede neu geschaffene rechtliche Regelung auch unter dem Aspekt betrachten, daß sie eine Komponente des Rechts insgesamt ist, und daß sie sich in das Rechtssystem einordnen muß. Eine relativ „unbedeutende" Veränderung etwa der Rechtsnormen über den Umweltschutz zieht notwendigerweise Korrekturen einer Reihe von Bestimmungen des Boden-, Zivil-, Straf- und Prozeßrechts nach sich. Hier wirkt die allgemeine Gesetzmäßigkeit, die Karl Marx bei der Analyse der ökonomischen Verhältnisse der bürgerlichen Gesellschaft herausarbeitete: „Wenn im vollendeten bürgerlichen System jedes ökonomische Verhältnis das andre in der bürgerlich-ökonomischen Form voraussetzt und so jedes Gesetz zugleich Voraussetzung ist, so ist das mit jedem organischen System der Fall. Dies organische System selbst als Totalität hat seine Voraussetzungen, und seine Entwicklung zur Totalität besteht eben (darin), alle Elemente der Gesellschaft sich unterzuordnen, oder die ihm noch fehlenden Organe aus ihr heraus zu schaffen. Es wird so historisch zur Totalität. Das Werden zu dieser Totalität bildet ein Moment seines Prozesses, seiner Entwicklung."[5]

Analog dazu führt die historische Entwicklung des Rechts jeder beliebigen Gesellschaftsformation unvermeidlich dazu, daß adäquate Rechtsnormen entstehen, die in ihrer Gesamtheit die Rechtsinstitutionen, Rechtszweige und schließlich das Rechtssystem insgesamt bilden. Besteht eine objektive Notwendigkeit dafür, so bilden sich auch neue Komponenten des Rechtssystems heraus, die es bisher noch nicht gab (z. B. das Kolchosrecht als selbständiger Zweig im sowjetischen Rechtssystem). Folglich macht für die Rechtsschöpfung nicht nur der Systemcharakter der sozialen Erscheinungen, die das Recht erzeugen, und nicht nur die wechselseitige Abhängigkeit der rechtlichen Regelungsgegenstände, sondern auch der Systemcharakter des Rechts selbst ein dialektisches Herangehen an die Erkenntnis rechtlich relevanter Tendenzen und Gesetzmäßigkeiten notwendig. An die Stelle einer relativ isolierten, differenzierten Untersuchung einzelner Glieder des Rechtssystems tritt eine integrierende Betrachtung auf höherem Niveau. Die Verallgemeinerung der vielseitigen und verschiedenartigen Erscheinungen des Rechts als eines systematischen Ganzen wird zur Dominante der weiteren, tieferen Erkenntnis seiner Bestandteile. Dadurch werden Voraussetzungen für noch höhere wissenschaftliche Verallgemeinerungen geschaffen. Diese aufeinanderfolgenden Zyklen der Erkenntnis fördern bei ihrer praktischen Realisierung die Entwicklung des Rechts und die Festigung der Gesetzlichkeit.

3. Der innere Mechanismus der Rechtsschöpfung

Die bisherigen Überlegungen zu den wissenschaftlichen Grundlagen der Rechtsschöpfung machten ihre Spezifik noch nicht ausreichend sichtbar; deshalb ist eine weitere Konkretisierung notwendig.

Die Besonderheit der Rechtsschöpfung zeigt sich in der dialektischen Einheit dreier verschiedener Arten (oder Niveaus) des Bewußtseins: im Alltagsbewußtsein, das unmittelbar (emotional) die Rechtsbeziehungen der Menschen in ihrer täglichen Lebenstätigkeit widerspiegelt; im praktischen Bewußtsein, das sich auf die Erfahrungen der bisherigen Rechtssetzung stützt; im wissenschaftlichen, theoretischen Bewußtsein, das mit der Erforschung jener Erscheinungen verbunden ist, deren Erkenntnis für die Lösung rechtlicher Probleme notwendig ist.

Alle diese durch die Klassenideologie, die Interessen der verschiedenen sozialen Gruppen, durch die Konflikte zwischen fortschrittlichen und zurückgebliebenen Ansichten bedingten Bewußtseinsarten sind miteinander verflochten, bedingen einander und haben in ihrer Gesamtheit wesentlichen Einfluß auf die rechtsschöpfende Tätigkeit.

Das Alltagsbewußtsein kann man bei der Schaffung von Rechtsnormen nicht ignorieren, da in den Rechtsnormen die Interessen der Menschen widergespiegelt werden müssen, die in ihrem unmittelbaren Zusammenleben entstehen und die in der Einheit der spezifischen Traditionen der einzelnen Klassen, Schichten, nationalen Gemeinschaften mit dem allgemeinen und internationalen Willen aller Werktätigen ausgedrückt sind.

Die Rechtsschöpfung wird nicht wirksam, wenn sie sich nicht auf das praktische Bewußtsein stützt. Dieses praktische Bewußtsein bewertet die „unmittelbare Wirklichkeit" und enthält die konkreten Rechtserfahrungen. Schließlich wird es durch die Kompliziertheit der durch das Recht zu regelnden gesellschaftlichen Verhältnisse notwendig, diese Verhältnisse rational zu erfassen und optimale Wege ihrer Entwicklung zu bestimmen. Dazu bedarf die Rechtsschöpfung eines wissenschaftlichen Bewußtseins.

Die Spezifik der Rechtsschöpfung besteht nun gerade darin, daß sie das Alltags-, das praktische und das wissenschaftliche Bewußtsein integriert, synthetisiert und in sich aufnimmt, obgleich die Rolle jeder einzelnen Bewußtseinsart bei der Schaffung von Rechtsnormen von unterschiedlicher Bedeutung ist. Die führende Rolle obliegt dem wissenschaftlichen, dem theoretischen Bewußtsein, das die Rechtsschöpfung von den veralteten Formen des Alltagsbewußtseins befreit und das praktische Bewußtsein auf ein Niveau hebt, das es erlaubt, die gesetzmäßigen Tendenzen der gesellschaftlichen Entwicklung zu verstehen. Mit anderen Worten, im Prozeß der Rechtsschöpfung werden nicht einfach bestimmte Wertorientierungen des Alltags- oder praktischen Bewußtseins wiedergegeben, sondern sie werden kritisch überprüft und unter Berücksichtigung der wissenschaftlich begründeten, gesellschaftlichen Zweckmäßigkeit modifiziert. (Dem entspricht F. ENGELS' treffende Bemerkung, daß der gesunde Menschenverstand, ein so respektabler Geselle er auch in dem hausbackenen Gebiet seiner vier Wände ist, ganz wunderbare Abenteuer erlebt, sobald er sich in die weite Welt der Forschung wagt.)[6]

Daraus folgt nicht, daß das Alltags- und noch mehr das praktische Bewußtsein als negative Erscheinungen auftreten und den wissenschaftlichen Tendenzen der Rechtsschöpfung entgegenstehen. Im allgemeinen kann man gerade ein entgegengesetztes Bild finden: Alltags-, praktisches und wissenschaftliches Bewußtsein entwickeln sich in einem Flußbett, obgleich ihr Fließen nicht vollständig übereinstimmt. So lenkt das Alltagsbewußtsein, indem es unmittelbar auf die Bedürfnisse des gesellschaftlichen Lebens reagiert, die Aufmerksamkeit des Gesetzgebers auf die Notwendigkeit, entsprechende Rechtsnormen zu schaffen, zu verändern oder aufzuheben. Ein bestimmtes Problem der rechtlichen Vermittlung gesellschaftlicher Verhältnisse wird so zum Gegenstand wissenschaftlicher Untersuchung. Dieses Problem wird zunächst vom praktischen Bewußtsein berührt. Die Notwendigkeit einer normativen, allgemeinverbindlichen und mit staatlichem Zwang zu gewährleistenden Regelung der entsprechenden gesellschaftlichen Verhältnisse wird aktualisiert. Das wissenschaftliche Bewußtsein fördert die Schaffung allseitig begründeter Rechtsnormen, die die gesellschaftlichen Verhältnisse in Übereinstimmung mit der Politik der Partei und des Staates verändern, umgestalten und entwickeln, weil es den Stand des Alltagsbewußtseins berücksichtigt und sich auf die Erfahrungen des praktischen Bewußtseins stützt.[7]

Das praktische Bewußtsein kann das theoretische Bewußtsein auch in jenen Fällen der Rechtsschöpfung ergänzen, in denen es nicht möglich ist, Wege und Methoden der rechtlichen Regelung wissenschaftlich begründet zu bestimmen. Aber hier existiert für uns eine Gefahr. Wir dürfen dabei nämlich nicht vergessen, daß sich in der Gesellschaft auch solche Gesetzmäßigkeiten entwickeln, die noch nicht entdeckt und deshalb wissenschaftlich auch noch nicht widergespiegelt sind. Das Fehlen theoretischer Vorstellungen über diese Gesetzmäßigkeiten kann zu subjektivistischen rechtlichen Beschlüssen führen.

Deshalb muß sich rechtsschöpfende Erkenntnis kritisch zu den Resultaten und Argumenten des praktischen Bewußtseins verhalten und ihren Wahrheitsgehalt mit wissenschaftlichen Methoden prüfen. Danach kann dieses auf der Erfahrung der Rechtsschöpfungspraxis beruhende Bewußtsein inhaltlich in die wissenschaftliche Erkenntnis aufgenommen werden. Die durch das praktische Bewußtsein angereicherte Rechtsschöpfung ist nicht nur als eine höhere Stufe zu verstehen, sondern sie hat auch rückwirkenden Einfluß auf jene Elemente des praktischen Bewußtseins, in denen es seinen Ausgangspunkt hatte.[8]

Diese dialektische Wechselverhältnis von Alltags-, praktischem und wissenschaftlichem Bewußtsein in der Rechtsschöpfung bedingt noch eine andere Besonderheit: Im Unterschied zur allgemeinen Erkenntnis, die sowohl eine individuelle als auch eine kollektive Erkenntnis sein kann, ist die Rechtsschöpfung immer kollektive Erkenntnis. Gerade deshalb besitzen die Organisationsformen der sozialistischen Rechtsschöpfung einen zutiefst demokratischen Charakter. Das findet seinen Ausdruck in der breiten Teilnahme der Volksmassen, der gesellschaftlichen Organisationen und der wissenschaftlichen Einrichtungen, der Arbeiter und der Wissenschaftler an der Zielstellung, Bearbeitung und Diskussion von Gesetzgebungsprojekten.

Das Rechtssystem ist unter dem Aspekt der funktionalen Bestimmung seiner Komponenten nicht homogen. Es festigt, reguliert und schützt nicht nur die existierenden gesellschaftlichen Verhältnisse, sondern plant im theoretischen Bewußtsein auch jene

Verhältnisse, die sich formieren müssen, um die den Interessen des Staates entsprechenden Resultate zu erreichen.

In diesem Sinne wurde an anderer Stelle auch betont, daß das Recht die Möglichkeit einer prognostischen Widerspiegelung des sozialen Seins besitzt, daß es künftige Verhältnisse antizipiert und ihre Entwicklungstendenz programmiert. Diese durch seine Fähigkeit zur prognostischen Widerspiegelung bedingte Besonderheit des Rechts prägt auch die Rechtsschöpfung, so daß in ihrer Struktur Mechanismen der Zielsetzung, der Prognose und der Planung existieren.

Das Ziel ist die ideelle Widerspiegelung jener gesellschaftlichen Verhältnisse, die in der Rechtsschöpfung „in noch subjektiver Form“[9] erfaßt werden. Indem sie als „ideelle innere Antriebsgrundlage“ des Gesetzgebers zur Schaffung von Rechtsnormen auftritt, ist das Ziel der Rechtsschöpfung immer mit den objektiven Möglichkeiten verbunden und wird vor allem durch die vorhandenen materiellen Lebensbedingungen, durch den Charakter der Produktionsverhältnisse, durch die staatliche und gesellschaftliche Ordnung bestimmt. Im Unterschied zur bürgerlichen Rechtsschöpfung, die durch die Interessen der Bourgeoisie, heute vor allem durch die eigennützigen Interessen des Monopolkapitals, geprägt wird, drückt die sozialistische Rechtsschöpfung den Willen des gesamten werktätigen Volkes aus, dient sie der allseitigen Befriedigung seiner Interessen und Bedürfnisse. Das entspricht dem Wesen der neuen Gesellschaft und dem Wirken ihrer objektiven Entwicklungsgesetze. Wie Lenin betonte, „. . . haben wir jetzt die in der Geschichte ziemlich seltene Gelegenheit erhalten, die Fristen festzustellen, die notwendig sind, um radikale soziale Änderungen durchzuführen . . .“[10]

Diese Aufgabe wird mit verschiedenen Mitteln realisiert, u. a. mit Hilfe des Rechts. Die rechtliche Regelung der ökonomischen Prozesse sowie des sozialen und kulturellen Lebens des Landes erfordert nicht nur die Bestimmung ihrer Endziele, sondern auch der Zwischenziele, der unmittelbaren Ziele ihrer Entwicklung. Sie macht die Aufdeckung und rationelle Ausnutzung der materiellen, finanziellen, Arbeits- und anderen Ressourcen notwendig, was wiederum zur Forderung nach einer wissenschaftlich begründeten Prognose im Prozeß der Rechtsschöpfung führt.

Die Prognose im Rechtsschöpfungsprozeß, die sich auf die von der Partei ausgearbeiteten Perspektiven der gesellschaftlichen Entwicklung stützt, dient der Aufdeckung der möglichen Varianten, um auf diese Entwicklung rechtlichen Einfluß zu nehmen und die effektivsten rechtlichen Mittel auszuwählen.

Wenn die Prognose im Rechtsschöpfungsprozeß vor allem das Ergebnis einer theoretischen Suche und Erforschung möglicher Wege der Regelung (oder Richtungsveränderung) bestimmter gesellschaftlicher Verhältnisse gibt, so spiegelt die Planung der Rechtsschöpfung die im voraus festgesetzte Bewegung zum entsprechenden Ziel wider. Folglich ist die Rechtsschöpfungsprognose die wissenschaftliche Informationsgrundlage für die bevorstehende rechtliche Regelung gesellschaftlicher Verhältnisse. Aus ihr wird nicht nur das Ziel der Rechtsschöpfung abgeleitet, sondern auch der Plan für die auf diesem Gebiet sozialer Tätigkeit bevorstehende Arbeit. Das Ziel der Rechtsschöpfung ist die Widerspiegelung einer bestimmten Handlungsmöglichkeit mit dem Ziel, diese in der Wirklichkeit zu realisieren, und der Plan der Rechtsschöpfungsarbeiten ist das konkrete Programm dazu. Im Plan werden die Etappen, Reihenfolgen, Fristen sowie die Mittel zur Realisierung der Prognose festgelegt, die im Ziel ihren Ausdruck finden.[11]

Das Ziel der Rechtsschöpfung durchdringt nicht nur den Inhalt des Plans der Rechtsschöpfungsarbeiten, sondern es wird auch durch ihn konkretisiert. Gleichzeitig drückt sich im Plan der Rechtsschöpfungsarbeiten das prognostische Ziel der Rechtsschöpfung in seiner räumlich-zeitlichen Beziehung aus und erhält im Zusammenhang damit eine genaue Bestimmung, eine Orientierung zur Durchführung. Die Realisierung des Plans in der aufgezeigten Weise ist ein Kriterium für die Richtigkeit der Prognose.

Die Wechselbeziehung zwischen Ziel, Prognose und Plan der Rechtsschöpfung unterscheidet sich dem Wesen nach nicht von ähnlichen Beziehungen in den anderen Sphären der Leitungstätigkeit, sie weist jedoch die Spezifik auf, daß die Rechtsnormen normativen Charakter besitzen.

Es handelt sich hierbei darum, daß die Realität als Gegenstand der Rechtsschöpfung unabhängig vom Bewußtsein des Gesetzgebers existiert. Durch die Widerspiegelung wird sie in diesem Bewußtsein zur ideellen Gestalt des Materiellen. Bis hierher gibt es keinen Unterschied zu den allgemeinen Gesetzmäßigkeiten des Denkens. Danach erfolgt die spezifische Etappe der Rechtsschöpfung, für die charakteristisch ist, daß die ideelle Gestalt des Materiellen wiederum umgewandelt wird. Sie wird normativ, d. h., es wird ein ideelles Bild einer allgemeinen Verhaltensregel umrissen, das sich für den Gesetzgeber als notwendig, gerecht und begründet darstellt. Deshalb besitzen Ziel, Prognose und Plan schon im Stadium der Rechtsschöpfung Züge der sich herausbildenden allgemeinen Verhaltensregel. In den Resultaten der Rechtsschöpfung — also Entstehungsprozeß der Normative existiert auch ein bewertender Faktor, denn im Prozß der Rechtsschöpfung werden die Ziele der festzulegenden Verhaltensregeln und die Mittel zu ihrem Erreichen bewertet, und es werden diejenigen ausgewählt, die positive Handlungen fördern, und alle jene Handlungen werden abgelehnt und durch das Gesetz untersagt, die den sozialistischen Vorstellungen von gesellschaftlicher Pflicht, Gerechtigkeit und Humanität widersprechen.[12] Dank ihrer Normativität besitzen die Rechtsvorschriften die Fähigkeit, eine große Anzahl gesellschaftlicher Verhältnisse zu regulieren und das Verhalten der Menschen in eine bestimmte Richtung zu lenken. Damit trägt das sozialistische Recht dazu bei, diejenige Ordnung zu stabilisieren, die für ein harmonisches, genau abgestimmtes Funktionieren des sozialen Organismus und seiner Leitung entsprechend dem Willen der herrschenden Klasse bzw. in der Sowjetunion des gesamten Volkes notwendig ist.

Anmerkungen

1 Dabei kann sich als Resultat der Untersuchung eines bestimmten Verhältnisses die Unzweckmäßigkeit seiner rechtlichen Regelung herausstellen.

2 In der Literatur wird richtig betont, daß die Untersuchung komplizierter sozialer Erscheinungen ohne die Systemanalyse willkürlich oder unwillkürlich vom Weg der Reduktion vom Komplizierten zum Einfachen ableitet (vgl. Kuźmin, V. P., Die Systemqualität, in: Voprosy filosofii, 9/1973, S. 83).

3 Marx, K./Engels, F., Werke, Bd. 27, Berlin 1973, S. 452.

4 Dabei muß man beachten, daß nicht nur die Rechtsschöpfung, sondern auch allgemein die Rechtswissenschaft von der Zusammenarbeit der Wissenschaften gewinnt. Man denke dabei daran, daß der rechtliche Einfluß, indem er bestimmte soziale Prozesse regelt, systematisiert und leitet, ihre weitere Untersuchung erleichtert. Gegenwärtig hat dic Rechtswissenschaft bei der Ausarbeitung einer Reihe von Problemen ein solches Niveau erreicht, daß sie Anspruch auf eine allgemeine wissenschaftliche Bedeutung erheben kann. Es genügt zu

sagen, daß die Ergebnisse der Rechtswissenschaft z. B. auf dem Gebiet der Untersuchung des Rechtssystems sehr nützlich für die Schaffung eines Begriffsapparates der allgemeinen Systemtheorie waren. Nicht weniger Nützliches kann man auch für die theoretische und angewandte Kybernetik von der Ausnutzung der Rechentechnik zur Bearbeitung von Programmen und Algorithmen für die Lösung rechtlicher und kriminalistischer Probleme durch die Juristen ableiten. Und schließlich ist auch der bedeutende Beitrag bekannt, der gerade von Juristen bei der Ausarbeitung der Methodologie und der Schaffung typischer Methoden zur sozialen Planung der Entwicklung von Arbeitskollektiven, der Regionen und Gebiete der Volkswirtschaft erbracht wurde.

5 Marx, K., Grundrisse der Kritik der politischen Ökonomie, Berlin 1953, S. 189.

6 Vgl. Marx, K./Engels, F., Werke, Bd. 19, Berlin 1973, S. 204.

7 Das drückte Kalinin aus, indem er den Prozeß der Schaffung des Gesetzes über Ehe, Familie und Verwandtschaft charakterisierte: „Das Ziel des Gesetzgebers war, in das Projekt eine unter den entsprechenden Bedingungen maximal mögliche Sicherung und wechselseitige Garantie für die Mitglieder der Familie und insbesondere die Kinder einzubringen. Deshalb war es das Ziel des Gesetzgebers, neue, sich andeutende progressive Züge in unserem neuen Familienleben, Züge, die sich dem Sozialismus nähern, festzulegen, aber gleichzeitig eine Abstraktion, eine Entfremdung vom existierenden Sein zu vermeiden. Die Hauptaufgabe bestand darin, alles das einzufangen, was progressiv ist, und gleichzeitig nicht zu weit vorauszulaufen, um das Gesetz nicht abstrakt zu machen, es nicht körperlos, entfernt von der Arbeiter- und Bauernmasse zu machen.“ (Kalinin, M. I., Artikel und Reden, Moskau 1936, S. 201.)

8 Vgl. Švyrev, V. S., Zum Problem der Spezifik der sozialen Erkenntnis, in: Voprosy filosofii, 3/1972, S. 127.

9 Marx, K., Grundrisse der Kritik der politischen Ökonomie, a. a. O., S. 13.

10 Lenin, W. I., Werke, Bd. 33, Berlin 1962, S. 470.

11 Gegenwärtig ist die Ausarbeitung des Perspektivplanes für die Rechtsschöpfungsarbeiten bis zu den 90er Jahren eine aktuelle Aufgabe.

12 Vgl. Aktuelle Probleme der Theorie des sozialistischen Staates und Rechts, Moskau 1974, S. 69.

M. P. Shuravlev/
V. N. Kudrjavcev

Konkret-soziologische Methoden der Untersuchungen des Rechts

Konkrete soziologische Untersuchungen rechtlicher Erscheinungen sind ein wichtiges Mittel, um den staatlich-rechtlichen Überbau zu analysieren. Dabei interessiert die Juristen erstens das Verhalten der Bürger, die die Rechtsnormen einhalten, welche Faktoren das rechtsnormengemäße Verhalten bedingen, welche Rolle Recht und Rechtsbewußtsein dabei spielen und was unternommen werden muß, damit diese Gruppe von Bürgern immer größer und stabiler wird. Zweitens interessiert das Verhalten von Staatsfunktionären, die die Rechtsnormen anwenden, darunter auch das von Personen, die in Rechtspflegeorganen — Miliz, Staatsanwaltschaft, Gericht und einer Reihe anderer juristischer Institutionen — arbeiten. Dabei ist es wichtig, das Niveau der beruflichen Qualifikation dieser Bürger zu kennen. Drittens interessiert das Verhalten von Personen, die an der Rechtsschöpfung beteiligt sind. Es handelt sich hier nicht nur um Abgeordnete der obersten und örtlichen Machtorgane, sondern sowohl um die Mitarbeiter in den vollziehend-verfügenden Organen, Ministerien und Ämtern, die die Gesetze anwenden, als auch um die breite Öffentlichkeit, die in den umfassenden demokratischen Prozeß der Rechtsschöpfung einbezogen sind. Und viertens interessiert das Verhalten der Rechtsverletzer.

Für die Analyse all dieser komplizierten Fragen genügt es nicht, nur die Rechtsprinzipien und die Normen zu untersuchen. Vielmehr geht es darum, die Verbindungen des Rechts mit dem Leben der Gesellschaft, mit den gesellschaftlichen Verhältnissen, die es regelt, aufzudecken und die „Rückkoppelung" — den tatsächlichen Einfluß der gesellschaftlichen Verhältnisse auf das Recht — festzustellen. Um diesen Problemkreis zu erfassen, ist es nötig, verschiedene Untersuchungsmethoden, die häufig Grenzcharakter zu anderen Wissenschaften tragen, anzuwenden. Zu ihnen gehören in erster Linie soziologische Methoden.

Die Werke der Klassiker des Marxismus-Leninismus, die Beschlüsse der kommunistischen Partei sowie die marxistisch-leninistische Philosophie sind die allgemein-theoretische Grundlage für die Durchführung soziologischer Untersuchungen im staatlich-rechtlichen Überbau der sozialistischen Gesellschaft.

Eine der wichtigsten soziologischen Untersuchungsrichtungen des Rechts ist die Analyse seiner sozialen Bedingtheit. Die Probleme der sozialen Bedingtheit des Rechts sind umfangreich und mannigfaltig; vor allem ist dabei die Frage nach den Klassenwurzeln des Rechts zu stellen. Diese Frage ist durch die Staats- und Rechtstheorie bereits ausreichend behandelt worden. Das Problem besteht aber auf einer anderen Ebene weiter, und zwar geht es um die soziale Bedingtheit der konkreten Rechtsnormen und -institute. Soll ein Rechtsakt effektiv sein, so muß er durch die Bedürfnisse der Gesellschaft bedingt sein.

Die wissenschaftliche Analyse der sozialen Funktion von Staat und Recht und ihrer Institute unter den gegenwärtigen Bedingungen setzt voraus, daß optimale Rechtsnormen ausgearbeitet wurden, die die Bedürfnisse unserer Gesellschaft beim kommunistischen Aufbau widerspiegeln. Deshalb sind jene soziologischen Untersuchungen zweckmäßig, die der Inkraftsetzung eines neuen Gesetzeswerkes vorausgehen.

In letzter Zeit wurde in dieser Hinsicht viel getan. Es genügt, an einige bedeutende Gesetzgebungsakte zu erinnern, die durch soziologische Untersuchungen vorbereitet wurden. Das betrifft z. B. die Grundlagen der Arbeitsgesetzgebung. Bei der Vorbereitung dieses Rechtsaktes leisteten Mitarbeiter des Forschungsinstituts für Sowjetgesetzgebung beim Ministerium für Justiz der UdSSR und anderer Institute eine große Arbeit. Dazu gehören auch die veränderten Verantwortlichkeitsregelungen für Rückfalltäter in den Grundlagen der Strafgesetzgebung sowie die Grundlagen der Besserungsarbeitsgesetzgebung, die durch bedeutende sozialrechtliche und kriminologische Untersuchungen von Instituten des Ministeriums für innere Angelegenheiten der UdSSR und der Staatsanwaltschaft der UdSSR vorbereitet wurden.

Die zweite Hauptrichtung soziologischer Forschungen auf dem Gebiet des Rechts besteht in der Untersuchung der Wirksamkeit der Tätigkeit staatlicher Organe sowie der *Wirksamkeit der Rechtsanwendung*.

Bei der Untersuchung der sozialen Wirksamkeit von Rechtsinstituten ist es notwendig, die Leninschen Gedanken über die Rolle der Bewußtheit der Massen bei der Befolgung von Rechtsvorschriften, über die Mannigfaltigkeit der Formen der sozialen Kontrolle, die vom Klassenwesen der Gesellschaft und der Struktur ihrer sozialen Schichten abhängt, über die Einbeziehung der Öffentlichkeit bei der Bekämpfung von Rechtsverletzungen usw. zu beachten. W. I. Lenin unterstrich wiederholt die Bedeutung der realen Verwirklichung der Dekrete der Sowjetmacht, damit sie zu sichtbaren Ergebnissen führen. In der sowjetischen Rechtswissenschaft wird in den letzten Jahren den Problemen der Wirksamkeit des Rechts große Aufmerksamkeit gewidmet. Das kann am Beispiel einer Effektivitätsuntersuchung von Normen der materiellen Verantwortlichkeit für die Lieferung nicht qualitätsgerechter Erzeugnisse durch Betriebe verdeutlicht werden.

Diese Untersuchung wurde von Mitarbeitern des Forschungsinstituts für die Sowjetgesetzgebung durchgeführt.[1] Der Arbeitsgruppe gehörten an: S. A. Šlykov (Leiter der Arbeitsgruppe), I. N. Petrov, V. V. Glazyrin, A. A. Sobolev, E. B. Galkin und E. A. Čežina.

In den letzten Jahren wurde in der juristischen Fachliteratur breit über den Begriff der Wirksamkeit von Rechtsnormen diskutiert. Die Mitarbeiter der oben genannten Arbeitsgruppe hielten in praktischer Hinsicht jene Konzeptionen für die begründetsten und zukünftig bedeutsamsten, in denen die Wirksamkeit von Rechtsnormen im Verhältnis zwischen dem Wirkungsresultat der Normen und ihren Zielen gesehen wird. Sie gingen auch davon aus, daß die wirtschaftliche Verantwortlichkeit sowohl Forderungen über die Geltendmachung von Ersatzansprüchen und Vertragsstrafen als auch aller anderen für den Schuldner ungünstigen Folgen (Rücktritt vom Vertrag, Garantieleistung, Verweigerung der Zahlung und der Abnahme der nicht qualitätsgerechten Leistungen usw.) enthält.

Gleichzeitig war zu beachten, daß die zu untersuchenden Normen — § 61 der Verordnung über die Lieferung von Industriegütern und § 62 der Verordnung über die Lieferung von Konsumgütern für die Bevölkerung — auf folgende Ziele gerichtet sind:

a) die Nutzung nicht qualitätsgerechter Produktion durch den Käufer zu verhindern;
b) eventuelle Schadensersatzansprüche der Käufer zu sichern;
c) die „Bestrafung" des Lieferanten. Diese unmittelbaren Ziele sind zwei allgemeineren Zielen untergeordnet: die Lieferung nicht qualitätsgerechter Produktion und die Nutzung dieser Produktion zu verhindern. Diese Ziele können auf das allgemeine sozialökonomische Ziel reduziert werden: die Produktion und Lieferung von ausschließlich qualitätsgerechten Erzeugnissen zu gewährleisten.

Es mußte erklärt werden, warum die oben aufgezählten Ziele der untersuchten Rechtsnormen nicht erreicht werden. Im Ergebnis der Voruntersuchung wurden Hypothesen aufgestellt, die diese Situation beschreiben:

a) Die Abnehmerbetriebe sind nicht interessiert, ihre materielle Verantwortlichkeit gegenüber den Lieferbetrieben wahrzunehmen.
b) Die Rechtsabteilungen arbeiten mangelhaft.
c) Die Personen, die die Normen der materiellen Verantwortlichkeit anwenden, besitzen ungenügende Rechtskenntnisse.
d) Die materielle Verantwortlichkeit ist ungenügend mit den materiellen Interessen des Kollektivs verbunden.
e) Die materielle Verantwortlichkeit des Betriebes ist ungenügend mit der materiellen Verantwortlichkeit der Werktätigen verbunden.

Entsprechend der zugrunde gelegten Konzeption von der Wirksamkeit der Rechtsnormen wurde die Wirkung der juristischen Verantwortlichkeit für die Lieferung nicht qualitätsgerechter Erzeugnisse unter zwei Aspekten untersucht:

a) als Faktor, der den Käufer (Abnehmer) nicht qualitätsgerechter Produktion beeinflußt, sich für oder gegen die Geltendmachung der Verantwortlichkeit zu entscheiden, und
b) als Faktor, der das Verhalten des Ausschußlieferanten selbst beeinflußt.

Jeder Hypothese wurde im Programm eine Untersuchungsmethode zugeordnet. Um Veränderungen überprüfen zu können, wurde eine empirische Interpretation der wichtigsten Begriffe, die in den Hypothesen enthalten sind, vorgenommen. Im Ergebnis dessen wurden Kennziffern erarbeitet, die eine qualitative Charakteristik der Faktoren gestatten, die die Wirksamkeit der untersuchten Normen beeinflussen.

Bei dieser Untersuchung sind Methoden der statistischen Analyse, der Analyse von Primärdokumentationen, die Fragebogentechnik und Experteneinschätzungen genutzt worden. Auf der Grundlage des Programms wurden die Informationen auf fünf Arten von Karten gesammelt, die für die Gewinnung von Kenntnissen ausgearbeitet und in der Primärdokumentation der Betriebe, der Vertragsgerichte und Gerichte gespeichert und genutzt werden. Es wurden vier Fragebogenarten für die Befragung von Betriebsleitern, Justitiaren, Leitern der Abteilung für technische Kontrolle und Arbeitern sowie ein Fragebogen für die Experten erarbeitet und benutzt.

Während der Untersuchung wurden Primärdokumentationen in 112 Industriebetrieben aller Unionsrepubliken, in 79 Handelsbetrieben der RSFSR und in 49 staatlichen Vertragsgerichten in verschiedenen ökonomisch-geographischen Gebieten des Landes studiert. Dabei wurden an den staatlichen Vertragsgerichten 2519 Verfahren untersucht, für die je eine statistische Berechnungskarte aufgestellt wurde. Weiterhin wurden 26 Verfahren beim Obersten Gericht der UdSSR analysiert.

Die Befragung der leitenden Mitarbeiter und Justitiare fand sowohl unmittelbar in den Betrieben als auch auf verschiedenen Konferenzen und Beratungen statt. Die Mitarbeiter der technischen Kontrollabteilungen und die Arbeiter wurden unmittelbar in den Betrieben befragt.

Während der Untersuchung wurden 544 leitende Mitarbeiter, 815 Justitiare, 356 Mitarbeiter der Abteilungen für Technische Kontrolle, 134 Arbeiter und 50 Experten befragt. Somit konnten 1899 Personen mit Fragebögen erfaßt werden.

Die gesammelten Informationen zu dem von der Arbeitsgruppe zusammengestellten Programm wurden in elektronischen Datenverarbeitungsanlagen bearbeitet. Diese Daten gestatten es, die Wirksamkeit der materiellen Verantwortlichkeit allgemein zu charakterisieren.

Einige der registrierten Kennziffern, die die Ausschußlieferung charakterisieren, sind sehr hoch. So wurde vor den staatlichen Vertragsgerichten im Jahre 1970 in ungefähr 80000 Verfahren über eine Gesamtsumme von mehr als 199 Millionen Rubel wegen mangelhafter Qualität der gelieferten Erzeugnisse verhandelt. Man sollte aber berücksichtigen, daß es in den Verfahren, die vor den staatlichen Vertragsgerichten der Ministerien und Institutionen verhandelt wurden, auch Fälle von Ausschußlieferung gibt, die nicht Gegenstand eines Verfahrens waren, so daß die Zahl der Lieferungen nicht qualitätsgerechter Erzeugnisse und die entsprechenden Schäden bedeutend höher als die angeführten Zahlen liegen.

Die in einer Reihe von Betrieben gewonnenen statistischen Daten zeigen, daß die existierenden *Sanktionen eine Verhütung oder bedeutende Verringerung der Lieferung von nicht qualitätsgerechter Produktion nicht gewährleisten.* Zusammen mit dem alljährlichen Wachstum des Bruttoprodukts und mit der Erhöhung des Wertes an hergestellten Erzeugnissen wachsen beispielsweise die Qualität und die Kosten der gelieferten nicht qualitätsgerechten Erzeugnisse proportional. Das wird insbesondere durch die Entwicklung der Kennziffer bestätigt, die das Verhältnis zwischen den jährlichen Produktionskosten und den Erzeugniskosten charakterisiert, die sich als qualitätsgemindert erweisen. Diese Kennziffer wurde nach Angaben aus 151 Betrieben für den Zeitraum von 1967 bis 1970 ausgerechnet und hat folgenden Wert: 0,15; 0,17; 0,15; 0,13.

Gehen wir jetzt auf die Methodik und die Ergebnisse der Überprüfung der oben genannten einzelnen Hypothesen ein. In der Fachpresse und in Arbeiten von Rechtswissenschaftlern, die die Beziehungen zwischen den Partnern bei der Lieferung von Waren behandeln, wird hervorgehoben, daß das rechtlich geregelte Verfahren der materiellen Verantwortlichkeit für nicht qualitätsgerechte Lieferungen bei weitem nicht in allen möglichen Fällen realisiert wird. Als Hauptursache dafür wird vor allem das fehlende Interesse der Abnehmerbetriebe genannt, die entsprechenden Normen der Verordnungen über die Lieferung von Industrie- und Konsumgütern anzuwenden.

Durch das Untersuchungsprogramm wurde angestrebt, mit Hilfe folgender Teilhypothesen die aufgestellte Hypothese zu überprüfen:

a) Das Produktionsdefizit wirkt auf die Anwendung (Bereitschaft) rechtlich geregelter Sanktionen durch den Abnehmer nicht qualitätsgerechter Erzeugnisse.
b) Die wechselseitige Exkulpierung bei eventuellen Schadensersatzforderungen wirkt als Gegenstimulus für die Anwendung der festgelegten Sanktion.

c) Durch die Realisierung von Geldstrafen wird der Kampf gegen nicht qualitätsgerechte Produktion nur ungenügend gewährleistet.
d) Die Existenz länger bestehender Wirtschaftsbeziehungen, die nicht den Formvorschriften entsprechen, ist ursächlich für die Nichtanwendung von Sanktionen.
e) Statt die rechtlich geregelten Sanktionen für die Ausschußlieferung anzuwenden, werden andere Formen der sozialen Kontrolle bevorzugt.

Bei der Überprüfung aller Teilhypothesen „zur Uninteressiertheit" wurden die Ergebnisse einer direkten Falschdarstellung in den Antworten von Wirtschaftsleitern auf entsprechende Fragen aus dem Fragebogen berücksichtigt. Außerdem wurde eine Meinungsanalyse von Leitern bestimmter Betriebsgruppen vorgenommen, die sich im Grad der Interessiertheit, Vermögensforderungen zu befriedigen, unterschieden. Dabei wurde der Grad an Interessiertheit auf der Grundlage objektiver Daten bestimmt, die in den entsprechenden Betrieben durch spezielle Kennziffern gewonnen wurden. Eine dieser Kennziffern charakterisiert das Verhältnis zwischen der Anzahl der befriedigten Forderungen (hier und im folgenden sind die freiwillig befriedigten Ansprüche und Forderungen sowie die Klagen zu beachten, denen durch das staatliche Vertragsgericht entsprochen wurde) nach der Qualität der Erzeugnisse und der allgemeinen Anzahl der jährlich abgenommenen nicht qualitätsgerechten Erzeugnisse. Eine andere Kennziffer charakterisiert das Verhältnis zwischen der Summe befriedigter Forderungen nach den Kosten der qualitätsgeminderten Erzeugnisse und den Gesamtkosten an nicht qualitätsgerechten Erzeugnissen, die pro Jahr abgenommen wurden. Eine dritte Kennziffer charakterisiert das Verhältnis zwischen der Summe befriedigter Forderungen, die Geldstrafe für die Ausschußlieferung zu vollstrecken, und der maximal möglichen Geldstrafensumme von den Kosten der gesamten nicht qualitätsgerechten Erzeugnisse, die pro Jahr abgenommen wurden.

Die gewonnenen Materialien bestätigten in bestimmtem Maße die ersten vier der oben erwähnten Teilhypothesen.

Nach Meinung der Mehrzahl der Befragten sind das Produktionsdefizit, das Streben nach gegenseitiger Exkulpierung, der ungenügende Einfluß der existierenden Sanktionen auf den Lieferanten und langfristige Wirtschaftsbeziehungen ein ernstes Hemmnis, den Mechanismus der materiellen Verantwortlichkeit zu realisieren.

Gleichzeitig wurde eine interessante Gesetzmäßigkeit aufgedeckt: Die Leiter von Industrie- und Handelsbetrieben haben ein fast entgegengesetztes Verhältnis zur Mehrzahl der aufgezählten Faktoren in der Frage nach der Auswahl dieser oder jener („gesetzlichen" — in Übereinstimmung mit den Anforderungen der Lieferverordnung stehenden oder „rechtswidrigen" — in Übereinstimmung mit den Hypothesen stehenden) Verhaltensvariante. Wenn etwa zwei Drittel der Leiter von Industriebetrieben die Meinungen von einer entsprechenden negativen Rolle des Defizits, von dem gegenseitigen Straferlaß und von den langfristigen Wirtschaftsbeziehungen bekräftigen, so sind beispielsweise ebensoviele Leiter im Handel anderer Meinung. Die Erklärung dafür liegt wahrscheinlich darin, daß die Industriebetriebe bei der Erfüllung des eigenen Produktionsplanes mehr (als die Handelsbetriebe) von den Erzeugnislieferanten abhängen und deshalb bemüht sind, die Beziehungen zu ihnen nicht zu verderben. Die Handelsbetriebe sind in diesem Sinne weniger vom produzierten Ausschuß abhängig, und insofern verfügen sie über bestimmte Reserven: Im Bedarfsfall kann der Warenumsatz und Gewinnplan auf Kosten der Lagervorräte sowie auf Kosten der Realisierung einer zusätzlichen Anzahl anderer Waren (darunter auch Importwaren) erfüllt werden.

Die befragten Leiter der Betriebe (in der Industrie 72,8 %, im Handel 78,5 %) schätzten die Wirksamkeit einer Geldstrafe für die Ausschußlieferungen auf die Lieferanten übereinstimmend als ungenügend ein.

Die Hypothese, daß die Leiter, statt Vermögenssanktionen anzuwenden, andere Formen der sozialen Kontrolle bevorzugen, bestätigte sich nur teilweise. Analysiert man die Daten, so zeigt sich, daß die größte Zahl von Wirtschaftsleitern (44,7% in der Industrie und 49,6% im Handel) meint: Bei der Lieferung von Ausschuß ist es am wirksamsten, sich an das staatliche Vertragsgericht zu wenden. Nach der Summe der drei ersten von sechs nacheinander vorgeschlagenen Arten der sozialen Kontrolle erhielt diese Variante 71,8% bzw. 76,9% der Stimmen.

Die Rolle der Presse bei der Auseinandersetzung mit Arbeitern, die Ausschuß herstellen, wird von den Wirtschaftsfunktionären nicht sehr hoch eingeschätzt. 61,2% (in der Industrie) und 67,4% (im Handel) der Leiter führen sie auf den letzten drei Plätzen an. Auf den ersten Platz wurde sie demzufolge nur von 15% bzw. 14,5% gesetzt.

Weder in der Industrie (54,2%) noch im Handel (79,9%) hält man es für sehr sinnvoll, sich an das dem Lieferanten der nicht qualitätsgerechten Produktion übergeordnete Organ zu wenden (was wahrscheinlich auf eine geringe Wirksamkeit der Kontrolle der Wirtschaftsorgane hinweist).

Die Rolle der Staatsanwaltschaft bei der Bekämpfung nicht qualitätsgerechter Erzeugnislieferungen wurde von den Wirtschaftsfunktionären prozentual gleich eingeschätzt. Die Wirksamkeit der einbezogenen Partei- und Staatsorgane wird hoch eingeschätzt. Die Hypothese, daß die materiellen Interessen des Kollektivs ungenügend mit der materiellen Verantwortlichkeit der Ausschußlieferbetriebe verbunden sind, wurde vollständig bestätigt.

Die objektiven Daten, die man von den entsprechenden Betrieben erhielt, gestatteten es, folgende Kennziffern einzuführen: 1. die Nachhaltigkeit der Einziehung der Ausschußkosten von Lieferanten (das Verhältnis der Kosten des Ausschusses zur Gewinnsumme im laufenden Jahr) und 2. die Nachhaltigkeit einer Geldstrafenvollstreckung für den Ausschußlieferanten (das Verhältnis von bezahlter Geldstrafe zur Gewinnsumme im laufenden Jahr). Es zeigte sich, daß Betriebe, die einen Rubel bis zu zehn Kopeken pro tausend Rubel Gewinn auszahlen, die überwiegende Mehrheit (also 69,1% und 64,1%) bilden, und daß dementsprechend nur 6,3% (nach den Ausschußkosten) und 3,6% (nach der Geldstrafe) 100 Rubel pro eintausend Rubel Gewinn zahlen. Somit ist die Zahlung von Vermögenssanktionen entsprechend dem Gewinnausmaß des Betriebes, der den Ausschuß liefert, in der Regel praktisch nicht spürbar.

Um einen spürbaren Schaden für das Kollektiv kann es sich dann handeln, wenn insgesamt 9% der in einigen Moskauer Betrieben befragten Arbeiter glauben, daß sie über jeden Fall von Ausschußlieferung in ihrem Betrieb Bescheid wissen (die übrigen hörten davon selten, 58% von ihnen hörten überhaupt nicht davon). Eine analoge Antwortverteilung folgte auf die Frage: „Sind Ihnen Fälle bekannt, wo den Arbeitern deshalb Prämien entzogen wurden, weil der Betrieb Geldstrafen für die Lieferung nicht qualitätsgerechter Erzeugnisse zahlte?" (10,4% der Arbeiter hatten davon Kenntnis, die übrigen nicht).

Um das Niveau der Tätigkeit betrieblicher Rechtsabteilungen bei der Geltendmachung der materiellen Verantwortlichkeit für die Lieferung nicht qualitätsgerechter Erzeugnisse zu erhöhen, wurden zwei Kennziffern ausgearbeitet: die *Kennziffer der*

Aktivität (das Verhältnis der Anzahl geltend gemachter Ansprüche zur allgemeinen Anzahl möglicher Ansprüche) und die *Kennziffer der Qualifiziertheit* (das Verhältnis der Anzahl befriedigter Ansprüche zur Anzahl geltend gemachter Ansprüche und Klagen).

Es zeigte sich, daß fast zwei Drittel der Betriebe die Verantwortlichkeitsregelung im nötigen Maße ausnutzten und daß über ein Drittel der Betriebe die Sanktionen offenbar ungenügend anwenden, die vom Gesetz gegen die Lieferanten nicht qualitätsgerechter Erzeugnisse vorgesehen sind.

Die wesentlichsten Faktoren, die diese Situation bestimmen, sind nach Meinung der Justitiare der Industriebetriebe: die Abneigung, das Verhältnis zum Lieferanten zu verschlechtern (39,7% der Befragten), die Geringfügigkeit der Summen, die der Vollstreckung unterliegen (26,3%), die Mängel bei der Abfertigung von Anspruchs- und Klageforderungen (25,3%), Zweifel an der Objektivität des Organs, das die Forderung untersucht (8,7%).

Außerdem wurde eine Abhängigkeit zwischen den Kennziffern der Tätigkeit der Rechtsabteilungen einerseits und der Einstellung der Justitiare zum Gesetz, ihrer Qualifikationsstufe, ihrem Dienstalter, der Höhe ihres Arbeitseinkommens, den Kennziffern und Bedingungen ihrer Prämiierung andererseits festgestellt, als man objektive und subjektive Informationen gegenüberstellte.

Im Ergebnis der Untersuchung wurde die Hypothese bestätigt, die davon ausging, daß das Niveau der Rechtskenntnisse und der Einstellung der Leiter zum Gesetz sowie die Anwendung von Normen zur Regelung der materiellen Verantwortlichkeit miteinander verbunden sind. Die Daten lassen Schlußfolgerungen über die Kluft zwischen den für die Wirtschaftsfunktionäre real notwendigen und den beim Hochschulstudium oder auf Weiterbildungslehrgängen tatsächlich vermittelten Rechtskenntnissen zu. Anscheinend beeinflußt die Beseitigung eines solchen Unterschiedes wesentlich die Wirksamkeit der von den Betrieben angewendeten materiellen Verantwortlichkeit. Das gilt um so mehr, da es selbst Wirtschaftsfunktionäre für notwendig halten, das Niveau ihrer Rechtskenntnisse zu erhöhen (96% der Leiter von Industriebetrieben, 95% der Leiter von Handelsbetrieben).

In der Untersuchung wurden objektive Daten zur Anwendung der materiellen Verantwortlichkeit durch die Betriebe und Daten, die die Einstellung der Leiter dieser Betriebe zur Einhaltung von Gesetzesvorschriften charakterisieren, gegenübergestellt. Damit sollte aufgedeckt werden, wie die Einstellung der Leiter zum Gesetz die Wirksamkeit der materiellen Verantwortlichkeit beeinflußt. Es steht fest, daß in den Betrieben, wo die Wirtschaftsfunktionäre darauf bedacht sind, die Gesetzesvorschriften zu erfüllen, die Kennziffern für die Anwendung der materiellen Verantwortlichkeit höher sind als in den Betrieben, in denen die Leiter meinen, es sei möglich, die Forderungen der Rechtsnormen zu umgehen.

In der Mehrzahl der Betriebe, in denen Untersuchungen durchgeführt wurden, wurde der Schaden, der dem Betrieb durch Zahlung der Sanktion verursacht wurde, äußerst selten geltend gemacht. Diese objektiven Daten decken sich mit den Ergebnissen der Justitiarbefragung.

Die wesentlichsten Faktoren, die diese Situation bestimmen, sind nach Meinung von 584 aller befragten Justitiare: der bedeutende Zeitunterschied zwischen dem schuldhaften Tun (oder Unterlassen) der Mitarbeiter, das die Zahlung der Sanktion zur Folge hatte, und der realen Vollstreckung dieser Sanktionen durch den Betrieb; die

Kompliziertheit des Mechanismus der Schadensvollstreckung durch Mitarbeiter nach der Regelung von Artikel 49 der Grundlagen der Arbeitsgesetzgebung; die unexakte Abgrenzung von Pflichten zwischen einzelnen Mitarbeitern und Abteilungen des Betriebes; die Geringfügigkeit der zu vollstreckenden Summen.

Somit bestätigen die Ergebnisse der Untersuchung die ihr zugrunde gelegten Hypothesen.

1. Die Daten zeigen, daß die geltende Verantwortlichkeitsregelung das ihr gestellte Ziel, die Lieferung von Erzeugnissen minderer Qualität zu verhindern, nicht erreicht. Die Hauptursache dafür besteht in der ungenügenden Wirkung dieser Regelung auf die Schuldigen dieser Rechtsverletzungen. Von ihr geht auch keinerlei wesentliche Wirkung auf das Kollektiv des ganzen Betriebes, der die Rechtsverletzung verübte, aus. Mit anderen Worten: Die Verantwortlichkeit verliert den Charakter staatlichen Zwangs zur Erfüllung rechtlicher Forderungen. Die Rechtsverletzer erfahren keinerlei Nachteile.

Da die geltenden Verantwortlichkeitsnormen auf nachlässige Lieferbetriebe nicht in dem nötigen Maße einwirken, sind die Käufer (die Abnehmer von Erzeugnissen mit mangelhafter Qualität) unzureichend an ihrer Anwendung interessiert. Weniger als die Hälfte von ihnen glaubt, daß ein effektiverer Einfluß auf den Lieferbetrieb gewährleistet werden kann, wenn man sich an das Vertragsgericht und nicht an andere Organe wendet.

Am besten wäre es, ein System zu schaffen, bei dem die Forderungen nach Auferlegung der Verantwortlichkeit als *Folge der ökonomischen Interessiertheit der Teilnehmer am Wirtschaftsleben* geltend gemacht werden, d. h. also, ein selbstregulierendes System zu schaffen. Diese Lösung wird jedoch gegenwärtig durch die Spezifik der Ware-Geld-Beziehungen in unserem Lande, durch einige Probleme ökonomischer Natur erschwert (da es für den Betrieb unmöglich ist, nach seinem Ermessen die Mittel auszunutzen, die er durch die Anwendung von Verantwortlichkeitsnormen erhalten hat. Ebenso fehlt ein ausreichend freies Angebot von Erzeugnissen).

Deshalb ist es am zweckmäßigsten, über die Verantwortlichkeit für die Nichterfüllung der Pflicht zur Geltendmachung von Forderungen an den Schuldner nach Vollstreckung der Produktionskosten und der Geldstrafe in der gegebenen Etappe und im konkreten Fall zu stimulieren.

2. Die Untersuchungsergebnisse ermöglichen es auch, eine Reihe von Empfehlungen zur weiteren Vervollkommnung der Tätigkeit der Rechtsabteilungen in den Industrie- und Handelsbetrieben vorzulegen.

Ungeachtet dessen, daß fast 75% der Justitiare eine höhere juristische Ausbildung haben, entsprechen ihre beruflichen Qualifikation, ihre Rechtskultur und insbesondere ihr Rechtsbewußtsein noch nicht immer den heutigen Anforderungen. Diese Tatsache beeinflußt, wie oben gezeigt wurde, in bedeutendem Maße die Ergebnisse ihrer Tätigkeit. Damit verbunden ist es dringend notwendig, einen breiten Komplex von Maßnahmen auszuarbeiten, um ihre Qualifikation und das Niveau ihres Rechtsbewußtseins zu erhöhen. Dabei wäre es insbesondere zweckmäßig,

a) Rechtswissenschaftler speziell für die Arbeit in der Volkswirtschaft an den Hochschulen und Universitäten auszubilden;
b) das System zur Erhöhung der Qualifikation der Justitiare so bedeutend zu erweitern, daß jeder Wirtschaftsjurist die Möglichkeit hat, in langfristig zu planenden Zeiträumen (zum Beispiel einmal in drei Jahren) seine Qualifikation in einer organisierten Form (Kurse, Seminare, Institute zur Weiterqualifizierung usw.) zu erhöhen;

c) die Versorgung der Justitiare mit rechtlicher Literatur und normativen Materialien zu verbessern (fast 70% von ihnen haben gegenwärtig nicht die notwendigste juristische Literatur).

3. Gegenwärtig existieren bedeutende und nach Meinung der Autoren dieser Untersuchung auch ungerechtfertigte Unterschiede in den Gehältern von Justitiaren verschiedener Volkswirtschaftszweige (von 70—80 und 170—200 Rubel pro Monat). Der Abbau solcher Unterschiede, indem man die Gehälter für die Mitarbeiter der Rechtsabteilungen einiger Wirtschaftszweige erhöht, könnte auch dazu führen, daß sich die Kennziffern ihrer Arbeit verbessern.

4. Die Untersuchungsergebnisse bestätigen, daß ein bedeutender Teil der Wirtschaftsfunktionäre ein unzureichendes Rechtsbewußtsein besitzt. Ebenso bestätigen sie, daß die Aufgaben der Rechtsabteilungen betriebsegoistisch gesehen werden, daß die Betriebsinteressen auf jeden Fall verteidigt werden. Damit wird der Boden für Konflikte zwischen Leitern und solchen Justitiaren bereitet, die sich an die gesetzlichen Forderungen halten.

Zieht man eine vorläufige Bilanz dieser Untersuchung, so muß man unterstreichen, daß sie unser Wissen von den Methoden der rechtlichen Regulierung gesellschaftlicher Verhältnisse und von den Methoden zur Erforschung ihrer Wirksamkeit erweitert hat. Dank dieser Wirksamkeitsforschung werden unsere Kenntnisse über das Wirken von Rechtsnormen und folglich auch die Empfehlungen zur Vervollkommnung der Gesetzgebung, die unsere Partei von der Rechtswissenschaft fordert, immer stichhaltiger.

Es muß jedoch hervorgehoben werden, daß es ein wichtiges, zur Zeit noch wenig erforschtes Problem gibt: das Problem der Wirksamkeit wissenschaftlicher Untersuchungen selbst. Es handelt sich nicht nur um die Überführung von Ergebnissen der Rechtswissenschaft in die Praxis, sondern auch um ihre Wirksamkeit, d. h. darum, in welchem Maße sie zur Lösung der Aufgaben beitragen, die der Rechtswissenschaft von den verschiedenen Organen gestellt werden.

In der Rechtswissenschaft ist die Situation für soziologische Untersuchungen noch nicht befriedigend. Drei Fragegruppen müssen weiterhin behandelt werden: Fragen der Theorie soziologischer Untersuchungen im Recht, Fragen der Methodik, und schließlich Fragen der Organisation wissenschaftlicher Untersuchungen.

Ein außerordentlich schwieriges Problem ist die konkrete Bestimmung von Faktoren, die bei der Annahme eines neuen Gesetzgebungsaktes (vom Standpunkt seiner Aktualität, seiner Notwendigkeit, vom Standpunkt all dessen, was dann seine Wirksamkeit bestimmt) berücksichtigt werden müssen. Eine exakte Aufstellung jener Kriterien, die in einer verbindlichen Reihenfolge bei der Annahme eines Rechtsaktes berücksichtigt werden müssen, existiert noch nicht. Eine solche Aufstellung kann auch nicht für jeden Rechtsakt gleichermaßen zutreffen. Durch die verschiedenartigsten Forderungen an verschiedene Rechtszweige sind die Kriterien ihrer Zweckmäßigkeit nicht einheitlich. Aber andererseits muß es, wenn auch innerhalb eines Rechtszweiges, einige allgemeine Anforderungen geben.

Für die Annahme einer neuen Strafrechtsnorm, die eine bestimmte Handlung verbietet, sind beispielsweise einige obligatorische Anforderungen offenkundig. Diese Handlungen müssen relativ häufig auftreten; ein hinreichend hoher Schaden muß durch diese Handlungen der Gesellschaft zugefügt werden können; die Tatbegehung muß mit den im geltenden sowjetischen Strafprozeßrecht verbindlich geregelten Handlungen aufzuklären sein; es muß uneffektiv sein, diese Handlung mit anderen Mitteln als denen des

Strafrechts zu bekämpfen; dementsprechend muß die Wahrscheinlichkeit vorhanden sein, daß das Strafrecht bei der Bekämpfung dieser Erscheinungen wirksam sein wird; und schließlich muß die öffentliche Meinung auf die Annahme des neuen Rechtsaktes vorbereitet werden.

Diese hier aufgezählten Faktoren sind allerdings hypothetischer Natur. Leider wurden Untersuchungen dieser Art bis jetzt noch nicht durchgeführt.

Ein anderes wichtiges theoretisches Problem besteht darin, die Kriterien für die Wirksamkeit des Rechts, seiner Institute und Normen zu erforschen. In dieser Hinsicht wurden in letzter Zeit nützliche Resultate erzielt. Es wird anerkannt, daß ein bestimmendes Kriterium dieser Wirkung darin besteht, in welchem Maße das Ziel erreicht ist, das der Rechtsnorm oder dem Rechtsinstitut zugrunde liegt. Das bedeutet aber nicht, daß das Problem vollständig gelöst wäre, da noch keine Klarheit über den Begriff der Ziele der Rechtsnormen selbst besteht. Demonstrieren wir dies an einem konkreten Beispiel.

Im Strafgesetzbuch ist die Verantwortlichkeit für ungesetzliches Jagen geregelt. Worin besteht das Ziel dieser Norm? Alle Wilddiebe zu bestrafen? Das Wild zu schützen? Die Bevölkerung an die Einhaltung von Jagdregeln zu gewöhnen? Die unterschiedliche Einschätzung der Wirksamkeit einer Normanwendung wird von den verschiedenen Definitionen der Ziele einer Rechtsnorm abhängen. Selbst die Rechtsanwendung kann in diesem Zusammenhang unterschiedlich sein: die Erweiterung oder Einengung der Repressalie, die Änderung der Strafmaßnahme, die Unabwendbarkeit der Verantwortlichkeit u. ä.

Die Kriterien der Wirksamkeit des Rechts haben auch andere Aspekte. So existiert zum Beispiel ein ökonomischer Aspekt: Das sind die Ausgaben, die dem Staat durch die Rechtsanwendung entstehen. Diese Ausgaben sind zeitweise relativ hoch. In irgendeinem Maße können sie — wenn auch zur Zeit noch unbestimmt — als Kennziffer der Wirksamkeit dienen.

Von großem Interesse ist die Untersuchung der Wirksamkeit der generalpräventiven Funktion des Rechts, d. h. sein Einfluß auf den Teil der Bevölkerung, der keine Rechtsverletzung begeht.

Soziologische Untersuchungen setzen die Verbindung einer hinreichend ausgearbeiteten Theorie mit bestimmten Untersuchungsmethoden voraus, die die Erforschung des empirischen Materials gewährleisten. Es ist notwendig, daß sich beide Seiten in ihrer Einheit entwickeln. Die Theorie auf dem Gebiet der Rechtssoziologie wird hauptsächlich durch die traditionellen juristischen Disziplinen entwickelt. Die Empirie bestimmt die soziologischen Untersuchungsverfahren.

In diesem Zusammenhang gehen wir zur Methodik soziologischer Untersuchungen über. Das ist erstens eine Frage nach dem Instrumentarium. Vorläufig ist der Fragebogen eines der Hauptinstrumente sozialrechtlicher Forschungen. Andere soziologische Instrumente (das Interview, die Beobachtung, das Experiment u. a.) wurden kaum genutzt. Man darf jedoch nicht annehmen, daß soziologische Methoden nur in Verbindung mit Fragebogen angewendet werden. Der Fragebogen muß nicht mit soziologischen Untersuchungen verbunden sein. Er kann sowohl ein Instrument demographischer, sozialhygienischer, psychologischer als auch anderer Untersuchungen sein.

Zweitens ist das eine Frage nach den Hypothesen. Jede Untersuchung sollte mit der Ausarbeitung von Hypothesen begonnen werden; indessen beginnt man häufig mit der Ausarbeitung von Fragebögen.

Es besteht eine bestimmte Wechselwirkung zwischen empirischer Untersuchung und

Hypothese. Die Hypothese kann nur existieren, wenn eine theoretische Basis vorhanden ist. Manchmal ist aber die Ausarbeitung einer Theorie ohne empirische Daten nicht möglich. Dieser Kreis kann mit Hilfe einer sogenannten Pilotstudie durchbrochen werden, die das Ziel hat, erste Kenntnisse zu einer zu untersuchenden Frage zu sammeln. Leider wird die Untersuchungszeit durch die passive Suche eingeschränkt, auch wenn sie nur die erste Stufe einer konkreten sozialrechtlichen Untersuchung sein soll.

Drittens ist das Problem der Stichprobe für sozialrechtliche Forschungen noch nicht gelöst. Häufig streben Forscher beim Studium rechtlicher Probleme nach einem Maximum an Material, weil sie glauben, ein Fragebogen sei um so besser, je umfangreicher er ist. Das muß jedoch nicht richtig sein, da repräsentatives Material auch mittels einer Stichprobe, d. h. durch das Studium eines auf eine bestimmte Weise ausgewählten Teils der gesamten Menge, gewonnen werden kann. Zweckmäßig sind ständige experimentelle Grundlagen für solche Stichprobenuntersuchungen, bei denen regelmäßige Stichproben zu verschiedenen Problemen, insbesondere bei der Erforschung der öffentlichen Meinung, durchgeführt werden können.

Auch solche Fragen erfordern eine weitere Ausarbeitung, wie die Messung rechtlicher Erscheinungen (die Skalierung, das Schätzsystem u. a.), die Modellierung der Rechtsanwendung, die Besonderheiten eines Hypotheseaufbaus, die Anwendung statistischer Analysemethoden u. a.

Von den anderen Methoden der konkret-soziologischen Forschung auf dem Gebiet des Rechts müssen insbesondere die Methoden zur Durchführung des sozialrechtlichen Experiments weiter ausgearbeitet werden.[2]

Die dritte Gruppe von Fragen betrifft schließlich organisatorische Fragen, die zur weiteren Entwicklung soziologischer Forschungen auf dem Gebiet des Rechts gelöst werden müssen.

Vielleicht ist eine der Hauptfragen die nach der Ausbildung qualifizierter Kader. Zur Zeit bilden die Hochschulen keine Spezialisten aus, die befähigt sind, konkrete sozialrechtliche Untersuchungen durchzuführen. Für ihre Ausbildung könnte ein ständiges Seminar für Aspiranten, Dozenten und wissenschaftliche Mitarbeiter juristischer Institute und Hochschulen organisiert werden. Solch ein Seminar wurde bereits im Jahre 1972 an der Juristischen Fakultät der Staatlichen Moskauer Universität durchgeführt und hat sich bewährt.

Es ist auch ein gemeinsames wissenschaftliches Untersuchungsprogramm zu Fragen der Rechtssoziologie notwendig. Die Einrichtung eines einheitlichen Rechenzentrums für wissenschaftliche Institute, die sozialrechtliche Untersuchungen durchführen, erweist sich als zweckmäßig.

Organisiert man sozial-rechtliche Untersuchungen, so muß man notwendigerweise berücksichtigen, daß sich die marxistische Soziologie, also auch die Rechtssoziologie, in scharfer Auseinandersetzung mit der bürgerlichen Ideologie entwickelt. Die weiteren marxistischen sozialrechtlichen Forschungen setzen eine konsequente Kritik antiwissenschaftlicher Konzeptionen der bürgerlichen Soziologie voraus. Für eine offensive Auseinandersetzung mit der bürgerlichen Ideologie ist die Herausgabe von marxistischer Literatur zu Problemen der Rechtssoziologie unbedingt zu erweitern, ist die Kaderentwicklung auf diesem Gebiet zu verbessern und sollten die wissenschaftlichen Institute und Praxiseinrichtungen der sozialistischen Länder enger zusammenarbeiten.

Anmerkungen

1 Dieser Teil des Beitrages wurde auf der Grundlage eines Forschungsberichtes über vorläufige Untersuchungsergebnisse ausgearbeitet.
2 Vgl. LAZAREV, V. V., Die Anwendung der experimentellen Methode bei der Untersuchung staatlich-rechtlicher Erscheinungen, in diesem Buch S. 130.

A. A. Tille

Die vergleichenden Methoden in Theorie und Praxis des sowjetischen Rechts

In der „Dialektik der Natur" schrieb F. ENGELS, daß die Entwicklung der Wissenschaft, die durch die industrielle Revolution, durch Reisen, Expeditionen, durch Erfolge der Naturwissenschaften wie der Paläontologie, der Anatomie und Physiologie hervorgerufen wurde, „so viel Material gesammelt (hat), daß die Anwendung der vergleichenden Methode möglich und zugleich notwendig wurde"[1].

Die breite Anwendung der vergleichenden Methode führte zur Herausbildung spezieller *vergleichender Wissenschaften* (vergleichender Linguistik, vergleichender Anatomie, vergleichender Psychologie, vergleichender Rechtswissenschaft u. a.). Die vergleichenden Wissenschaften bewirkten jedoch nicht nur eine erhebliche Weiterentwicklung der Wissenszweige, sondern ihre Bedeutung besteht auch darin, daß sie Verbindungen zwischen den Wissenschaften herstellten und dadurch die Wissenschaftsentwicklung insgesamt voranbrachten. So stellte die vergleichende Linguistik die Verbindung zwischen Sprachen, Ethnographie, Demographie, Geschichte u. a. her. Einige Wissenschaftler betonen, daß gerade die vergleichende Rechtswissenschaft der Entwicklung der Soziologie diente. Die auffällige Ähnlichkeit der Rechtsinstitutionen von Völkern, die in völlig unterschiedlichen geographischen Breiten leben, warf u. a. die Frage nach den sozialen Ursachen, nach der sozialen Bedingtheit der Rechtsnormen und -institutionen auf.

Die Klassiker des Marxismus-Leninismus wandten in ihren Forschungen die vergleichende Methode in großem Maße an und gaben eine Reihe außerordentlich wertvoller Hinweise zur Anwendung dieser Methode.[2] Sie nutzten diese Methode auch für die Untersuchung des Staates und des Rechts. So schuf zum Beispiel F. ENGELS in seiner Arbeit „Der Ursprung der Familie, des Privateigentums und des Staates" auf der Grundlage einer vergleichenden Analyse der nichtstaatlichen Gesellschaft der Griechen und der amerikanischen Indianer sowie der Staatsbildung bei den Griechen, Römern und Germanen eine Theorie der Staatsentstehung, bestimmte den marxistischen Staatsbegriff und beschrieb dessen Hauptmerkmale.

Die Mehrheit der ausländischen Rechtswissenschaftler sieht in der vergleichenden Rechtswissenschaft vor allem eine Methode zur Untersuchung von mindestens zwei Rechtssystemen unterschiedlicher Staaten und hält es für uneffektiv und sogar für unmöglich, die Vergleichsmethode zur Untersuchung des Rechtssystems innerhalb eines Landes anzuwenden. Allmählich jedoch setzt sich auch bei diesen Rechtswissenschaftlern die Meinung durch, daß die vergleichende Methode auch für die Untersuchung des Rechts innerhalb eines föderalistischen Staatssystems geeignet ist.

Die vergleichende Methode unterteilt sich in die Synchronmethode, mit der zwei oder mehrere Objekte gleichzeitig verglichen werden, und die Diachronmethode, bei der ein oder mehrere Objekte in ihrer Entwicklung betrachtet werden. Werden verschiedene Objekte in ihrer Entwicklung verglichen, so erfolgt dies durch die Synchron- und die Diachronmethode.

Jede historische Untersuchung setzt notwendigerweise den Vergleich des zu untersuchenden Objekts in verschiedenen Zeitabschnitten voraus. Deshalb ist die Anwendung der historischen Vergleichsmethode auch für die Untersuchung einer beliebigen staatlichen oder rechtlichen Institution eines Landes, ja sogar eines Einheitsstaates möglich.

Eine bedeutsame Rolle spielt die vergleichende Methode in der sowjetischen Staats- und Rechtstheorie. Die Untersuchung ihrer Begriffe, ihrer Klassifikation und Systematisierung setzt voraus, daß sie miteinander verglichen werden. Solche Grundkategorien der marxistisch-leninistischen Dialektik, wie Einzelnes, Besonderes und Allgemeines, sind auch mit Hilfe des Vergleichs zu analysieren, da sie geradezu die Feststellung von Ähnlichkeiten und Unterschiedlichkeiten herausfordern. „Weil das Allgemeine und das Besondere im Recht verschiedene Ebenen sein können und einen unterschiedlichen Grad an Ähnlichkeit oder Gemeinsamkeit der Eigenschaften, Verbindungen und Verhältnisse von Rechtserscheinungen ausdrücken, so ist es bei einer vergleichenden Analyse des Wesens einzelner historischer Rechtstypen (zum Beispiel der bürgerlichen und der sozialistischen) notwendig, die Aufmerksamkeit vor allem auf ihre wesentlichen Unterschiede und damit auf ihre Besonderheiten zu richten und nicht auf die formalen Gemeinsamkeiten.“[3]

Die vergleichende Methode findet in der sowjetischen Rechtswissenschaft vor allem zur Herausarbeitung der Unterschiede zwischen den sozialistischen Rechtssystemen und den gegenwärtig bestehenden bürgerlichen Rechtssystemen breite Anwendung.

Besonders wichtig ist die vergleichende Untersuchung der Gesetzgebung der UdSSR und der anderen sozialistischen Länder aus der Sicht der Aufgaben, die das Komplexprogramm für die weitere Vertiefung und Vervollkommnung der Zusammenarbeit und Entwicklung der sozialistischen ökonomischen Integration der Mitgliedsländer des RGW gestellt hat. Dieses Programm sieht eine Reihe von Maßnahmen zur Verbesserung der rechtlichen Grundlagen der Zusammenarbeit der RGW-Mitgliedsländer vor. Es enthält Maßnahmen, die auf die Annäherung der nationalen Rechtsnormen der Mitgliedsstaaten und auf einigen Gebieten der ökonomischen und wissenschaftlich-technischen Zusammenarbeit sogar auf deren Vereinheitlichung gerichtet sind.

Der Verwirklichung dieser Maßnahmen muß jedoch notwendigerweise eine vergleichende Untersuchung der Gesetzgebung der beteiligten Länder vorausgehen. Darauf haben bereits viele Autoren hingewiesen. So bemerkte P. Katenski (ČSSR), daß jetzt niemand mehr bezweifeln wird, daß die vergleichende Rechtswissenschaft bei der Annäherung von Ländern des sozialistischen Systems eine bedeutende Rolle spielt.[4] „... Die Annäherung von Vereinheitlichung der nationalen Normen, die die Zusammenarbeit im RGW regeln, kann in bestimmten Fällen sogar ohne Abschluß internationaler Verträge, nämlich über die Koordinierung der nationalen Gesetzgebung auf der Basis rechtvergleichender Analysen und gegenseitiger Konsultationen dieser Länder vorgenommen werden“, bemerkt I. A. Gringolc.[5]

Die vergleichende Methode wird auch für Untersuchungen der Wechselbeziehungen zwischen der Allunions- und der Republiksgesetzgebung sowie für die Untersuchung der Gesetzgebung der Unionsrepubliken verwendet.

Gerade diese Anwendungsrichtung erlangt für die Verwirklichung der von der KPdSU gestellten Aufgaben zur Vervollkommnung der sowjetischen Gesetzgebung, ihrer Regelung und Kodifikation, besondere Bedeutung.

Die UdSSR ist ein föderalistischer Staat. F. ENGELS und W. I. LENIN wiesen auf zwei Hauptmerkmale hin, die einen Unionsstaat charakterisieren: die besondere Gesetzgebung der Staaten, die in die Union eingehen, sowie die Existenz von Vertreterkammern der Unionsstaaten neben der zentralen Volkskammer.[6] Diese Merkmale sind im staatlichen Aufbau der UdSSR vorhanden.

Jedoch im Unterschied zu früheren Föderationen ist die sowjetische Föderation eine solche vollkommen neuen Typs, sie ist eine *sozialistische* Föderation.

Der staatliche Aufbau wird unter Führung des Vortrupps der Arbeiterklasse, der einheitlichen kommunistischen Partei, verwirklicht, und die sozialökonomischen und politischen Grundlagen der sozialistischen Gesellschaft gewährleisten *die Einheit unseres Staates und unseres Rechts*.

Der Aufbau des Sowjetstaates und seiner Organe wird auf der Grundlage des Prinzips des demokratischen Zentralismus realisiert.

Im Aufbau der sowjetischen Föderation bedeutet *Zentralismus* die Einheit aller Republiken bei der Lösung der wichtigsten Fragen der Volkswirtschaft, der kulturellen und sozialen Entwicklung, der Verteidigung des Landes und der Außenpolitik. Deshalb stellen Sowjetstaat und Sowjetrecht ein einheitliches System dar, dessen vergleichende Untersuchung man jedoch nicht mit der Untersuchung verschiedener, wenn auch einen einheitlichen Typ verkörpernder rechtlicher Systeme vergleichen kann.

Der *Demokratismus* im Aufbau der sowjetischen Föderation bedeutet Wahrung der Souveränität der Unionsrepubliken, ihre völlige Gleichberechtigung bei der Teilnahme an der Lösung aller gesamtstaatlichen Fragen.

Auch die sowjetische Gesetzgebung ist ihrem Wesen nach einheitlich. Zur Gewährleistung dieser Einheit existiert eine Reihe juristischer Formen:

1. *Die Einheit der Verfassungen.* Die Verfassungen der Unionsrepubliken sind in voller Übereinstimmung mit der Verfassung der UdSSR aufgebaut. Da die Verfassung als Basis der gesamten Gesetzgebung dient, gewährleistet die Einheit der Verfassung die Einheit des Gesetzgebungssystems.

2. *Die Priorität des Unionsgesetzes.* Gemäß Artikel 20 der Verfassung der UdSSR gelten im Falle der Abweichung der Republikgesetze von dem Allunionsgesetz die Normen des letzteren. Der Gesetzgeber der Republiken läßt sich von diesem Prinzip leiten und berücksichtigt in seiner Tätigkeit nicht nur das Grundgesetz, sondern auch die Unionsgesetzgebung in ihrer Gesamtheit.

3. *Die Festlegung der Grundlagengesetzgebung der UdSSR und der Unionsrepubliken.* Die Grundlagengesetzgebung gewährleistet die systematische Einheit der gesamten Gesetzgebung und aller ihrer Normen.

4. *Die Verteilung der Kompetenzen der Union und der Unionsrepubliken.* Dieses Prinzip der sowjetischen Gesetzgebung dient gleichzeitig als rechtlich-organisatorische Form der Einheit der Unionsgesetzgebung und der Selbständigkeit der Republiksgesetzgebung.

Darüber hinaus sind weitere Organisationsformen vorhanden, die die Einheit von Unions- und Republiksgesetzgebung gewährleisten; sie sind zwar nicht juristisch fixiert, aber sie werden in der Rechtsschöpfung angewendet. Das sind einerseits die Beratung von Gesetzesentwürfen aus den Republiken im Präsidium des Obersten Sowjets, und andererseits die Versendung von Entwürfen einiger Unionsgesetze zur Erörterung in die Unionsrepubliken usw.

Wenn aber die sowjetische Gesetzgebung in diesem Sinne einheitlich ist, so kann die Frage entstehen, wo denn die Vergleichsmethode angewendet werden soll und worin die Notwendigkeit und der Nutzen ihrer Anwendung bestehen. Darauf ist zu antworten, daß die Einheit der sowjetischen Gesetzgebung nicht Uniformität und Identität bedeutet, denn das würde einen Vergleich von vornherein ausschließen. Im Rahmen ihrer Kompetenz erlassen die Unionsrepubliken selbständig Normativakte, die die Unionsgesetzgebung ergänzen und weiterentwickeln. Daraus folgt die große Bedeutung, die die Vergleichsmethode bei der Untersuchung und der Vervollkommnung der sowjetischen Gesetzgebung hat.

Bei der vergleichenden Analyse der sowjetischen Gesetzgebung entstehen zwei Hauptfragen. Die erste besteht darin, inwieweit die Republiksgesetzgebung die Allunionsgesetzgebung richtig und effektiv weiterentwickelt und ergänzt, und die zweite ist darauf gerichtet, die Ähnlichkeit, aber auch die Besonderheiten der Gesetzgebung der Unionsrepubliken aufzudecken.

Die in den letzten Jahren vorgenommenen vergleichenden Analysen von Neukodifikationen offenbarten nicht nur zahlreiche schwerwiegende Fälle der Nichtübereinstimmung der Republiksgesetzbücher mit der Grundlagengesetzgebung der Union, sondern wiesen zugleich auf Widersprüche und ungenaue Übertragungen hin.[7] Indem die sowjetischen Juristen solche Nichtübereinstimmungen feststellen und Vorschläge zu ihrer Änderung vortragen, wirken sie mit Hilfe der vergleichenden Methode auf die Vervollkommnung der Gesetzgebung und auf die Festigung ihrer Einheit hin.

Rechtsvergleichende Untersuchungen gehen in der sowjetischen Gesetzgebung bis auf das Ende der 50er Jahre zurück, und ihr Umfang nimmt ständig zu. Diese Entwicklung wurde durch praktische Bedürfnisse hervorgerufen, die mit der Kodifikation der sowjetischen Gesetzgebung, mit der Schaffung der Grundlagengesetzgebung in den wichtigsten Rechtszweigen sowie mit der Erarbeitung der Gesetzbücher der Republiken verbunden sind.

Worin liegen nun die Ursachen für die Unterschiede in der Republiksgesetzgebung? Einige Unterschiede sind durch nationale, kulturelle, historische und andere Entwicklungsbesonderheiten der Unionsrepubliken bedingt. So widerspiegelt zum Beispiel die Verfassung der mittelasiatischen Republiken die Befreiung der Frau, indem die Strafgesetzbücher bestimmte Überreste vergangener schädlicher Gewohnheiten unter Strafe stellen.

Es liegt auf der Hand, daß die Untersuchung der Gesetzgebung der Unionsrepubliken mit Hilfe der vergleichenden Methode nicht das Ziel verfolgen kann, die vorhandenen Unterschiede auszubauen. Im Gegenteil: „Die tiefgründige, allseitige Analyse der vorhandenen Unterschiede und nicht nur der Gemeinsamkeiten der Gesetzbücher gestattet es, festzustellen, inwiefern ihre Existenz gerechtfertigt ist, und erlaubt es, die besten Erfahrungen durch die Bruderrepubliken zu übernehmen."[8]

Die vergleichende Methode ermöglicht es, die zweckmäßigsten Lösungen zu finden, und fördert damit die Vervollkommnung und Festigung der Gesetzgebung der Unionsrepubliken. „Wenn einige Unterschiede zwischen den Gesetzbüchern beseitigt werden", schreibt V. A. Kirin, „so ist das kein Selbstzweck, sondern das Ergebnis des gegenseitigen Erfahrungsaustausches, der Analyse der Anwendungspraxis von Strafgesetzen, der Analyse von Vergleichsdaten aus Kriminalstatistiken, von Ergebnissen kriminologischer und soziologischer Untersuchungen."[9]

Man muß unterstreichen, daß dieser Prozeß nicht das *Ziel* hat, die Gesetzgebung der Unionsrepubliken zu vereinheitlichen. Das ist ganz natürlich, denn „die weitere Annäherung der Nationen und Völkerschaften unseres Landes stellt einen objektiven Prozeß dar. Die Partei ist dagegen, daß dieser Prozeß künstlich beschleunigt wird. Das ist auch gar nicht nötig, denn dieser Prozeß wird durch den gesamten Verlauf unseres sowjetischen Lebens bestimmt. Zugleich hält die Partei jegliche Versuche für unzulässig, den Prozeß der Annäherung der Nationen zu hemmen, ihm unter diesem oder jenem Vorwand Hindernisse in den Weg zu legen und eine nationale Absonderung künstlich zu festigen; denn dies würde der allgemeinen Entwicklungstendenz unserer Gesellschaft, den internationalistischen Idealen und der Ideologie der Kommunisten und damit den Interessen des kommunistischen Aufbaus widersprechen."[10]

Die vergleichende Methode ist vor allem für die Feststellung von Lücken in der Gesetzgebung sehr effektiv. Durch den Vergleich der Allunions- mit der der Republiksgesetzgebung können diejenigen Normen der Allunionsgesetzgebung ermittelt werden, die in die Gesetzgebung der Republiken keinen Eingang fanden und somit in der Gesetzgebung der Unionsrepubliken fehlen. Das betraf z. B. im StGB der Ukrainischen SSR und der Lettischen SSR die Normen, die den Diebstahl von Waffen und Munition unter Strafe stellten. Das Fehlen dieser Normen im StGB der RSFSR erschwerte nachhaltig die Bekämpfung dieses äußerst gefährlichen Verbrechens, und die Verabschiedung solcher Normen durch den Gesetzgeber der RSFSR schloß diese Lücke und förderte damit die weitere Festigung der Gesetzlichkeit und den Schutz der Rechtsordnung.[11]

Vergleichende Untersuchungen der Gesetzgebung der Unionsrepubliken werden sowohl zentral wie auch in den einzelnen Unionsrepubliken vorgenommen. So gründete man am Institut für Philosophie und Recht der Akademie der Wissenschaften der Usbekischen SSR einen speziellen Bereich für vergleichende Rechtswissenschaft, der sich mit der Untersuchung des Staats- und Rechtssystems der mittelasiatischen Republiken befaßt. In seinem Vortrag, den P. N. Fedoseev auf einer Sitzung der Sektionen für Gesellschaftswissenschaften an der Akademie der Wissenschaften der UdSSR, des Instituts für Marxismus-Leninismus beim ZK der KPdSU und der Akademien der Wissenschaften der mittelasiatischen Unionsrepubliken und Kasachstans zum Thema „Der XXIV. Parteitag der KPdSU und die Aufgaben der Gesellschaftswissenschaften" hielt, verwies er besonders auf die vergleichende Untersuchung der Gesetzgebung der mittelasiatischen Unionsrepubliken: „Im ökonomischen und kulturellen Leben dieser Republiken gibt es viele übereinstimmende Züge, und infolgedessen besitzt auch ihre Gesetzgebung viel Gemeinsames. Rechtliche Vergleichsanalysen helfen, gegenseitig die Republiksgesetzgebung zu bereichern und noch vorhandene ungerechtfertigte Unterschiede zu beseitigen."[12]

Die vergleichende Analyse der regionalen Gesetzgebung hat in der Tat große Bedeutung. Jedoch ist nicht immer der gleichzeitige Vergleich der Gesetzgebung aller 15 Republiken möglich und nützlich. Es ist aber bekannt, daß die Republiken Mittelasiens, des Baltikums, des Kaukasus vieles gemeinsam haben, und deshalb ist auch die vergleichende Untersuchung der Gesetzgebung im Rahmen dieser Gemeinsamkeiten nützlich.

Rechtsvergleichende Untersuchungen dürfen dabei jedoch nicht auf eine alleinige

Untersuchung der Gesetzgebung beschränkt werden. „Reale Ergebnisse können nur im Ergebnis der Untersuchung der Rechtsanwendung durch die Gerichte, durch andere staatliche Organe ... gewonnen werden. Nur unter dieser Bedingung können folgende Fragen auf objektiver Grundlage gelöst werden: Was ist effektiver, die Einheit oder die Unterschiedlichkeit in der Gesetzgebung der Unionsrepubliken? Wie ist diese Einheit (Unterschiedlichkeit) unter den verschiedenen unterschiedlichen und gleichartigen Bedingungen zu rechtfertigen?“[13] Diese Fragen sind kompliziert, wenig erforscht und bedürfen zweifellos der Klärung. In diesem Zusammenhang ist eine enge Verbindung der rechtsvergleichenden Methode mit der soziologisch-rechtlichen Forschung feststellbar.

Die Erforschung der Rechtsnormeneffektivität ist vor allem auch für die Begründung und Erörterung von Gesetzgebungsvorschlägen bedeutsam. Die vergleichende Methode ersetzt auf rechtlichem Gebiet gewissermaßen das Experiment, das in den Naturwissenschaften angewendet wird. Die Anwendung von Rechtsnormen in der einen Republik, die in einer anderen Republik fehlen, trägt den Charakter eines natürlichen Experiments, das im Rahmen der strikten sozialistischen Gesetzlichkeit unter Beachtung der geltenden Gesetzgebung realisiert wird.

Empfiehlt man einer bestimmten Republik eine Rechtsnorm, die sich in einer anderen Republik als effektiv erwies, so ist es notwendig, alle ihre objektiven Existenzbedingungen zu berücksichtigen. Nicht immer kann eine Norm, die in der einen Republik effektiv ist, dieselbe Effektivität in einer anderen Republik erzielen.

Somit ist die Rechtsvergleichung auf der Grundlage der dialektisch-materialistischen Methode nicht nur für theoretische Untersuchungen des Rechts, sondern auch für die Rechtsverwirklichung und die Vervollkommnung der Gesetzgebung nützlich.

Anmerkungen

1 MARX, K./ENGELS, F., Werke, Bd. 20, Berlin 1962, S. 319.

2 Zur Anwendung der Vergleichsmethode durch die Klassiker des Marxismus-Leninismus vgl. MASLENNIKOV, M. M., Die methodologische Bedeutung des Vergleiches in der wissenschaftlichen Erkenntnis, Voronež 1968; TILLE, A. A./ŠVEKOV, G. V., Die Vergleichsmethode in den juristischen Disziplinen, Moskau 1973; FAJZIEV, M. M., F. ENGELS über die vergleichende Untersuchungsmethode der Natur- und Gesellschaftswissenschaften, in: Obščestvennye nauki v Uzbekistane, 11/1970, S. 60.

3 KERIMOV, D. A., Philosophische Probleme des Rechts, Moskau 1973, S. 242.

4 Travaux de droit comparé, (Prag) 1/1965, S. 41.

5 GRINGOLC, I. A., Über die Aufgaben der Vervollkommnung des rechtlichen Mechanismus der sozialistischen ökonomischen Integration der Mitgliedsländer des RGW, in: Pravovedenie, 1/1972, S. 19f.

6 Vgl. LENIN, W. I., Werke, Bd. 25, Berlin 1960, S. 458f.

7 Vgl. DURMANOV, N. D., Das sowjetische Strafgesetz, Moskau 1967, S. 72; LI, V. I., Die neue Kodifikation der Ehe- und Familiengesetzgebung der Unionsrepubliken (Versuch einer Vergleichsuntersuchung). Autorreferat der Dissertation zur Erlangung des akademischen Grades eines Kandidaten der juristischen Wissenschaften, Moskau 1972, S. 7; KRACHMAL'NIK, L. G., Die Kodifizierung der Besserungsarbeitsgesetzgebung (eine rechtsvergleichende Untersuchung), Autorreferat der Dissertation zur Erlangung des akademischen Grades eines Doktors der juristischen Wissenschaften, Moskau 1973, S. 14.

8 Li, V. I., Die neue Kodifikation der Ehe- und Familiengesetzgebung der Unionsrepubliken (Versuch einer Vergleichsuntersuchung), a. a. O., S. 9.
9 Kirin, V. A., Das Strafgesetz der Union und der Republik, Moskau 1970, S. 8.
10 Breshnew, L. I. Das Sowjetvolk zeigt der Menschheit neue Horizonte und hohe Ideale, Berlin 1973, S. 34.
11 Vgl. Dokumente des Obersten Sowjets der RSFSR, 23/1967, S. 533.
12 Fedoseev, P. N., Der XXIV. Parteitag der KPdSU und die Aufgaben zur Entwicklung der Gesellschaftswissenschaften, in: Kommunist Uzbekistana, 4/1972, S. 30.
13 Čebanov, A. F., Stand und Aufgaben einer Vergleichsuntersuchung der Gesetzgebung der Unionsrepubliken, in: Stand und Aufgaben einer Vergleichsuntersuchung der Gesetzgebung der Unionsrepubliken. Thesen von Vorträgen und Mitteilungen des VNIISE, Moskau 1969, S. 4.

V. V. Lazarev

Die Anwendung der experimentellen Methode bei der Untersuchung staatlich-rechtlicher Erscheinungen

Das soziale Experiment wirft nach wie vor methodologische Probleme auf.[1] Im folgenden sollen vor allem der allgemeine Begriff und die Struktur der experimentellen Methode bei der Untersuchung staatlich-rechtlicher Erscheinungen betrachtet werden. Gleichzeitig sollen die Elemente jener Methoden charakterisiert werden, mit denen spezifische gesellschaftliche Erscheinungen erforscht werden. Zunächst bildeten sich allgemeine Positionen zu einigen prinzipiellen Aspekten der Theorie des sozialen Experiments heraus. Dabei wurden Meinungen vertreten, die die Grenzen und Spezifika der experimentellen Methode zur Untersuchung staatlich-rechtlicher Erscheinungen nicht beachteten.

Es ist zweifellos erfreulich, daß in letzter Zeit die Probleme des sozialen Experiments wissenschaftlich ernsthaft untersucht werden.[2]

Bis zur heutigen Zeit ist es schwierig, sich auf bereits in der Vergangenheit theoretisch und praktisch ausgearbeitete Problemstellungen für die experimentelle Untersuchung staatlich-rechtlicher Erscheinungen zu stützen. Das ist durch folgende Ursachen bedingt:

a) Es bestehen nur geringe Erfahrungen bei der Durchführung von Rechtsexperimenten.[3] In einem gewissen Umfang wurden Anfang unseres Jahrhunderts Untersuchungen in Westeuropa durchgeführt.[4] Mit der Errichtung des sozialistischen Staates wurden in der UdSSR einige Maßnahmen auf diesem Gebiet verwirklicht.[5] Und schließlich sind jene Schritte zu nennen, die in letzter Zeit in dieser Richtung gegangen wurden.[6]

b) Es fehlen immer noch Publikationen über die Methodik und die Resultate rechtlicher Experimente.

c) Die Juristen — und das ist die wichtigste Ursache — sind im allgemeinen noch nicht vom Nutzen der experimentellen Methode zur Untersuchung staatlich-rechtlicher Erscheinungen überzeugt.

Von einigen Wissenschaftlern sozialistischer Staaten wird das soziale Experiment mit der Begründung abgelehnt, daß das Kriterium der Wahrheit für gesellschaftswissenschaftliche Theorien die gesellschaftliche Praxis sei.[7] So auch in der Rechtswissenschaft. M. D. Šargorodskij z. B. betont, daß es in der Regel unmöglich sei, gesellschaftswissenschaftliche Hypothesen experimentell zu überprüfen.[8] Er beruft sich dabei auf G. V. Plechanov, der betonte, es sei in der Gesellschaftswissenschaft unmöglich, das Experiment als einen solch gewaltigen Hebel einzusetzen, wie es das Experiment für die Entwicklung einiger Zweige der Naturwissenschaften darstelle.[9] Gleichzeitig stützt er sich auf die von Marx im „Kapital“ entwickelten Thesen zur Methode der Analyse gesellschaftlicher Erscheinungen.

Aber auch andere Gegner des sozialen Experiments begründen ihre Position mit den Erkenntnissen von Karl Marx.[10] Er richtete die Aufmerksamkeit auf die komplizierte Erkenntnis der Wertform und betonte: „Bei der Analyse der ökonomischen Formen kann außerdem weder das Mikroskop dienen noch chemische Reagentien. Die Abstraktionskraft muß beide ersetzen.“[11] Auf den Unterschied des Gegenstandes und der Methode der natur- und gesellschaftswissenschaftlichen Forschung verweisend, betonte Marx: „Der Physiker beobachtet Naturprozesse entweder dort, wo sie in der prägnantesten Form und von störenden Einflüssen mindest getrübt erscheinen, oder wo möglich macht er Experimente unter Bedingungen, welche den reinen Vorgang des Prozesses sichern. Was ich in diesem Werk zu erforschen habe, ist die kapitalistische Produktionsweise und die ihr entsprechenden Produktions- und Verkehrsverhältnisse.“[12] Unseres Erachtens schließt Marx damit nicht im geringsten aus, daß es möglich und notwendig ist, soziale Experimente durchzuführen. Außerdem richtet sich diese Aussage gegen den philosophischen Positivismus, der die aktive Rolle des Denkens im Erkenntnisprozeß leugnet.

Zweifellos kann das soziale Experiment allein keine erschöpfende Vorstellung von den sozialen Erscheinungen vermitteln.[13] Nur mit Hilfe der theoretischen Verallgemeinerung, der Abstraktion aller Zusammenhänge und Beziehungen, des Erforschens der komplexen Erscheinung können wir zu einem einheitlichen, vollständigen und wahren Wissen über das Wesen des Erkenntnisgegenstandes gelangen.

Im folgenden soll das Experiment als ein Kettenglied des logischen Schließens bebetrachtet werden, das die objektiv gesetzmäßigen Zusammenhänge der gesellschaftlichen Erscheinungen widerspiegelt.

Der Soziologe kann die Entwicklungsprozesse gesellschaftlicher Erscheinungen nicht in „reiner Form“ bei Gewährleistung entsprechender Bedingungen studieren, weil gesellschaftliche Prozesse selten in eindeutigen Formen auftreten. Sie stehen ständig im wechselseitigen Zusammenhang mit anderen Formen gesellschaftlicher Erscheinungen, was an der Oberfläche nicht immer sichtbar wird. Gesellschaftliche Verhältnisse sind somit nicht mit labormäßigen Forschungsmethoden nachzuvollziehen. Will man die Formen gesellschaftlicher Beziehungen erkennen, so ist es notwendig, sie im unmittelbaren Zusammenhang mit anderen vorgefundenen Bedingungen zu untersuchen. Das Wesen dieser Formen kann nicht aus diesen selbst erkannt werden. Nur durch die Analyse aller zusammenhängenden Gesamterscheinungen ist dieses Wesen zu erschließen und zu erklären.

In der sowjetischen Literatur wird richtig betont[14], daß für Marx die Aufgabe hauptsächlich darin bestand, die historischen Gesellschaftsformationen im ganzen als naturgeschichtlichen Prozeß zu untersuchen. Auf diesem Niveau der Gesellschaftswissenschaft, auf dem das Wesen und die Gesetzmäßigkeiten dieses Prozesses aufzudecken waren, mußte die Bedeutung der Abstraktion und nicht die der empirischen Untersuchung oder des Experiments betont werden. Außerdem ist die These, die Marx in der Einleitung zum „Kapital“ äußert, von verschiedenen Autoren vereinfacht behandelt worden, ohne die Arbeiten der Klassiker des Marxismus-Leninismus zu beachten, in denen sie die tiefe Bedeutung der gesellschaftlichen Praxis und der aus ihrer Sicht durchzuführenden Experimente unterstreichen. „Experimentell und auf Erfahrung beruhend sind alle Schlußformen, die vom Einzelnen anfangen . . .", schrieb F. ENGELS[15]. Gerade mit der Praxis, mit dem Experiment wird nach seinen Worten dem KANTschen unfaßbaren „Ding an sich" ein Ende bereitet.[16] Eine große Rolle spielt das „Beobachtungsmaterial". Es epuriert Hypothesen, beseitigt die einen und korrigiert die anderen im untersuchten gesetzmäßigen Zusammenhang der Erscheinungen.[17]

Das gesellschaftlich Notwendige „wird" in der menschlichen Tätigkeit, im Experiment, in der Arbeit selbst bewiesen.[18] Hier wird dem Experimentieren gegenüber der empirischen Beobachtung, die das gesellschaftlich Notwendige allein nicht ausreichend beweisen kann, der Vorrang gegeben. „Post hoc, aber nicht propter hoc"[19] (Nach diesem aber nicht wegen diesem).

Im Anti-Dühring nennt ENGELS den Versuch R. OWENS, der im Jahre 1839 die kommunistische Kolonie von Harmony Hal in Hampshire schuf, ein kommunistisches Musterexperiment.[20] MARX und ENGELS sahen das Verdienst der großen utopischen Sozialisten R. OWEN und CH. FOURIER nicht nur in der Propagierung der Idee des Kommunismus, sondern auch in ihren Versuchen, Beispiele des fortschrittlichsten gesellschaftlichen Aufbaus zu schaffen. Diese Versuche waren für die Herausbildung der Theorie des wissenschaftlichen Sozialismus zweifellos bedeutsam.

Die Begründung der prinzipiellen Möglichkeit und Notwendigkeit staatlich-rechtlicher Experimente muß unter Berücksichtigung der Gesetzmäßigkeiten der sozialistischen Gesellschaft und ihres Staatsaufbaus erfolgen. Der sozialistische Staat, Produkt des Schöpfertums der werktätigen Klassen, ist selbst eine schöpferisch-organisierende Kraft, die völlig neue Aufgaben auf bisher unbeschrittenen Wegen lösen muß. Das erfordert, verschiedene Lösungsvarianten von Problemen des sozialistischen Aufbaus praktisch zu erproben. Und das schließt wiederum ein, soziale Experimente auf verschiedenen Gebieten des gesellschaftlichen Lebens, darunter auch auf dem Gebiet des Staates und des Rechts, durchzuführen.

LENIN betonte, diejenigen, die den Kapitalismus besiegen wollen, müssen Ausdauer genug haben, um Hunderte und Tausende neuer Methoden, Verfahren und Kampfmittel auszuprobieren, um die geeignetsten auswählen zu können.

LENIN sagte, es sei unmöglich, sofort neue Formen des gesellschaftlichen Lebens zu schaffen: „Wenn auf diesem Gebiet Experimente gemacht werden, wenn wir oftmals Teilfehler berichtigen müssen, so ist das unvermeidlich."[21] Er trat energisch gegen unüberlegte, übereilig vorgenommene Reorganisierung sowie gegen Überorganisierung zum Nachteil der praktischen Tätigkeit auf.[22]

Alle diese Hinweise müssen berücksichtigt werden, will man einschätzen, ob das Experiment zur Untersuchung staatlich-rechtlicher Erscheinungen anwendbar und effektiv ist. Dabei wird die Einführung quantitativer Messungen in die Rechtswissenschaft, perspektivisch gesehen, die Grundlage für wirksame Rechtsexperimente günstig beeinflussen.

Es ist angebracht, darauf hinzuweisen, daß die bourgeoise Wirklichkeit, insbesondere die Spontanität sowie die fehlenden Grundlagen für eine planmäßige Entwicklung der Gesellschaft, keinen Anlaß zu optimistischen Schlußfolgerungen bezüglich der Rolle des sozialen Experiments gab. Die konservative Konzeption vom Staat als „Nachtwächter" wirkte bei der Suche nach dynamischen staatlich-rechtlichen Formen nicht stimulierend. Sie begrenzte die Erfahrungen auf den Rahmen der „konservierenden" Tätigkeit. Ebenso spielte u. E. die idealistische philosophische Grundposition eine bestimmte Rolle bei der negativen Einschätzung des sozialen Experiments. Einigen idealistischen Konzeptionen entsprechend, beschäftigt sich die Philosophie nicht mit Tatsachen, sondern mit Begriffen, die gewissermaßen als allgemeines Wesen alles Existierenden dargestellt werden. Folglich können ihre Ergebnisse, im Unterschied zu anderen Wissenschaften, nicht durch die Resultate von Beobachtungen und Experimenten bestätigt und, was noch wesentlicher ist, auch nicht widerlegt werden. Die gnoseologischen Wurzeln der Ablehnung des Experiments in den Gesellschaftswissenschaften zeigen sich auch in einer einseitigen Hypertrophierung bestimmter Seiten des Experiments. Der Begründer der experimentellen Wissenschaft, FRANCIS BACON, betrachtete das Experiment nur als Mittel der wissenschaftlichen Erkenntnis, jedoch nicht als besondere Form der Praxis. Dabei ging er davon aus, daß sich die wissenschaftliche Erkenntnis allgemein außerhalb der Praxis verwirklicht. Einige Philosophen und Juristen übernehmen die klassische Definition des Experiments, ohne die neuesten Erkenntnisse zu berücksichtigen.

Das Experiment ist seiner Natur nach eine „kontrollierte Veränderung natürlicher und gesellschaftlicher Objekte und Prozesse, wobei der Forscher als Experimentator auf Grund bestimmter Erkenntnisse natürliche bzw. gesellschaftliche Bedingungen bewußt in ein ausgewähltes System setzt und variiert sowie bedingte Veränderungen und Ereignisse beobachtet“[23].

Die experimentelle Methode bei der Untersuchung staatlich-rechtlicher Erscheinungen vereinigt in sich:

a) das Aufstellen einer Rechtshypothese,
b) Maßnahmen zu ihrer Überprüfung,
c) die wissenschaftliche Kontrolle der Versuche,
d) die Analyse der Resultate und die Ausarbeitung der notwendigen Empfehlungen.

Jede planmäßig vorgenommene Untersuchung setzt eine oder mehrere hypothetische Annahmen voraus. Die experimentelle Hypothese zeichnet sich dadurch aus, daß sie auf Grund von Erscheinungen aufgestellt wird, die in der Wirklichkeit nicht existieren, die jedoch durch den Menschen geschaffen werden können. Deshalb stimmen wir mit V. I. NIKITINSKIJ überein, der die Untersuchung gesellschaftlicher Verhältnisse und die Bestimmung der Effektivität geltender Rechtsnormen der wissenschaftlichen Beobachtung zuordnet. Eine solche Untersuchung dient der Vorbereitung des Experiments.[24] „Die grundlegende Bestimmung des rechtlichen Experiments“, schreibt R. A. SAFAROV, „besteht in der Aufdeckung der optimalen staatlich-rechtlichen Lösung, der adäquaten Widerspiegelung der objektiven Gesetze und Tendenzen des gesellschaftlichen Fortschritts.“[25]

Jede wissenschaftliche Hypothese muß entsprechend vorbereitet sein, ehe sie einer experimentellen Überprüfung unterzogen werden kann. Im Verlauf der wissenschaftlichen Vorbereitung von Experimenten werden jene Hypothesen als Grundlage des Experiments ausgeschlossen, die mit Hilfe anderer Methoden überprüft werden können oder als ungenau erkannt wurden. In diesem Zusammenhang erlangt die enge Zusammenarbeit wissenschaftlicher Kollektive mit Praktikern des Staatsapparates schon bei der Hypothesenbildung für das Experiment eine große Bedeutung. Die Spezifik dieser Arbeit in der Rechtswissenschaft besteht darin, daß die Hypothese des Rechtsexperiments in jenen Rechtsnormen ausgedrückt werden muß, die experimentell erprobt werden soll. Dies verleiht der Hypothesenbildung zweifellos, auch vom Standpunkt der Gesetzgebungstechnik aus betrachtet, eine besondere Bedeutung. Die Überprüfung der Ideen, die mit den geplanten Änderungen der Entwicklungsbedingungen des staatlich-rechtlichen Lebens zusammenhängen, geht immer über das geltende Recht hinaus. Deshalb müssen die Experimentatoren für den Fall, daß sie das Experiment innerhalb von Rechtsverhältnissen durchführen, durch die staatlichen Organe dazu bevollmächtigt werden. Dadurch wird die Gesetzlichkeit aufrechterhalten und eine Auslegung ihrer Handlungen als unrechtmäßig ausgeschlossen.

Die Rechtsgrundlagen für das Experiment können auf verschiedenartige Weise geschaffen werden.[26] Voraussetzung dafür ist, daß die Hypothese den Interessen der herrschenden Klasse entspricht.

Die Hypothesenbildung für das Rechtsexperiment erfordert eine vorbereitende Untersuchung jener gesellschaftlichen Verhältnisse, die als Gegenstand des Experiments fungieren sollen. Der Gegenstand des Experiments selbst muß theoretisch begründet werden.

Das Rechtsexperiment ist mit wichtigen Prozessen des gesellschaftlichen Lebens verbunden. Es kann wesentliche klassenmäßig bedingte Interessen dieser oder jener gesellschaftlichen Verhältnisse berühren. Experimentiert man ohne ausreichende wissenschaftliche Begründung, so besteht die Gefahr, daß die Autorität der Rechtsnorm und das Prinzip der Gesetzlichkeit als wichtiger sozialer Wert verletzt wird.

Der Marxismus-Leninismus betrachtet die Gesellschaft nicht als mechanisches Aggregat von Individuen, die eine beliebige subjektive Veränderung der Gesellschaft vornehmen könnten oder die zufällig entsteht und sich verändert. Ihre Entwicklung ist vergleichbar dem naturhistorischen Prozeß.[27] Die objektiven Grenzen, innerhalb derer man auf staatlich-rechtlichem Gebiet experimentieren kann, sind dadurch gegeben, daß die staatlich-rechtlichen Beziehungen objektiv durch die ökonomische Basis der Gesellschaft determiniert sind und die staatlichen Organe als Organisator des Experiments auftreten, deren Tätigkeit ebenso von entsprechenden ökonomischen Beziehungen und dem Wesen des Staates bestimmt wird.

Einige bürgerliche Soziologen neigen dazu, in jedem historischen Ereignis ein Experiment zu sehen, und betrachten die Geschichte somit in gewisser Weise als experimentelles Laboratorium.[28] Derartige Behauptungen sind wissenschaftlich unhaltbar. Hier wird die gesellschaftlich-historische Praxis stark mit dem Experiment vermischt. In Wirklichkeit wird das Experiment mit einer bestimmten, wissenschaftlich begründeten Zweckmäßigkeit durchgeführt. Man kann es durchführen oder auch nicht, man kann in jedem beliebigen Stadium das Experiment abbrechen und wieder neu beginnen. Dagegen geht ein geschichtliches Ereignis, wie z. B. eine soziale Revolution, nicht in diesem Sinne vor sich. Marx und Engels bezeichneten die Blanquisten, Bakunisten und andere als „Alchimisten der Revolution“[29], da sie in ihren Losungen zur sofortigen Revolution aufriefen. Das Gegenteil ist jedoch der Fall. Jede soziale Revolution ist vom Standpunkt des geltenden Rechts und seiner Zielstellung „gegen das Gesetz“, gegen die bestehende staatliche Macht gerichtet. Dadurch werden die Möglichkeiten des Experimentierens mit all jenen staatlich-rechtlichen Erscheinungen ausgeschlossen, die sich historisch herausbilden und entwickeln, die insbesondere durch die Wechselbeziehungen der Klassenkräfte und -interessen bestimmt sind.

Bei einigen staatlich-rechtlichen Erscheinungen ist es auf Grund ihrer Spezifik nicht möglich, die experimentelle Methode anzuwenden. Etwa dann, wenn diese Erscheinungen mit der breiten Teilnahme der Bürger verbunden sind. Es wäre z. B. eine Farce, wollte man ein Experiment von der Qualität eines Volksentscheids zur Annahme eines Gesetzes durchführen.

Als Gegenstände und Gebiete des Rechtsexperiments können u. a. genannt werden:

a) die Vervollkommnung der Organisation, Struktur und Arbeitsmethoden einiger Staatsorgane;
b) die Form der Einbeziehung der Massen in die Arbeit des Staatsapparates;[30]
c) die Auswahl der optimalen Variante von Inhalt und Form einiger Normativakte;
d) die Auswahl der Methoden für die Garantien der Rechtsverwirklichung;
e) die Bestimmung der Hypothesen und Sanktionen einiger Rechtsnormen.

Das Experiment auf staatlich-rechtlichem Gebiet ist eine bewußte Änderung in der Rechtsordnung. Es wird innerhalb bestehender Rechtsverhältnisse durchgeführt und verfolgt das Ziel, die Hypothesen bezüglich der Rolle neuer staatlich-rechtlicher Formen bei der Entwicklung entsprechender gesellschaftlicher Verhältnisse zu überprüfen. Die Änderung in der Rechtsordnung kann sich in der Schaffung völlig neuer staatlich-rechtlicher Institute, in der Ergänzung oder Veränderung bestehender rechtlicher Regelungen äußern. Der aktiv-umgestaltende Charakter der experimentellen Tätigkeit unterscheidet sie letztlich von der Beobachtung und anderen Teilmethoden konkret-soziologischer Forschung. Unseres Erachtens liegt ein „ex post facto experiment" dann nicht vor, wenn die Kontrolle und Beobachtung zweier oder mehrerer gegensätzlicher Institutionen durchgeführt wird, die sich durch die fortschreitenden Erfahrungen herausgebildet haben, ohne daß ein Experimentator daran teilgenommen hat.

Zuweilen wird das Experiment in unzulässiger Weise mit der „trial and error-Methode" vermengt. Letztere wird in bestimmten Fällen in den Naturwissenschaften angewendet. In der Rechtswissenschaft ist sie unzulässig, denn das Rechtsexperiment darf nicht zum Nachteil der Grundrechte und Interessen der Bürger durchgeführt werden.

Die „trial and error-Methode", mit deren Hilfe man angeblich Veränderungen jeder konkreten Situation untersuchen kann, ist ein Ausdruck des von bürgerlichen Wissenschaftlern verbreiteten Skeptizismus in Fragen der rationalen Erkenntnis des gesellschaftlichen Lebens. Für den Marxisten ist das Experiment entweder ein Mittel der Bestätigung oder der Widerlegung unserer Erkenntnis über die objektiven Gesetzmäßigkeiten der gesellschaftlichen Entwicklung. Es ist aber auch ein Mittel zur Aufdeckung optimaler Handlungsformen im Rahmen der Gesetzmäßigkeiten.

Das Rechtsexperiment zielt auf die Festlegung einer gewissen Zahl von Handlungsparametern und die konkrete Darlegung des gesetzmäßigen Funktionierens bestimmter staatlich-rechtlicher Institutionen ab.

Das Rechtsexperiment von anderen Arten sozialer Experimente abzugrenzen ist schwierig. In der Literatur ist die Meinung einiger Rechtswissenschaftler umstritten, die alle Experimente, die mit einer bestimmten Tätigkeit des Staates oder mit der Annahme von Rechtsnormen verbunden sind, die dieses Experiment begleiten, zu den Rechtsexperimenten zählen.[31] Man muß das Wesen dieser Einwände berücksichtigen, weil es praktisch keinen Bereich der gesellschaftlichen Verhältnisse gibt, der in diesem oder jenem Grad nicht durch das Recht reguliert wird, der sich nicht in irgendeiner Hinsicht unter staatlicher Kontrolle befindet. Deshalb erscheinen die sozialen Experimente häufig als ökonomisch-rechtliche, pädagogisch-rechtliche usw. Dies ist jedoch kein Grund dafür, das eigentliche Rechtsexperiment abzulehnen. Mit ihm werden neue staatlich-rechtliche Institutionen in ihrer Wirkung auf das Bewußtsein und das Handeln der Menschen erprobt. Das eigentliche Rechtsexperiment kann keine Hypothese besitzen, die über den Rahmen der Rechtswissenschaft hinausgeht, und es wird folglich nur mit

Zielen durchgeführt, die ausschließlich von rechtlicher Problematik diktiert werden. Im allgemeinen besteht die Bedeutung des Rechtsexperiments in der Bestimmung der schöpferischen Rolle des Staates und des Rechts bei der Festigung, dem Schutz und der Entwicklung konkreter gesellschaftlicher Verhältnisse.[32]

Die Spezifik des Gegenstandes ermöglicht auch Varianten eines Rechtsexperiments. Es ist z. B. schwierig, sich Lehrexperimente auf dem Gebiet von Staat und Recht vorzustellen. Auf diesem Gebiet gibt es keinen „reinen" Untersuchungsgegenstand. Ein Untersuchungsexperiment findet nicht unter reinen Bedingungen statt. Die wissenschaftliche Untersuchung wird in der Regel durch „schöpferische" Experimente, die als Versuch zur Vervollkommnung der staatlich-rechtlichen Verhältnisse durchgeführt werden, begleitet. In diesem Sinne spielt das Rechtsexperiment als Kriterium keine direkte, primäre, sondern eine indirekte, sekundäre Rolle. Jedoch muß zugleich betont werden, daß sich Forschung und Leitung (die praktische Ausarbeitung des Mechanismus der Leitung sozialer Prozesse) im Rahmen der Aufgaben des Experiments gewöhnlich überschneiden und einander ergänzen. Sowohl hier als auch auf anderen Gebieten unserer Tätigkeit kann der Versuch als grundlegendes und kontrollierendes Rechtsexperiment durchgeführt werden.

Die Möglichkeit eines ungünstigen Einflusses auf das Rechtsbewußtsein der Menschen[33] spricht allerdings dafür, daß Versuchs- und Kontrollexperimente möglichst vermieden werden sollten. Die Methodik der Durchführung grundlegender Experimente muß auf die einmalige und planmäßige Bewährung aller hypothetischen Momente orientiert sein.

Abhängig davon, ob die Struktur staatlich-rechtlicher Institute oder ihre Funktionen beim staatlichen Aufbau oder der Gesetzgebung experimentell erprobt werden können, ist es möglich, experimentelle Varianten auszuwählen. Jede Art von Rechtsexperiment setzt seine Durchführung unter natürlichen (vorgefundenen) Bedingungen voraus. Es ist praktisch unmöglich, alle rechtlichen Beziehungen und Abhängigkeiten der Menschen künstlich zu knüpfen. Im Zusammenhang mit dieser These wird die Perspektive eines sogenannten rechtlichen „Modell"-Experiments nicht geleugnet. Einige Wissenschaftler verbinden damit die Zukunft der Gesellschaftswissenschaften. „Die Bedeutung der Modellierung sozialer Prozesse", schreibt E. A. Arab-Ogly, „besteht außerdem darin, daß sie der Gesellschaftswissenschaft gestattet, sich zeitweilig dem Experimentieren in großem Maßstab zuzuwenden.

In nächster Zukunft werden elektronische Rechner auch in den Händen der Soziologen, analog zur unverminderten Bedeutung der Abstraktion, eine solche große Rolle spielen, wie das Teleskop in der Astronomie, das Mikroskop in der Biologie oder das Zyklotron in der Physik."[34]

Sowohl die Kontrolle als auch die Information über die Resultate des Rechtsexperiments werden durch die natürlichen Voraussetzungen der Durchführung des Rechtsexperiments immer komplizierter. Besonders kompliziert ist es, die Einwirkung des experimentellen Faktors auf die gesellschaftlichen Verhältnisse aufzudecken, weil dieser Faktor in der Regel mit einer ganzen Reihe nichtrechtlicher Faktoren verbunden ist. Es ist leichter, Versuche durchzuführen, wenn zu Beginn alle Verhältnisse, die auf den Verlauf des Experiments einwirken oder seinem Einfluß unterliegen, sorgfältig studiert und kontrolliert werden.

Die Kontrollmaßnahmen werden mit Hilfe bekannter Methoden der konkret-soziologischen Forschung — Beobachtung, statistische Analyse, Interview, Fragebogen u. a. —

unternommen. Das System der wissenschaftlichen Kontrolle soll u. E. rechtzeitig ausgearbeitet werden und als Anlage zur Begründung des Experiments denjenigen Organen vorgelegt werden, die die Durchführung des Experiments genehmigen. Dabei stehen die Interessen der sozialistischen Gesetzlichkeit im Vordergrund. Insofern ist es seitens der Organe der Staatsanwaltschaft möglich, unter Berücksichtigung des durchzuführenden Experiments besondere Formen der Kontrolle zu fordern.

Die Analyse der Resultate und die Vorbereitung der notwendigen Empfehlungen werden durch die nötige Auswahl und Vorbereitung des Gegenstandes des Experimentierens erleichtert. Dies geschieht, indem bei dieser Auswahl und Vorbereitung des Gegenstandes alle seine Eigenschaften und die Grundlagen der Versuchsorganisation vom Standpunkt der Repräsentanz sowie die entsprechenden Mittel der wissenschaftlichen Kontrolle der Hypothesensysteme des Experiments berücksichtigt werden.

Werden die Resultate naturwissenschaftlicher Experimente ausreichend in wissenschaftlichen Publikationen voröffentlicht und neue Schlußfolgerungen in Einrichtungen des Patentwesens hinterlegt, so ist es beim Rechtsexperiment, weil es in der Regel ein „schöpferisches“ Experiment darstellt, notwendig, die Schlußfolgerungen in der Regel in einem entsprechenden neuen Rechtsakt zu fixieren.

Der Experimentator und das Organ, welches das Experiment sanktioniert, sind nicht immer identisch. Die Experimentatoren sind deshalb an die Empfehlungen der Organe gebunden, die ihnen die Berechtigung für die Durchführung des Experiments geben und die in diesem Sinne die Kontrolle über das Experiment ausüben. Die Empfehlungen der Experimentatoren sind davon abhängig, welche positiven oder negativen Resultate der durchgeführte Versuch aufweist. Zwei Aspekte sind dabei zu unterscheiden:

1. Die Resultate des Experiments sind positiv,

a) es ist zweckmäßig, überall die durch das Experiment gewonnenen Ergebnisse zu verallgemeinern;
b) es ist notwendig, Mängel in der rechtlichen Regelung zu beseitigen (z. B. Lücken zu schließen;
c) es ist erforderlich, die geltende Gesetzgebung zu ändern.

2. Die Resultate des Experiments sind negativ,

a) die Verbreitung der durch das Experiment gewonnenen Ergebnisse ist unzweckmäßig;
b) die Verbreitung der durch das Experiment gewonnenen Ergebnisse ist zukünftig nur bei der Schaffung entsprechender Bedingungen im Zusammenhang mit naturhistorischen Änderungen der gesellschaftlichen Verhältnisse möglich;
c) es besteht der Bedarf, andere Formen des Experiments anzuwenden.

Bei negativen Versuchsergebnissen ist dem Experimentator die Einstellung des Experiments unschwer zu begründen. Handelt es sich um die Einführung positiver Empfehlungen, so ist diese Einführung an das Recht zur Gesetzesinitiative bzw. an die Rechtsetzungsbefugnis der rechtsetzenden Organe gebunden.

Anmerkungen

1 Vgl. RYVKINA, R. V./VINOKUR, A. V., Das soziale Experiment, Novosibirsk 1968, S. 18—19.

2 Vgl. z. B. RYVKINA, R. V./ČAPLIK, V., Über die entscheidende Bedeutung der Verallgemeinerung der fortgeschrittenen Erfahrung und der Möglichkeit des sozialen Experiments, in: Filosofskie Nauki, 3/1961; IONAS, B., Über ökonomische Experimente, in: Kommunist,

9/1962; KOPNIN, P., Theorie und Experiment in der modernen Wissenschaft, in: Političeskoe samoobrazovanie, 10/1963; ŠUMILIN, A., Gesellschaftliche Praxis und Experiment, in: Političeskoe samoobrazovanie, 11/1963; RYVKINA, R. V., Rolle und Bedeutung des Experiments in den Gesellschaftswissenschaften, in: Voprosy filosofii, 5/1964; KONSTANTINOV, F./KELLE, V., Historischer Materialismus — marxistische Soziologie, in: Kommunist, 1/1965; ČESNOKOV, D., Angewandte Sozialforschung und Gesellschaftswissenschaft, in: Političeskoe samoobrazovanie, 1/1965; DOBRIJANOV, V., Wesen und Bedeutung des sozialen Experiments, in: Političeskoe samoobrazovanie, 3/1965; KEJZEROV, N. M., Soziales Experiment als Methode soziologischer Forschung, in: Versuch und Methodik soziologischer Forschung, Moskau 1965; RYVKINA, R. V./VINOKUR, A. V., Das soziale Experiment, a. a. O.; IVLEVA, L. A./SIVOKOŃ, P. E., Das soziale Experiment und seine methodologischen Grundlagen, Moskau 1970; KUPRIJAN, A. P., Methodologische Probleme des sozialen Experiments, Moskau 1971; PARTHEY, H./WAHL, D., Die experimentelle Methode in Natur- und Gesellschaftswissenschaften, Berlin 1966.

3 Hier und folgend wird der Terminus „Rechtsexperiment" im weiteren Sinne des Wortes verwendet, darunter auch der Versuch in der eigentlich staatlichen Sphäre. Der Autor geht dabei von der marxistischen Erkenntnis der untrennbaren Einheit von Staat und Recht aus.

4 Ausführlich über Inhalt und Ziele der bürgerlichen experimentellen Rechtswissenschaft vgl. IVANENKO, O. F., Die Rechtsideologie der amerikanischen Bourgeoisie, Kasan 1966, S. 61 bis 74.

5 Vgl. SAFAROV, R. A., Das soziale Experiment und Probleme des Staates und des Rechts, in: Sovetskoe gosudarstvo i pravo, 10/1964, S. 16—19; GOLOVKO, A. A., Das wissenschaftliche Experiment im Staatsaufbau (aus Materialien der Geschichte der Belorussischen SSR), in: Sovetskoe gosudarstvo i pravo, 11/1966, S. 97—99.

6 In dieser Arbeit sollen nicht die neuesten Praktiken bei der Durchführung von Experimenten auf dem Gebiet von Staat und Recht analysiert werden. Dennoch hat der Autor in seinen theoretischen Schlußfolgerungen Ergebnisse der Durchführung von Experimenten sowie die Einschätzungen dieser Versuche von sowjetischen Wissenschaftlern berücksichtigt (vgl. z. B. KOZYŔ, M. I., Die rechtliche Regulierung staatlich-landwirtschaftlicher Produktionsbeziehungen, in: Sovetskoe gosudarstvo i pravo, 3/1965, S. 36; NOJ, I. S., Über das Experiment als eine Methode des sowjetischen Besserungsarbeitsrechts, in: Materialien der Konferenz über Ergebnisse wissenschaftlicher Forschungsarbeiten von 1963—1964, Saratov 1965; ŠMAROV, I. V., Das soziologische Experiment in der Praxis der Besserungsarbeitseinrichtungen, in: Sovetskoe gosudarstvo i pravo, 10/1966; NIKITINSKIJ, V. I., Die Effektivität der Normen des Arbeitsrechts, Moskau 1971, S. 210—245).

7 Vgl. z. B. SAJDLER, G. M., Die juristischen Doktrinen des Imperialismus, Moskau 1959, S. 129—130; RUTKEVIČ, M. N., Die Praxis als Kriterium der Wahrheit des Wissens, in: Die Praxis — Kriterium der Wahrheit in der Wissenschaft, Moskau 1960, S. 30; ANDREEV, I. D., Über Methoden der wissenschaftlichen Erkenntnis, Moskau 1964, S. 143, 148; STAROŚCJAK, E., Elemente der wissenschaftlichen Leitung, Moskau 1965, S. 53f.

8 Vgl. ŠARGORODSKIJ, M. D., Recht und objektive Gesetze des gesellschaftlichen Lebens, in: Pravovedenie, 5/1972, S. 98.

9 Vgl. PLECHANOV, G. V., Gesammelte Werke, Bd. 1. Moskau, S. 252.

10 Vgl. z. B. DAVYDOVA, G. A., Was bedeutet Abstraktes und Konkretes, in: Voprosy filosofii, 6/1964.

11 Marx, K./Engels, F., Werke, Bd. 23, Berlin 1974, S. 12.

12 Ebenda.

13 Das bedeutet jedoch nicht, daß das Experiment alltägliche praktische Tätigkeit ist, Element der rationalen Erkenntnis. Über die Wechselwirkung von Experimentellem und Rationellem im Experiment und dessen Beteiligung in allen Formen des logischen Denkens vgl. z. B. GIRGINOV, G., Gnoseologische Probleme in der Wissenschaft, Sofia 1966, S. 339—340.

14 Ivleva, L. A./Sivokon, P. E., Das soziale Experiment und seine methodologischen Grundlagen, a. a. O., S. 5/6.
15 Marx, K./Engels, F., Werke, Bd. 20, Berlin 1975, S. 495.
16 Marx, K./Engels, F., Werke, Bd. 21, Berlin 1973, S. 276.
17 Marx, K./Engels, F., Werke, Bd. 20, Berlin 1975, S. 507.
18 Ebenda, S. 497.
19 Ebenda.
20 Ebenda, S. 247.
21 Lenin, W. I., Werke, Bd. 27, Berlin 1960, S. 409.
22 Vgl. Lenin, W. I., Briefe. Bd. IX, Berlin 1974, S. 134—136.
23 Parthey, H./Wahl, D., Die experimentelle Methode in Natur- und Gesellschaftswissenschaften, a. a. O., S. 12/13.
24 Vgl. Nikitinskij, V. I., Die Bedeutung des Experiments in der Rechtsschöpfung, in: Sovetskoe gosudarstvo i pravo. 6/1967, S. 28.
25 Safarov, R. A., Das soziale Experiment und Probleme des Staates und des Rechts, in: Sovetskoe gosudatstvo i pravo, 10/1964, S. 15. Das ist nicht so zu verstehen, als wäre das Experiment das einzige Mittel, um die optimalen staatlich-rechtlichen Formen zu finden. Die prognostische Hypothese muß sich sowohl auf die Beobachtung als auch auf andere Methoden der formalen und soziologischen Analyse stützen.
26 Vgl. Lazarev, V. V., Zur Frage des Begriffes und der Grenzen des Experiments auf staatlich-rechtlichem Gebiet, in: Pravovedenie, 1/1966, S. 18.
27 Vgl. Marx, K./Engels, F., Werke, Bd. 23, a. a. O., S. 16; Lenin, W. I., Werke, Bd. 1, Berlin 1968, S. 133.
28 So schlug der englische Historiker St. Casson vor, die Geschichte als Laboratorium der experimentierenden Zivilisation zu bezeichnen (Casson, St., Progress and catastrophe. An anatomy of human adventure, London-Hamilton 1937, S. 114).
29 Marx, K./Engels, F., Werke, Bd. 7, Berlin 1960, S. 273.
30 Vgl. Pertcik, V. A., Probleme der örtlichen Selbstverwaltung in der UdSSR, in: Abhandlungen der Irkutsker Universität, Bd. XXXII, Teil II, 1963, S. 297, 299; Pertcik, V. A., Die Bedeutung des staatlich-rechtlichen Experiments für die Bestimmung der geeignetsten Form der örtlichen Selbstverwaltung, in: Kurze Mitteilung und Beiträge über wissenschaftliche Forschungsarbeit seit 1962, 1965, S. 49—51.
31 Vgl. Ryvkina, R. V./Vinokur, A. V., Das soziale Experiment a. a. O., S. 116—118.
32 Ausführlich dazu: Lazarev, V. V., Zum Begriff des rechtlichen Experiments in der konkretsoziologischen Forschung, in: Bilanz der wissenschaftlichen Konferenz der Kasaner Universität von 1964 (Kurze Inhaltsangabe der Beiträge), Kasan 1966, S. 80—81.
33 Man muß sich damit einverstanden erklären, daß das Experiment in einer bestimmten Situation Probleme der Moralordnung berührt. „Der Effekt des rückwirkenden Kontakts, die komplizierten Verfahren, die für die Durchführung des Experiments erforderlich sind, können den üblichen Zustand des zu untersuchenden Milieus verletzen" (Pinto, R./Grawitz, M., Die Methoden der Sozialwissenschaften, Moskau 1972, S. 558).
34 Arab-Ogly, E. A., Modellierung in der Soziologie, in: Sozialforschung, Moskau 1965, S. 89; vgl. ebenso Stefanov, N., Theorie und Methode in den Gesellschaftswissenschaften, Moskau 1967, S. 240—241.

A. A. Ejsman

Logische und semantische Untersuchungen auf dem Gebiet des Rechts

Logische und logisch-semantische Untersuchungen sowie die logisch-mathematische Modellierung werden im Recht in immer stärkerem Maße angewandt.

Dabei werden sowohl das Recht als auch die praktische Tätigkeit, die es regelt, analysiert. Die Erforschung der Struktur und der Funktionen des Rechts mit logischen Mitteln erfolgt letztlich mit dem Ziel, die Tätigkeit der rechtsanwendenden Organe zu verbessern. Wenden wir uns zuerst einigen Fragen der logisch-semantischen Erforschung des Rechts zu.

Neben der inhaltlichen Seite, die bestimmend ist, besitzt das Recht auch eine bestimmte Form, insbesondere eine sprachliche Form, und eine damit zusammenhängende logische Struktur. Im Konspekt zu Hegels „Wissenschaft der Logik" hob W. I. Lenin hervor: „Die Form ist wesentlich. Das Wesen ist formiert."[1]

Die Sprache ist die Form, mit deren Hilfe die Rechtsvorschriften formuliert und mitgeteilt werden. Im Unterschied zur Sprache zum Beispiel technischer Befehle hat die Sprache des Rechts außer allgemeinen auch spezifische Aufgaben zu erfüllen. Sie ist auf die moralisch-politische Erziehung des Volkes gerichtet und muß, nach unserer Meinung, den ästhetischen Anforderungen des allgemeinen sprachlichen Umgangs der Menschen dienen.[2]

In der bürgerlichen idealistischen Philosophie wird die Erforschung der Sprache und der Logik nicht selten zum Selbstzweck.[3] Die sozialistische Rechtswissenschaft hat eine ganz andere Aufgabe. Sie muß die modernen Mittel der Logik und Semiotik nutzen, um die Sprache und die Struktur des Gesetzes, aber auch um das gesamte System der Rechtsanwendung zu vervollkommnen. Die ersten Forschungen, die unmittelbar die Sprache des Rechts untersuchten, wurden in unserem Lande Anfang der 60er Jahre durchgeführt.[4] Später wurden diese Untersuchungen von Mitarbeitern des Zentralen Wissenschaftlichen Forschungsinstituts für gerichtliche Gutachten vorgenommen.[5]

Sprachuntersuchungen des Rechts sind heute u. a. notwendig, um automatisierte Dokumentations- und Informationssysteme auf dem Gebiet des Rechts zu schaffen, denn ohne eine logisch-sprachliche Vorbereitung ist es unmöglich, automatisierte Leitungssysteme (ASU) im Bereich des Rechts einzuführen und anzuwenden.

Dabei zeigte die Erfahrung, daß es notwendig ist, Algorithmen der Rechtsanwendung, z. B. Algorithmen für die strafrechtliche Qualifizierung[6] oder Algorithmen auf anderen Gebieten der Rechtsanwendung[7] zu erarbeiten, um die Sprache und die Struktur von

Rechtsnormen zu untersuchen und zu präzisieren. Auch in diesem Fall erfolgt zuerst die logisch-semantische Analyse der Rechtsmaterie. Zur Vervollkommnung der Gesetzgebungs- und Kodifikationstechnik sind Sprachuntersuchungen wichtig, z. B. um Methoden zu entwickeln, die eine präzise und effektive Kontrolle der inneren Übereinstimmung des normativen Textes, der Genauigkeit und Eindeutigkeit der Sprache von Rechtsnormen ermöglichen.

Der erste Schritt, um automatisierte Leitungssysteme für das Recht nutzbar zu machen, ist die Formalisierung der Rechtsmaterie, ihre Analyse und Systematisierung mit den Mitteln der Logik und Semiotik. Die Erforschung der Sprache und der Struktur des Gesetzes mit diesen Mitteln ist nicht nur wichtig, um die EDV und andere Formen der Automatisierung und der Technik ausnutzen zu können. Sie ist für Theorie und Praxis nützlich, und zwar als eine neue Etappe der sogenannten logischen Methode der Erforschung des Rechts. Sie bildet die Grundlage für die wissenschaftliche Interpretation des Gesetzes und trägt dazu bei, die Rechtssetzung in jeder Entwicklungsetappe zu vervollkommnen.

Manchmal wird die Meinung geäußert, das Recht vertrage seiner Natur wegen keine exakten Regelungen, seine Sprache müsse unklar und unbestimmt sein, die Forderung nach sprachlicher Präzision sei für das Recht unangebracht. Eine solche Auffassung wird durch die Ergebnisse jener wenigen Untersuchungen widerlegt, die auf diesem Gebiet bereits durchgeführt wurden. Diese Untersuchungen zeigen, daß sprachliche und strukturelle Mängel des Rechts einen besonderen Charakter haben und daß ihre Zahl gering ist. Die Forderung, sie auszumerzen, ist erfüllbar. Deshalb kann die weitere Existenz derartiger Fehler um so weniger geduldet werden. Ist es etwa gerechtfertigt, daß z. B. im Text des Strafgesetzbuches der Begriff „Geringfügigkeit“ in unterschiedlichem Sinne verwendet wird? Nämlich einmal im Sinne des Nichtvorliegens einer Straftat (Art. 7 des StGB der RSFSR), und zum anderen im Sinne der Möglichkeit der Befreiung von der strafrechtlichen Verantwortlichkeit bei einer geringfügigen Straftat (Artikel 51 StGB der RSFSR).

Die sich im Untersuchungsverlauf zeigenden einzelnen logischen Unstimmigkeiten oder sprachlichen Ungenauigkeiten weisen auf Fragen hin, die durch unsere Theorie ungenügend ausgearbeitet sind und folglich besondere Aufmerksamkeit erfordern. So war es bei der Formalisierung des Begriffs „Straftatbestand“ schwierig, den Umfang und die Merkmale eines solch wichtigen Begriffs wie „Gesellschaftsgefährlichkeit“ zu bestimmen. Für die Verfahren, die mit der Anwendung automatisierter Systeme und der Rechentechnik verbunden sind, braucht man unbedingt ein vollständiges und genaues Verzeichnis aller Bedingungen, unter denen die strafrechtliche Verantwortlichkeit eintritt. Dazu ist es notwendig, die Merkmale nach ihrem Allgemeinheitsgrad zu ordnen und die Grundlagen der Verantwortlichkeit, ihre äußeren Voraussetzungen und ihre quantitativen Kennziffern hervorzuheben.

Mit Hilfe der Analyse war es leicht, aus dem unmittelbaren Text des Strafgesetzes drei entsprechende Gruppen von Merkmalen abzugrenzen und sie durch ein geordnetes Symbolsystem darzustellen. Man stellte drei Formeln (Matrizen) auf: die Matrix der Grundlagen der strafrechtlichen Verantwortlichkeit, die Matrix der Voraussetzungen und die Matrix der Quantifizierung. Auf die gleiche Weise ist es gelungen, Regeln der Umwandlung der allgemeinen Matrizen (sozusagen der „Rohform“) in Arbeitsregeln auszuarbeiten, die auf jeden konkreten Straftatbestand des besonderen Teils des Strafgesetzbuches der RSFSR angewendet werden können. Ebenso wurde der Begriff „Beweisgegenstand“ im Strafprozeßrecht analysiert. Es ist nicht schwierig, aus dem Inhalt einer Reihe von Artikeln der Strafprozeßordnung (z. B. Artikel 2, 3, 5, 131, 158, 205, 303, 313, 314 u. a.) ein Verzeichnis der Merkmale dieses Begriffs zusammenzustellen. Aber die allgemeine Bestimmung des „Beweisgegenstandes“ im Artikel 68 der Strafprozeßordnung, die in verallgemeinerter Form all diese Vielfalt widerspiegeln muß, entspricht nur ungenügend ihrem Zweck. Bei der Interpretation jedes verallgemeinerten Elementes dieses Artikels entstehen Schwierigkeiten und unvermeidliche Diskussionen. Höhere Anforderungen an die logisch-sprachliche Struktur des Rechts sind nicht nur wichtig, um die Anwendung der Automatisierung und Rechentechnik vorzubereiten; sie heben auch die Rechtskultur der sozialistischen Gesellschaft.

Die Erforschung der Sprache und der Struktur des Rechts muß komplex angelegt werden, also nicht im Rahmen eines, sondern einiger miteinander verbundener Rechtszweige. Beispielsweise war es bei gleichzeitiger Formalisierung des Begriffs „Straftatbestand“ im Strafrecht und des Begriffs „Beweisgegenstand“ im Strafprozeßrecht schwierig, solche Begriffe wie „Schuld“ und „Verantwortlichkeit“ zu „koppeln“. Diese Begriffe haben in solchen eng miteinander verbundenen Rechtszweigen einen unterschiedlichen Inhalt und Umfang, obwohl ein und dieselben Menschen sie in ein und derselben Situation anwenden müssen.

Als Beispiel der formalisierten logisch-sprachlichen Analyse des Rechts verweisen wir auf die Ergebnisse der im Allunionsinstitut der Staatsanwaltschaft der UdSSR durchgeführten Untersuchungen einiger prozeßrechtlicher Normen, die sich auf die Einleitung eines Strafverfahrens beziehen.[8] Es wurden nicht alle Artikel des Kapitels VIII der Strafprozeßordnung analysiert, sondern nur jene, die die Bedingungen enthalten, bei deren Vorliegen ein Strafverfahren eingeleitet oder seine Einleitung abgelehnt werden muß bzw. die Sache in die Zuständigkeit der Ermittlungsorgane fällt. So wurden in der Hauptsache die Artikel 112, 113 und 114 der Strafprozeßordnung der RSFSR untersucht.

Nach dem Text des Artikels 112 der StPO ist eine ermächtigte Person beim Vorliegen eines Anlasses (*a*), eines Grundes (*b*) und ihrer Zuständigkeit (*k*) verpflichtet, ein Strafverfahren (*P*) einzuleiten.[9]

Aus diesem Artikel ist nicht unmittelbar erkennbar, ob diese drei Bedingungen hinreichend sind, um ein Strafverfahren einzuleiten (die sprachliche Form führt zu dem Gedanken, daß sie hinreichend sind). Aus Artikel 113 geht nicht hervor, ob nicht auch beim Fehlen einer dieser Bedingungen, z. B. des Anlasses, ein Verfahren eingeleitet werden muß oder ob jede gleichermaßen notwendig ist.

Der Text des Artikels 113 bringt keine Klarheit in dieser Frage, denn in den Worten „in jedem Fall bei Verdacht einer Straftat“ kann der Terminus „Verdacht“ sowohl als das Vorliegen des Anlasses, der Gründe als auch beider Faktoren interpretiert werden.

Wenn wir annehmen, daß jede der Bedingungen notwendig, aber alle gemeinsam hinreichend sind, so ergibt sich

$$(a \land b \land k) \rightarrow P$$

Aus Artikel 113 der StPO wird ersichtlich, daß ohne die Bedingung *b* (Gründe) und *c* (Nichtvorliegen von Umständen, die die Einleitung eines Verfahrens ausschließen usw.) kein Strafverfahren eingeleitet werden kann. Deshalb sind die genannten Bedingungen tatsächlich notwendig. Nun kann die Frage entstehen, ob die Bedingung *a* (Anlaß) unbedingt notwendig ist, weil das Fehlen eines Anlasses im Artikel 113 unter den

Umständen, die zur Ablehnung der Einleitung eines Strafverfahrens führen, nicht erwähnt ist. In Wirklichkeit aber widersprechen sich der Text des Artikels 112 und der des Artikels 113 bezüglich *a* (Anlaß) nicht. Aus dem Fehlen eines Anlasses folgt nicht, daß es abgelehnt werden muß, ein Verfahren einzuleiten, sondern daß seine Einleitung unmöglich ist ($\bar{P}$).

Es erhebt sich die Frage, ob eine Situation denkbar ist,. in der zwar die Gründe, nicht aber ein Anlaß für die Einleitung eines Verfahrens vorhanden sind, d. h. ($\bar{a} \wedge b$). Wenn diese Situation möglich ist, welche Entscheidung muß dann getroffen werden? Das Fehlen einer klaren Antwort auf diese Frage im Text der Artikel 113 und 116 läßt sich offenbar durch das Folgende erklären:[10]

Im Artikel 108 werden unter den Anlässen Anzeigen, Briefe, Mitteilungen, Artikel und dergleichen genannt, aus denen die ermächtigte Person Hinweise erhält, die auf Straftatsmerkmale hindeuten. Unter den Punkten 1—5 sind die „äußeren" Quellen dieser Hinweise aufgezählt. Unter Punkt 6 ist die unmittelbare Feststellung von Anzeichen einer begangenen Straftat durch das Untersuchungsorgan selbst und weiterer solcher Kriterien genannt. Die Ermittlung führt demnach das Organ durch, das auch darüber entscheidet, ob ein Strafverfahren eingeleitet oder abgelehnt wird. Da es bei Vorliegen dieser Kriterien (Gründe) unmöglich ist, anders zu reagieren als bei ihrer Feststellung, erweisen sich beide Begriffe (Anlässe und Gründe) als schwer unterscheidbar. Deshalb identifiziert der Gesetzgeber das Fehlen eines solchen Anlasses wie „unmittelbare Feststellung" mit dem Fehlen eines Grundes.

Wenn unter Punkt 6 des Artikels 108 der StPO die äußere Quelle der Hinweise über Straftatsmerkmale (etwas anderes ist ausgeschlossen, weil der Untersuchungsführer und der Richter die Straftat nicht unmittelbar beobachten können) z. B. allgemein als „Angaben aus anderen Quellen" bezeichnet worden wäre, würde die aufgezeigte Frage gar nicht erst entstanden sein. Fehlt ein Anlaß, würde das bedeuten, daß nichts auf eine Straftat hinweist und daß keine Gründe vorhanden sind, um ein Verfahren einzuleiten oder abzulehnen, d. h., es entsteht eine gewisse „Null"-situation ($\bar{P}$).

Der Text des Artikels 113 der StPO enthält die Umstände (weiter oben durch das Zeichen *c* gekennzeichnet), die es ausschließen, daß ein Strafverfahren durchgeführt wird (Artikel 5). Sollte man nicht gleichfalls die Merkmale des Artikels 6 — wenn infolge der Änderung der Situation die Tat ihren gesellschaftsgefährlichen Charakter verloren hat — mit in den Begriff *c* aufnehmen?

Von der inhaltlichen Seite her ist es durchaus zulässig, eine Situation bis zu dem Zeitpunkt, wo ein Verfahren eingeleitet wird, derart zu beurteilen. Aber Artikel 6 enthält nur das Recht, ein Verfahren einzustellen; über das Recht, die Einleitung eines Verfahrens abzulehnen, sagt er nichts aus. Folgt man den Worten des Gesetzes, so können unter *c* nur die Umstände verstanden werden, die im Artikel 5 genannt sind.

Wenden wir uns nun der Bedingung *k* zu — den Grenzen der Zuständigkeit. Dieser Terminus, ebenfalls im Artikel 3 der StPO enthalten, ist an keiner Stelle definiert. Versuchen wir, ihn indirekt zu bestimmen. Dabei betrachten wir vor allem die Zuständigkeit der Untersuchungsorgane und die örtliche und sachliche Zuständigkeit der Gerichte. Kennzeichnen wir die Zuständigkeit mit *e* und die Nichtzuständigkeit mit —*e*.

Weiter verwenden wir, ausgehend von den Pflichten der Untersuchungsorgane, die im Artikel 119 festgelegt sind, und von den Pflichten des Untersuchungsführers gem. Artikel 132, die darin bestehen, dringende Untersuchungshandlungen im Ermittlungsverfahren durchzuführen, das Zeichen „d^*“ (die Notwendigkeit, dringende Untersuchungshandlungen durchzuführen).[11]

Um mit Gewißheit darüber zu urteilen, ob der Begriff d in K (Kompetenz) eingeschlossen sein muß oder nicht, kann man sich nicht nur auf den Gesetzestext stützen. Deshalb werden wir „e“ einzeln betrachten — als die Zuständigkeit der Untersuchungsorgane und die der Gerichte sowie „d^*“ als die Notwendigkeit, dringende Untersuchungshandlungen vorzunehmen.

Damit ist der allgemeine Begriff K ausgeschlossen. Wir nehmen an, daß „d^*“ der Faktor ist, der die Entscheidung über die Einleitung eines Verfahrens (und andere Entscheidungen, z. B. über den Verzicht der Einleitung) beeinflußt.

Die weitere Untersuchung zeigt, daß die oben betrachteten Zeichen nicht ausreichen, um die Bedingungen für die Einleitung eines Strafverfahrens zu beschreiben. Man muß das Merkmal „$\bar{m}$“ hinzufügen — das Fehlen der Umstände gemäß Artikel 110 der StPO (Geringfügigkeit, wenn der Sachverhalt aufgeklärt ist) — und außerdem das Merkmal „e“ (Zuständigkeit des Untersuchungsorgans oder des Gerichts) oder „e“ und „d^*“ (Notwendigkeit einer dringenden Untersuchungshandlung). Auf diese Weise ist es möglich, die Bedingungen für die Einleitung eines Verfahrens in ihrer endgültigen Form darzustellen:

$$[a \wedge b \wedge \bar{c} \wedge \bar{m} \wedge (e \vee d)] \rightarrow P.$$

In dieser Formel sind die Zeichen, die für die Bedingungen verwendet werden, in der Reihenfolge aufgestellt, in der sie festgestellt werden. Diese Reihenfolge kann nicht willkürlich verändert werden.

Sind die Bedingungen e und d negativ, wird die Sache an die zuständigen Untersuchungsorgane g übergeben und es ergibt sich

$$[(a \wedge b \wedge \bar{c} \wedge \bar{m} \wedge \bar{e} \wedge \bar{d})] \rightarrow g.$$

Wie aus dem Vorhergehenden ersichtlich, ist es nicht schwierig, die Bedingungen für die Einleitung eines Strafverfahrens zu formalisieren. Unabhängig davon, ob man das Zeichen d (Notwendigkeit dringender Untersuchungshandlungen) mit einbezieht oder wegläßt, verändert sich nicht die gesamte Kette der Überlegungen, sondern nur ihr letztes Glied.

Schwierigkeiten bereitete die Formalisierung jener Regeln, die die Ablehnung der Einleitung eines Strafverfahrens betreffen. Gemäß Artikel 113 der StPO muß die Einleitung eines Verfahrens dann abgelehnt werden, wenn die Gründe (b) fehlen. Es entsteht nun folgende Frage: Was geschieht, wenn die ermächtigte Person das Fehlen der Gründe für die Einleitung eines Verfahrens erkannt hat, aber die Einleitung nur wegen der Zuständigkeit des Gerichts bzw. des Untersuchungsorgans oder aus einem anderen Grunde ablehnt? Muß ein Staatsanwalt, Untersuchungsführer oder Richter unabhängig von der Zuständigkeit seines Untersuchungsorgans oder Gerichts die Sache an entsprechende gesellschaftliche Organisationen oder andere Organe übergeben, wenn er feststellt, daß keine Gründe (b) für die Einleitung eines Strafverfahrens vorliegen, aber Hinweise auf administrative oder disziplinarische Verstöße vorhanden sind, oder nicht? Kann in jenen Fällen, in denen sich bis zur Einleitung eines Verfahrens Umstände ergeben haben, die ein Strafverfahren ausschließen (c), jeder Staatsanwalt oder Richter die Einleitung eines solchen Verfahrens ablehnen, oder richtet sich das nach der Zuständigkeit des Untersuchungsorgans (e)?

Wer übergibt die Sache an das Kameradschaftsgericht zwecks Übernahme einer Bürgschaft usw., wenn sich Geringfügigkeit herausgestellt hat, der Sachverhalt aufgeklärt ist und andere Merkmale gemäß Artikel 10 (*m*) vorliegen — jeder Staatsanwalt, Untersuchungsführer, an den sich mit einem entsprechenden Antrag gewandt wurde, oder nur der, welcher zuständig ist? Diese Fragen können zu einer verallgemeinerten Frage zusammengefaßt werden: Welchen Einfluß hat die Zuständigkeit (der Gerichte, der Untersuchungsorgane, die Notwendigkeit dringender Untersuchungen) auf die Entscheidung über die Ablehnung der Einleitung eines Verfahrens und auf die Übergabe der Sache an das zuständige Untersuchungsorgan? § 113 StPO gibt keine direkte Antwort auf die oben gestellten Fragen, da in seinem Text der Begriff der Zuständigkeit fehlt.

Aus dem Text des § 114 ist ersichtlich, daß eine ermächtigte Person, die eine Anzeige oder Mitteilung erhält (d. h., nur wenn ein Anlaß und nicht die eingangs betrachteten ausschließenden Bedingungen, Gründe und Umstände vorliegen), diese an das zuständige Untersuchungsorgan oder Gericht weiterleiten kann, wenn sie kein Strafverfahren einleitet. Auf diesen Überlegungen basierend, d. h. bis hin zur Betrachtung der Frage nach den Gründen, kann natürlich auch die Frage nach der Notwendigkeit dringender Untersuchungshandlungen nicht gelöst werden. So ist es möglich, gestützt auf den Text der Artikel 112, 113 und 114, formal zwei einander widersprechende Systeme von Überlegungen aufzustellen: Um ein Verfahren einzuleiten, muß der Untersuchungsführer, Staatsanwalt usw. zuständig sein, aber die Einleitung eines Verfahrens kann jeder, an den eine Anzeige oder Mitteilung gerichtet wurde usw., unabhängig von seiner Zuständigkeit ablehnen.

Entsprechend dem zweiten System der Überlegungen ist ein Untersuchungsführer, Staatsanwalt oder Richter nicht verpflichtet, Anzeigen und Mitteilungen zur Sache zu prüfen, wenn sie über die Grenzen seiner Zuständigkeit hinausgehen. Aber er kann eine Anzeige oder Mitteilung unverzüglich nach ihrem Eingang an das zuständige Untersuchungsorgan weiterleiten. Das gilt insbesondere dann, wenn unaufschiebbare Untersuchungshandlungen erforderlich sind (insofern es unmöglich ist, bis zur Betrachtung der Gründe darüber zu urteilen).

Die voraufgehende Darstellung weist auf einige Lücken und Ungenauigkeiten der Sprache der normativen Ausdrucksweise, die die Bedingungen für die Ablehnung eines Strafverfahrens gemäß dem geltenden Gesetz regelt, hin.

Von den genannten Überlegungen ausgehend, wurde der Versuch unternommen, die Struktur der Vorschriften zu präzisieren. Diese wurde gegenüber jener Struktur, die unmittelbar aus dem Gesetzestext folgt, kaum verändert; sie wurde nur in dem Maße erweitert und konkretisiert, wie es zur Beseitigung der angeführten Unklarheiten notwendig war. Die entsprechende Struktur wird weiter unten genannt.

Die Kette der Operationen, die zur Einleitung eines Verfahrens (P) führt, sieht so aus:

$$[a \wedge b \wedge \bar{c} \wedge \bar{m} \wedge (e \vee d)] \rightarrow P.$$

Diese Bedingungen für die Einleitung eines Verfahrens sind im Gesetzestext genügend klar gekennzeichnet. Aber fehlen die Gründe ($\bar{b}$), so ist die Entscheidung von der Zuständigkeit der Untersuchungsorgane (das ist im Gesetz nicht direkt gesagt) abhängig. Wenn der Ermächtigte nicht zuständig ist, lehnt er die Einleitung des Verfahrens nicht selbst ab, sondern er übergibt die Sache gemäß Art. 114 StPO an das zuständige Untersuchungsorgan:

$$(a \wedge \bar{b} \wedge \bar{e}) \rightarrow g.$$

Wenn er jedoch in der Sache zuständig ist und keine Verwaltungsvergehen und dergleichen (g) vorliegen, muß gem. Art. 113 die Ablehnung erfolgen.

$(a \wedge \bar{b} \wedge e \wedge \bar{g}) \rightarrow f.$

Beim Vorhandensein der Merkmale g kann der Untersuchungsführer die Sache an ein Kameradschaftsgericht u. dgl. übergeben, d. h.

$(a \wedge \bar{b} \wedge e \wedge g) \rightarrow t.$

Muß die Einleitung eines Strafverfahrens von diesem Untersuchungsführer abgelehnt werden? Laut Artikel 112 StPO folgt aus dem Fehlen eines Grundes eindeutig die Ablehnung; daraus ergibt sich:

$(a \wedge \bar{b} \wedge e \wedge g) \rightarrow (f \wedge t),$

obwohl im Absatz 2 des Artikels 113 StPO über eine Ablehnung nichts gesagt ist. Die Wörter „ohne Einleitung des Strafverfahrens“ (Art. 10 StPO) können auch im Sinne eines einfachen Verlaufes ohne Ablehnung verstanden werden.

Wenn ein Anlaß (a) und ein Grund (b) vorliegen, aber Umstände vorhanden sind, die es ausschließen, ein Strafverfahren durchzuführen (Artikel 5) (c), so hängt die Entscheidung wiederum von der Zuständigkeit der Untersuchungsorgane oder des Gerichts ab. Wenn diese Bedingung erfüllt ist (e), so erfolgt die Ablehnung; wenn aber $\bar{e}$ vorliegt, muß die Sache an das zuständige Organ übergeben werden. Anders:

$(a \wedge b \wedge c \wedge e) \rightarrow f;$
$(a \wedge b \wedge c \wedge \bar{e}) \rightarrow g.$

Die Frage nach Verwaltungsverstößen, so wie sie bei b — den Merkmalen der Straftat — gestellt wird, entsteht in dieser Situation nicht.

Es entsteht nun das Problem der Übergabe der Sache an gesellschaftliche Organisationen gemäß den Merkmalen des Artikels 10. Wird im Falle der Übergabe an ein gesellschaftliches Organ die Einleitung eines Strafverfahrens abgelehnt? Aus der Formel $(a \wedge b \wedge \bar{c} \wedge e \wedge m) \rightarrow r$ geht das nicht hervor. Diese Formel enthält ebensowenig ein Element der Ablehnung (die Elemente $\bar{b}$ und c sind nicht enthalten) wie der Text des Artikels 10. Nur allgemeine inhaltliche Erwägungen führen zu dem Gedanken, daß auch in diesem Fall eine Ablehnung erfolgen muß. So ergibt sich aus der Formel: $(r \wedge f)$.

Weiter unten wird die Variante der sprachlichen Darlegung des präzisierten Textes angeführt, welcher logisch berichtigt ist und mit dem Ergebnis der durchgeführten Analyse übereinstimmt.

1. Der Staatsanwalt, der Untersuchungsrichter, das Untersuchungsorgan bzw. das Gericht leiten ein Strafverfahren ein, wenn Anlässe und Gründe dafür vorliegen sowie Umstände, die die Durchführung eines solchen Verfahrens ausschließen, nicht vorhanden sind (Artikel 5 StPO 7).

2. Fehlen die Gründe, um ein Strafverfahren einzuleiten, und sind Umstände vorhanden, die die Durchführung eines Strafverfahrens ausschließen, lehnen der Untersuchungsführer, das Untersuchungsorgan bzw. das Gericht die Einleitung eines Strafverfahrens ab.

3. Sind die Bedingungen vorhanden, die unter Punkt 1 genannt sind, liegen aber Umstände vor, die im Artikel 10 bezeichnet sind, so lehnen der Staatsanwalt, der

Untersuchungsführer, das Untersuchungsorgan bzw. das Gericht die Einleitung eines Strafverfahrens ab und übergeben die Sache zur Prüfung an ein Kameradschaftsgericht, an die Kommission für Sachen Minderjähriger oder zwecks Übernahme einer Bürgschaft.

4. Wird die Einleitung eines Strafverfahrens abgelehnt, weil die Gründe fehlen, *und* ergeben sich aus den Unterlagen Hinweise auf Verwaltungs- oder Disziplinarverstöße bzw. andere Verletzungen der öffentlichen Ordnung und der Regeln des sozialistischen Gemeinschaftslebens, so übergeben der Staatsanwalt, der Untersuchungsführer, das Ermittlungsorgan bzw. das Gericht die Sache zur Untersuchung an gesellschaftliche Organisationen, an ein Kollektiv von Werktätigen oder zwecks Prüfung eines Verwaltungs- oder Disziplinarverfahrens.

5. Ein Strafverfahren wird durch den Staatsanwalt, den Untersuchungsführer, das Untersuchungsorgan bzw. das Gericht im Rahmen ihrer Zuständigkeit eingeleitet, wenn dringende Untersuchungshandlungen auch außerhalb dieses Rahmens notwendig sind.

6. Im Rahmen ihrer Zustandigkeit lehnen der Staatsanwalt, der Untersuchungsführer und das Gericht ein Strafverfahren ab, übergeben die Sache an ein Kameradschaftsgericht, an andere gesellschaftliche Organisationen und zur Untersuchung auf dem Verwaltungs- oder Disziplinarweg. In anderen Fällen wird die Sache an das zuständige Organ übergeben.

Im angeführten Beispiel und anderen Untersuchungen dieser Art benutzt man vorläufig einen sehr einfachen logischen Apparat (insbesondere den Aussagenkalkül). In komplizierten Fällen, z. B. wenn Prozesse der gerichtlichen Beweiserhebung untersucht werden, erweisen sich die Mittel der traditionellen Logik als ungenügend.[12]

Die Vertreter der allgemeinen Rechtstheorie betonten mehrmals, es sei notwendig, eine spezielle normative Logik, die deontische Logik, auszunutzen, um solche grundlegenden Begriffe, wie Recht, Pflicht, Verbot usw. zu analysieren. Anfangs bereitete der Einsatz der normativen Logik, insbesondere für die Analyse des Strafprozesses, ernsthafte Schwierigkeiten. Es zeigte sich, daß diese im wesentlichen für Modelle moralischer und sittlicher Aussagen ausgearbeitete Logik nur unzureichend geeignet ist, um das Recht zu untersuchen, z. B. das Strafprozeßrecht mit seinen Begriffen der Vollmacht, mit seiner komplizierten Struktur der Sanktion und anderen Besonderheiten. Das erklärt sich auch daraus, daß die deontische Logik hauptsächlich als Logik der Befehle und der moralischen Wertung erarbeitet wurde, ohne die Spezifik von Rechtsnormen und ihrer Systeme zu berücksichtigen. Um die deontische Logik effektiv bei der Analyse des Rechts anwenden zu können, mußten die Vertreter dieser Wissenschaft (insbesondere A. A. Ivin), die an unserer Untersuchung teilnahmen, einen zusätzlichen logischen Apparat erarbeiten.

Es zeigt sich, daß für das Recht und die Rechtswissenschaft eine wechselseitige Verbindung inhaltlicher und methodologischer mit sprachlichen und logischen Problemen charakteristisch ist. Als Beispiel kann die Ausarbeitung der Prinzipien des Strafprozesses dienen, womit sich die Prozeßrechtler mehr als ein Jahrzehnt beschäftigt haben.

Kommen wir nun zum Wesentlichen — zur Struktur des Strafprozeßrechts, zur Rangfolge seiner grundlegenden Verordnungen, zu logischen Schlußfolgerungen von einzelnen begrenzten Normen auf andere, allgemeinere, zu Umfang, Genauigkeit und Selbständigkeit der Ausgangsverordnung des Systems.

Viele Autoren widmen in letzter Zeit den Rechtsprinzipien ihre Aufmerksamkeit.[13] In der juristischen Literatur wird die Frage erörtert, ob an die Prinzipien des Strafprozesses ebenso strenge logische Forderungen gestellt werden können wie an Axiome oder Postulate der Logik oder eines anderen formalisierten Systems.[14] So umschließt auch hier ein allgemeintheoretisches und methodologisches Problem als besonderes Element das Problem der Sprache und Struktur, welches eine komplexe Lösung erfordert.

Objekte der logischen Analyse und der Modellierung können sowohl das Recht unmittelbar als auch die praktische Tätigkeit, die durch das Gesetz oder dem Gesetz untergeordnete Akte geregelt werden, sein. Unter bestimmten Bedingungen dient die logische Modellierung als Voraussetzung für den Aufbau eines Systems der mathematischen Modellierung, die die quantitativen Merkmale der untersuchten Erscheinungen berücksichtigt.

Betrachten wir das anhand eines Beispiels. Im Ministerium für innere Angelegenheiten der UdSSR wie auch in anderen Organen der staatlichen Leitung vollzieht sich ein Prozeß der Vervollkommnung der Leitungstätigkeit. Um die herangereiften Fragen lösen zu können, wird es immer öfter notwendig, zahlreiche soziologische und andere Untersuchungen durchzuführen und dazu die verschiedenen Methoden der Erkenntnis auszunutzen. Dabei wird die Methode der mathematischen Modellierung angewandt.[15]

In Verwirklichung der programmatischen Darlegungen der kommunistischen Partei über die Liquidierung der Kriminalität und die Beseitigung ihrer Ursachen hat das Ministerium für innere Angelegenheiten der UdSSR Maßnahmen erarbeitet, um den Schutz der öffentlichen Ordnung und den Kampf gegen Straftaten besser zu organisieren. So wurde insbesondere die Aufgabe gestellt, die Abfahrt zum Tatort innerhalb von 4 bis 5 Minuten, nachdem die Mitteilung über die Straftat erfolgte, zu sichern; den Tatort unverzüglich abzusperren; die Kräfte und Mittel in jenen Bezirken, in denen komplizierte Einsatzbedingungen bestehen, rechtzeitig zu konzentrieren; die vorbeugenden Maßnahmen der Miliz auf Straßen und öffentlichen Plätzen maximal auszunutzen.

Für die optimale Lösung dieser Aufgaben wurden im Ministerium für innere Angelegenheiten der UdSSR spezielle Untersuchungen durchgeführt, in denen die logischmathematische Modellierung verschiedenartiger Verfahren der wissenschaftlichen Forschung folgendes umfaßte: die Beobachtung, die Messung, das Experiment, Analyse und Synthese, die Abstraktion, die Extrapolation usw. In struktureller Beziehung umfaßte die Forschung: 1. die Aufgabenstellung, 2. die Auswahl und die Herstellung des Modells, 3. die Untersuchung des Modells, 4. die Übertragung neuer Informationen, die man mit Hilfe des Modells erhalten hat, auf das Original.

Zunächst wurde das logische Modell der optimalen Organisation des Schutzes der öffentlichen Ordnung in einer Stadt, einer Gruppe von Städten und innerhalb des ganzen Landes aufgestellt. Auf dieser Grundlage wurde anschließend ein mathematisches Modell erarbeitet, das es erlaubt, eine quantitative Darstellung der betreffenden Faktoren, und anderer Kennziffern zu geben. Schwierigkeiten traten dabei vor allem durch folgende Umstände auf:

a) die große Mannigfaltigkeit ökonomischer, sozialer, geographischer und anderer Bedingungen in den verschiedenen Städten und Bezirken des Landes (unterschiedliche Fläche, Bebauungsdichte, Stadtbild, Zahl und soziale Zusammensetzung der Bevölkerung. Niveau der Kriminalität und der Verwaltungsrechtsverletzungen usw.);

b) Unterschiede in der zahlenmäßigen Zusammensetzung der Miliz und in ihrer technischen Ausrüstung in verschiedenen Teilen des Landes, die Unterschiede der Formen und Methoden des Schutzes der öffentlichen Ordnung;

c) die Kompliziertheit oder Unmöglichkeit, viele wichtige Merkmale zahlenmäßig bestimmen zu können, die die Tätigkeit der Miliz beim Schutz der öffentlichen Ordnung und im Kampf gegen Straftaten kennzeichnen.

Auf folgende Fragen mußten fundierte Antworten gegeben werden: Wie kann der Schutz der öffentlichen Ordnung am effektivsten organisiert werden, wo und wie sind die Kräfte und technischen Mittel der Miliz optimal auszunutzen? Ohne ein klares mathematisches Modell war es unmöglich, mehr als 600 Kennziffern in logischer und mathematischer Abhängigkeit aufzustellen.

Das Wesentliche der Anwendung der mathematischen Modellierungsmethode zur Lösung der gestellten Aufgaben bestand in folgendem: Erstens wurden die Haupt- und ergänzenden Faktoren ausgewählt, die die Organisation des Schutzes der öffentlichen Ordnung in der einen oder anderen Stadt auf entscheidende Art beeinflussen. Zu den Hauptfaktoren gehören die Einwohnerzahl, die Ausdehnung und das Verhältnis belebter und unbelebter Straßen, die Gesamtzahl der Straftaten und Verwaltungsverstöße in der ganzen Stadt, aber auch aufgegliedert auf belebte und unbelebte Straßen, das Niveau der Rechtsverletzungen in jenem Bezirk des Landes, in welchem die angegebene Stadt liegt. Zu den ergänzenden Faktoren wurden die Ausdehnung der festgelegten Streifenwege verschiedener Polizeiabteilungen, die Anzahl der Schichten in diesen Abteilungen und eine Reihe anderer Faktoren gezählt. Jeder Faktor in dem auszuarbeitenden Modell erhielt seine logische Begründung und seinen Platz im Gesamtsystem. Die Praxis zeigt, daß nur in den Stadtteilen eine größere Konzentration der Milizorgane erforderlich ist, wo sich viele große Handels- und gastronomische Einrichtungen befinden, wo ein starker Verkehrs- und Fußgängerstrom herrscht und wo sich Rechtsverletzungen häufen. Die Untersuchungen zeigten, daß in den meisten Städten das Verhältnis von belebten und unbelebten Straßen ungefähr dem Verhältnis der in diesen Straßen begangenen Rechtsverletzungen entspricht. Gleichzeitig gibt es aber auch Städte mit einem hohen und einem niedrigen Stand von Straftaten und Verwaltungsverstößen im Vergleich zum mittleren Stand in den Städten der ganzen UdSSR.

Wie muß diese Tatsache im zu erarbeitenden Modell widergespiegelt werden? Um diese Frage zu lösen, muß von folgenden Überlegungen ausgegangen werden. Der von der Miliz geführte Kampf gegen Rechtsverletzungen schließt die Festnahme und Zuführung der Rechtsverletzer zur Miliz ein. Dabei muß der Milizionär zeitweilig seinen Posten verlassen. Während dieser Zeit bleibt das entsprechende Gebiet unbeaufsichtigt. Diese Zeit verlängert sich, je mehr Rechtsverletzer festgenommen und der Miliz zugeführt werden. Das hat zur Folge, daß in dem Abschnitt des Territoriums, der eine gewisse Zeit unbewacht bleiben muß, die Effektivität der Aufsicht sinkt. Diese und viele andere Umstände wurden in dem zu erarbeitenden Modell genau berücksichtigt.

Die quantitative Charakteristik erfaßte die aufgezeigten Faktoren. Das war eine der aufwendigsten Arbeiten bei der Untersuchung. Unter Beachtung der unterschiedlichsten Bedingungen, unter denen die Miliz ihren Dienst versieht, wurden die Faktoren quantitativ und differenziert eingeschätzt. Zu diesem Zwecke wurden die Städte nach der Bevölkerungszahl, einem allgemeinen Prinzip der soziologischen Forschung, eingeteilt. Alle Städte wurden in 11 Gruppen mit einer Staffelung von je 10000 Menschen zusammengefaßt, beginnend bei der Gruppe unter 100000. Die Charakteristik der Faktoren erfolgte innerhalb der einzelnen Gruppen hauptsächlich durch die Methode der Ermittlung von Durchschnittsgrößen.

Auf der Grundlage der Faktoren, die eine zahlenmäßige Charakterisierung aufwiesen, wurde das logische Modell der Verteilung der Kräfte und Mittel der Miliz zum Schutze der öffentlichen Ordnung für jede Städtegruppe aufgebaut. Auf der Grundlage dieses logischen Modells wurde das mathematische Modell der optimalen Organisation des Schutzes der öffentlichen Ordnung errichtet, welches die mathematische Abhängigkeit zwischen den Faktoren des logischen Modells widerspiegelt. Die endgültige mathematische Formel in entwickelter Form erfaßt 72 Kennziffern, wobei jede von ihnen als das Produkt von 5 bis 6 Zahlen erscheint. Das mathematische Modell der Organisation des Schutzes der öffentlichen Ordnung und die nach der Formel hergeleiteten entsprechenden Berechnungen erhielten von vornherein Zustimmung und wurden für die Einführung in die praktische Tätigkeit der Organe für innere Angelegenheiten vorgeschlagen.

Anmerkungen

1 LENIN, W. I., Werke, Bd. 38, Berlin 1964, S. 134.
2 Vgl. UŠAKOV, A. A., Studien zur sowjetischen Gesetzgebungsstilistik, Perm 1967.
3 Vgl. z. B.: F. ENGELS und die modernen Probleme der marxistischen Philosophie, Moskau 1971, S. 546ff.
4 Vgl. z. B. KERIMOV, D. A., Über den Dokumentations- und Informationsdienst auf dem Gebiete des Rechts, in: Fragen der Kybernetik und das Recht, Aktuelle Beiträge der Staats- und Rechtswissenschaft, H. 47, Bd. I, Potsdam-Babelsberg 1969, S. 137.
5 Vgl. z. B. GAFINOVA, I. N./IVANOV, V. I./SKRYLEV, M. Z./ŠLJACHOV, A. R., Aktuelle Fragen der Organisation des Dokumentations- und Informationsdienstes auf dem Gebiete des Rechts, in: Rechtskybernetik, Moskau 1970, S. 21.
6 Vgl. KUDRJAVCEV, V. N., Über die Programmierung der Anwendung der Rechtsnormen, in: Fragen der Kybernetik und das Recht, a. a. O., S. 118ff.
7 Vgl. MOSKVIN, S. S., Kybernetik und Rechtsanwendung, in: Rechtskybernetik, a. a. O., S. 31ff.
8 Diese Untersuchungen wurden von A. A. EJSMAN und V. I. KAMINSKAJA geleitet.
9 Es werden folgende Zeichen verwendet:
a — das Vorliegen von Anlässen
b — das Vorliegen von Gründen
c — das Vorliegen von Umständen, die ein Strafverfahren ausschließen (Artikel 5 StPO)
d — die Notwendigkeit der Durchführung dringender Untersuchungshandlungen (Artikel 132 StPO)
m — das Vorliegen der im Artikel 10 genannten Faktoren
e — die örtliche und sachliche Zuständigkeit des Untersuchungsorgans oder des Gerichts
f — die Ablehnung der Einleitung eines Strafverfahrens
g — das Vorliegen von Anhaltspunkten, die auf ein Verwaltungs- oder Disziplinarvergehen oder eine andere Verletzung der öffentlichen Ordnung schließen lassen (Artikel 113 StPO)
q — die Übergabe an das zuständige Untersuchungsorgan oder Gericht (Artikel 114 StPO)
t — die Übergabe an gesellschaftliche Organisationen, Kollektive von Werktätigen oder die Übergabe auf dem Verwaltungs- oder Disziplinarwege (Artikel 113 StPO)
r — die Übergabe an ein Kameradschaftsgericht usw. (Artikel 10 StPO).
10 Im Artikel 116 wird gesagt, daß der Staatsanwalt die Entscheidung des Untersuchungsführers aufhebt und die Einleitung eines Strafverfahrens ablehnt, wenn Anlässe und Gründe dafür fehlen. Dieser Satz ist so zu verstehen, daß das Bindewort „und" zwischen den Wörtern Anlässe und Gründe sowohl als Konjunktion als auch Disjunktion, d. h. als $a \wedge b$ oder als $a \vee b$ ausgelegt werden kann.

11 Es wird sichtbar, daß hierbei jene Handlungen berücksichtigt werden, die nur nach der Einleitung eines Strafverfahrens durchgeführt werden können, jedoch nicht die Untersuchung (Artikel 178).

12 Ausführlicher vgl. EJSMAN, A. A., Die Logik der Beweisführung, Moskau 1972.

13 Vgl. FEFELOV, P. A., Begriff und System der Prinzipien des sowjetischen Strafrechts, Sverdlovsk 1970; DOBROVOL'SKAJA, Die Prinzipien des sowjetischen Strafprozesses, Moskau 1971.

14 Vgl. REZNIK, G. M., Die Bewertung der Beweise im sowjetischen Strafprozeß durch die innere Überzeugung, Autorreferat zur Bewerbung um den wissenschaftlichen Grad Kandidat der Rechtswissenschaft, Moskau 1969.

15 Unter der mathematischen Modellierung wird die allgemein anerkannte Verwendung des Terminus „Modell" verstanden, der die Darstellung eines Untersuchungsobjektes in der Sprache spezieller Zeichen bedeutet.

A. R. Ratinov

Die Anwendung psychologischer Methoden in der sozialrechtlichen Forschung

Für die marxistisch-leninistische Rechtswissenschaft ist die Anwendung psychologischer Forschungsmethoden von großer Bedeutung; besonders notwendig sind psychologische Untersuchungen in der Kriminologie.

Bis vor kurzem konzentrierten sich die meisten Kriminologen jedoch vorwiegend darauf, Faktoren des gesellschaftlichen Seins als Ausgangsdeterminanten menschlichen Verhaltens zu erforschen.[1]

Im Ergebnis der soziologischen Untersuchung der Täterpersönlichkeit gelang es, ein statistisch-demographisches Täterporträt zu schaffen und einige Skizzen zu ausgewählten Tätertypen zu entwerfen.

Zwischen Kriminalität sowie sozialökonomischen und sozialkulturellen Prozessen wurde ein Zusammenhang festgestellt. Allgemeine Wirkungsmechanismen, die zu rechtswidrigem Verhalten führen, wurden weiter erhellt. Um aber unser Wissen auf diesem Gebiet zu vertiefen und den Kampf gegen die Kriminalität zu verbessern, ist es jedoch nötig, in die Psychologie der verschiedenen sozialen Gruppen weiter einzudringen sowie die gesellschaftliche und individuelle Psychologie zu erforschen.

Die Untersuchung der Kriminalitätsursachen und der Täterpersönlichkeit setzt die Lösung der Frage voraus, wodurch sich der Straftäter (russ.: prestupnik — der Übers.) von dem Bürger unterscheidet, der die Rechtsvorschriften einhält und wodurch sich der Rechtsverletzer (russ.: pravonarušitel' — der Übers.) von dem rechtsnormengemäß handelnden Bürger abhebt. Eine Antwort auf diese wichtige kriminologische Frage ist nur möglich, wenn auch psychologische Untersuchungsmethoden angewandt werden.

Das komplexe Herangehen an die Untersuchung der Straftäterpersönlichkeit sowie der subjektiven Ursachen kriminellen Verhaltens bedeutet nicht einfach, eine Summe von Faktoren zu bilden, Daten über verschiedene Eigenschaften anzuhäufen und bestimmte Züge und Charakteristika aufzuzeigen, sondern verlangt, die Täterpersönlichkeit allseitig und systematisch darzustellen. Mit anderen Worten, man muß jenes Ensemble von Bedingungen und Eigenschaften, das wir den *kriminologischen Komplex* nennen, charakterisieren.

Als ein Beispiel für komplexe psychologisch-rechtliche Forschung soll die Untersuchung von jugendlichen Rechtsverletzern dienen, die vom Sektor für Gerichtspsychologie des Allunionsinstituts der Generalstaatsanwaltschaft der UdSSR durchgeführt wurde.[2] Objekt der Untersuchung war eine Population von Jugendlichen zwischen 18 und 21 Jahren. Das ist ein Altersintervall, das bisher unter kriminologischen Aspekten kaum untersucht wurde. Durch eine proportionale Auswahl wurden drei Gruppen von je 250 Personen gebildet:

Erstens Straftäter, die wegen eines Verbrechens 1970 in Moskau verurteilt wurden. Diese Gruppe wurde in drei Kategorien eingeteilt: die Gewinnsüchtigen (Diebstahl, Entwendung), die Gewalttätigen (Angriffe auf die Persönlichkeit) und die Gewinnsüchtig-Gewalttätigen (offener Diebstahl — russ.: grabež. — der Übers. —, Raub).

Zweitens Rechtsverletzer, die wegen einer gesellschaftswidrigen Handlung von den Organen der Miliz erfaßt und außergerichtlich zur Verantwortung gezogen wurden.

Drittens als Kontrollgruppe rechtsnormengemäß handelnde Jugendliche: Arbeiter, Studenten, Soldaten, Helfer der Miliz. Der zuletzt genannte Personenkreis hebt sich als aktiv rechtsnormengemäß handelnde Gruppe von den übrigen ab. Damit steht er in krassem Gegensatz zur aktiv-rechtswidrigen Gruppe der Straftäter.

Dieses Forschungsziel erforderte, ein breites Arsenal von psychologisch-diagnostischen Methoden anzuwenden. Entsprechend der Hypothese von der regulierenden Funktion des Rechtsbewußtseins sowie der Konzeption seiner Struktur[3] wurden Befragungen durchgeführt (Interviews, Fragebogen). Sie dienten:

1. der Feststellung des Wissens von strafrechtlichen Verboten und strafenden Sanktionen;

2. der Überprüfung des Verständnisses für Sinn und Bedeutung der Rechtsinstitutionen auf der Grundlage von Differenzierungen und juristischen Bestimmungen einer Reihe von typischen Straftaten;

3. dem Erkennen der Einstellung zum Recht und seiner praktischen Anwendung, einschließlich der Bewertung der Richtigkeit juristischer Sprichwörter und Redensarten, der Härte der angewandten Strafmaßnahmen, der Motivation rechtmäßigen Verhaltens usw.;

4. der Feststellung moralisch-wertender Beziehungen zum Recht in einer Reihe von typischen kriminellen Situationen. Dabei wurden verbale Reaktionen durch die Auswahl verschiedener Handlungsvariationen aufgezeigt;

5. der Entwicklung einer Bewertungsskala für Quellen der Rechtsinformation;

6. der Feststellung der Selbstbewertung, einschließlich des Begreifens der Unrechtmäßigkeit der begangenen Straftat, ihrer unabwendbaren Aufdeckung und der Gerechtigkeit der Strafe;

7. der Erarbeitung einer Skala, um die Wertorientierungen in den Lebensvorstellungen und Freizeitinteressen der Täter festzustellen.

Außerdem erhielt man aus den Materialien der Strafverfahren sozialdemographische Daten und objektive Kennziffern über das Verhalten der Rechtsverletzer. Vor allem traten zwischen den Straftätern und den Rechtsverletzern der zweiten Gruppe im Vergleich zu jenen der Kontrollgruppe folgende Unterschiede auf:

1. Der Bildungsgrad ist bei Personen mit abweichendem Verhalten bedeutend niedriger;

2. die Lebensorientierungen sind bei Straftätern und Rechtsverletzern der zweiten Gruppe weniger zielgerichtet und in bedeutendem Maße situationsbedingt;

3. die moralischen Erfahrungen der Personen mit abweichendem Verhalten basieren in hohem Grade auf negativen Vorbildern (Grausamkeit, Grobheit, Unredlichkeit, Heuchelei) in ihrer näheren Umgebung;

4. die Freizeitinteressen sind in den abweichenden Gruppen auf Amüsements beschränkt;

5. die Quellen der Rechtsinformation sind bei den Rechtsverletzern in überwiegendem Maße *informelle Kanäle.*

Eine differenzierte Analyse der Resultate in den einzelnen Straftäterkategorien zeigte, daß

— *die Gruppe der Gewinnsüchtigen* in höchstem Grade an die sozialen Bedingungen angepaßt ist und sich wahlweise an den Rechtsverboten orientiert oder nicht;

— *die Gruppe der Gewalttätigen* durch die beschriebenen Charakteristika mehr situationsabhängig und weniger kultiviert erscheint;

— *die Gruppe der Gewinnsüchtig-Gewalttätigen* am weitesten von positiven Orientierungen und geistigen Interessen entfernt ist; sie erwies sich am ehesten bereit, Gewalt anzuwenden und war am wenigsten kultiviert.

Erläutern wir einige Daten, die die dargestellten Hypothesen illustrieren sollen.

In der beschriebenen Untersuchung wurden die allgemeinen Lebensvorstellungen in den verschiedenen Gruppen analysiert. Als Indikatoren für die Eröffnungsfragen wurden benutzt: „Worin besteht Ihr hauptsächlichstes Lebensziel?“ und „Was müssen Sie unternehmen, um dieses Ziel zu erreichen?“

Die Antworten wurden in einer frei zu wählenden Form gegeben. Sie wurden eingruppiert und einer quantitativen Bearbeitung unterworfen. Dabei zeigte sich, daß verschiedene Orientierungstypen mit einer bestimmten Häufigkeit in jeder Gruppe auftraten.

Klassifiziert man die Antworten, so stellt man folgende Orientierungen fest:

1. abstrakt-positive Orientierung („ein guter Mensch werden“, „der Gesellschaft nützlich sein“ usw.);

2. berufliche Orientierung („seine Qualifikation erhöhen“, „ein interessantes Fachgebiet bekommen“, „eine interessante Arbeit haben“);

3. bildungsmäßige Orientierung („eine Ausbildung erhalten“, „ein kulturvoller Mensch werden“);

4. materielle Orientierung („materiellen Wohlstand erreichen“, „eine Wohnung bekommen“, „ein gutsituierter Mensch werden“);

5. zwischenmenschlich-familiäre Orientierung („einen lieben Menschen treffen“, „eine glückliche Familie haben“);

6. Orientierung auf die Rehabilitation („wieder in das gesellschaftliche Leben zurückkehren“).

Die Antworten vom Typ „ich weiß nicht“, „darüber habe ich nicht nachgedacht“ stellten die Gruppe „Fehlen von Lebensplänen“ dar.

Bei der Analyse dieser Daten drängt sich eine Reihe interessanter Schlußfolgerungen auf. Die rechtsnormengemäß handelnden Jugendlichen zeichnen sich zweifellos durch größere Klarheit in ihrer persönlichen Lebensplanung aus. In der Kontrollgruppe ist die Zahl der Personen, die nicht über ihre Lebensziele nachgedacht haben, äußerst klein, sie beträgt im ganzen 5 Prozent. Dieses Merkmal charakterisiert dagegen die Rechtsverletzer in hohem Maße. Fast ein Viertel von ihnen zeigte sich in dieser Hinsicht ziemlich gleichgültig. Die gerichtlich Verurteilten wurden dazu angehalten, ihre weiteren Pläne wenn nicht konkret, so doch allgemein zu bestimmen. Deshalb verkleinert sich auch die Zahl der „Gleichgültigen“ in der Gruppe der Straftäter gegenüber den außergerichtlich belangten Rechtsverletzern um fast die Hälfte. Bei ihnen hat sich eine Orientierung auf das „Freisein" (was für die anderen Gruppen nicht charakteristisch ist) und in abstrakter Form eine allgemein-positive Orientierung („ein guter Mensch werden") herausgebildet.

Die moralisch-wertende Beziehung zum Recht wurde mit Hilfe eines speziellen Aufgabensystems untersucht, bei dem verschiedene Verhaltensweisen in wichtigen juristischen Situationen zur Auswahl standen. Sie lassen nicht nur den Schluß zu, daß der Befragte den Wert der Rechtsnorm kennt und darüber nachgedacht hat, sondern auch, daß er die von ihm unter den Bedingungen des Experiments gewählte Verhaltensweise in der Realität zur Grundlage seiner Entscheidung machen würde.

Für den Aufbau der Experimentalaufgaben dienten längere Zeit typische und weitverbreitete Situationen, die Materialien von Strafsachen wegen Verbrechen gegen die Persönlichkeit und die staatliche Ordnung sowie von Angriffen auf gesellschaftliches und persönliches Eigentum entnommen wurden.

Das Verhältnis zu den juristischen Verboten erschien hier als das Verhältnis zur Verletzung dieser Verbote. Die Resultate wurden mit Hilfe dreier Indikatoren interpretiert: die beständig-rechtsnormengemäße, die beständig-rechtsnormenwidrige und die schwankende Position.

Im Verhältnis zu den Angriffen auf die Persönlichkeit ist die rechtsnormenwidrige Position in der Kontrollgruppe unbedeutend: 5,7%. Bei den Rechtsverletzern der zweiten Gruppe macht sie fast das Doppelte aus, und in der Gruppe der Straftäter ist sie viermal so groß.

Im Verhältnis zu den Angriffen auf die staatliche Ordnung zeigte sich die rechtsnormenwidrige Position in der Kontrollgruppe mit 15,2%, bei den Rechtsverletzern der zweiten Gruppe mit 24,3% und bei den Straftätern mit 35%.

Im Verhältnis zu den Angriffen auf das persönliche Eigentum der Bürger tritt die rechtsnormenwidrige Position in der Kontrollgruppe mit 6,6% auf, bei den Rechtsverletzern der zweiten Gruppe mit 10,8% und in der Gruppe der Straftäter mit 19,8%.

Im Verhältnis zu den Angriffen auf das staatliche Eigentum stellen sich diese Positionen bei den rechtsnormengemäß handelnden Bürgern mit 21,8% dar, bei den Rechtsverletzern der zweiten Gruppe mit 31,6% und bei den Straftätern mit 40,1%.

Wie man sieht, hat von allen rechtlich geschützten Werten die Vorstellung von der Unantastbarkeit des staatlichen Eigentums und die Verurteilung der Angriffe darauf die geringste Bedeutung.

Die Daten über die Kenntnis der Verbote, über das Verständnis der gesellschaftlichen Gefahr von Rechtsverletzungen sowie über das Wissen, daß diese Rechtsverletzungen verbrecherisch und strafbar sind, unterscheiden sich in den verschiedenen untersuchten Gruppen nicht wesentlich. Sie kennen die strafrechtlichen Verbote gleichermaßen gut. Daraus folgt, daß die einzelnen Gruppen sich nicht in ihrem formalen juristischen Wissen unterscheiden, sondern in ihrem Verhältnis zu den rechtlich geschützten Werten und den Wertorientierungen, wie sie in dem Experiment ihren Ausdruck fanden, was die Resultate der in Tabelle 1 dargestellten Untersuchungen bestätigen.

Hieraus folgt, daß der allgemeine Grad der Informiertheit sich im Rahmen der Erfordernisse bewegt, die das rechtsnormengemäße Verhalten bestimmen; daß er bei allen Untersuchten ausreichend ist und sogar bei den Straftätern und bei den Rechtsverletzern der zweiten Gruppe im Verhältnis zu den rechtsnormengemäß handelnden Bürgern etwas höher liegt.

Tabelle 1: Verallgemeinerte Koeffizienten der Rechtsinformiertheit, der Übereinstimmung mit dem Recht und seiner praktischen Anwendung sowie der Grad der Rechtsnormeninteriorisation

Bezeichnung der Gruppe	Koeffizient der Informiertheit	Koeffizient der Übereinstimmung	Koeffizient der Interiorisation
rechtsnormengemäß Handelnde	0,73	0,74	0,34
Rechtsverletzer der zweiten Gruppe	0,74	0,68	0,22
Straftäter	0,77	0,62	0,14
darunter			
Gewalttätige	0,77	0,65	0,14
Gewinnsüchtige	0,78	0,60	0,15
Gewinnsüchtig-Gewalttätige	0,75	0,58	0,13

Im Gegensatz dazu ist die Übereinstimmung mit dem Recht und seiner praktischen Anwendung bei den rechtsnormengemäß handelnden Bürgern höher, bei den Rechtsverletzern der zweiten Gruppe niedriger und bei den Straftätern am geringsten. Bei Personen mit ungesetzlichem Verhalten ist die Übereinstimmung merklich niedriger als ihre Informiertheit. Noch deutlicher ist die Diskrepanz zwischen dem Grad der Interiorisation der Rechtsvorschriften, der Rechtsinformiertheit und der Übereinstimmung mit dem Recht. Der Vergleich der angeführten Koeffizienten zeigt, daß die grundlegenden Deformationen des Rechtsbewußtseins überwiegend in den Einstellungen der Menschen zu den sozialrechtlichen Werten und den Wertorientierungen liegen.

Um die Abhängigkeiten der sozialen Orientierungen von den charakterlichen Besonderheiten der Persönlichkeit zu studieren, wurde in die Untersuchung (entsprechend den bereits genannten Methoden) auch der MMPI[4] einbezogen, dessen Modifikation und Standardisierung von F. B. Beresni und M. P. Miroschnikow entwickelt und im I. Moskauer Medizinischen Institut praktiziert wurden. Die Daten, die mit Hilfe des Tests gewonnen wurden, sind dafür genutzt worden, ein verallgemeinerndes psychologisches Modell des rechtsnormengemäß handelnden Bürgers, des Straftäters und des Rechtsverletzers der zweiten Gruppe aufzustellen.

Das Modell des Straftäters und das Modell des Rechtsverletzers der zweiten Gruppe unterscheiden sich in einer Reihe wesentlicher Merkmale vom Profil des rechtsnormengemäß handelnden Bürgers der Kontrollgruppe. Das bestätigt, daß es notwendig ist, nicht nur die sozialpsychologischen, sondern auch die individualpsychologischen Besonderheiten der Persönlichkeit des Rechtsverletzers zu untersuchen.

Diese Untersuchung und eine Reihe anderer psychologisch-rechtlicher Arbeiten machten deutlich, daß es durch bestimmte Umstände erschwert war, sozialpsychologische und individualpsychologische Methoden breit anzuwenden. Diese Umstände bestehen insbesondere darin:

1. daß die Anhaltspunkte für die Auswahlprinzipien, die Anwendung und Bewertung konkreter Methoden, die für die Untersuchung von Kriminalitätsproblemen geeignet sind, ungenügend bearbeitet sind;

2. daß bei der Umsetzung einiger theoretischer Hypothesen der Psychologie in Arbeitsbegriffe und in praktikable technische Verfahren Schwierigkeiten auftreten;

3. daß die vollständige Anwendung eines großen Teils der bekannten psychologischen Methoden nur möglich ist, wenn sie entsprechend den Aufgaben und Bedingungen der rechtlichen Untersuchung aufbereitet werden;

4. daß die Ausarbeitung und Anwendung bereits bekannter Methoden für die psychologische Untersuchung des Straftäters und der Kriminalität aufwendig sind;

5. daß die Anzahl von Spezialisten, die die Anwendung von psychologischen Untersuchungsmethoden in der Rechtssphäre beherrschen, nicht ausreichend ist;

6. daß ein erprobter mathematischer Apparat und Musterprogramme der quantitativen Bearbeitung der sozialrechtlichen und psychologischen Daten fehlen.

Betrachten wir einige dieser Momente genauer. Es ist illusorisch zu glauben, daß man in diesem wissenschaftlichen Grenzgebiet ohne rechtswissenschaftliche und psychologische Kenntnisse auskommen kann. Gerade darin besteht die Hauptschwierigkeit der komplexen Untersuchungen, die durch eine bloße Vereinigung von Psychologen und Rechtswissenschaftlern zu Forscherkollektiven nicht gelöst wird. Es ist sehr wohl bekannt, daß jede Wissenschaft ihre eigene Sprache und ihr eigenes Instrumentarium hat. Manchmal hat ein und derselbe Begriff, wie z. B. der des „Motivs", für den Psychologen und den Juristen einen unterschiedlichen Sinn und Inhalt. Deshalb ist es für jeden Wissenschaftler notwendig, sich den Begriffsapparat bestimmter Wissenschaften gründlich anzuzeigen.

Um die Bedeutung des oben Dargelegten nicht zu verkennen, muß man sowohl auf die Kompliziertheit als auch auf die geringe Anzahl ausgearbeiteter psychologischer Meßmethoden aufmerksam machen. Gegenwärtig geht es z. B. um die Überwindung der Schwierigkeiten, die durch das Fehlen von allgemein anerkannten quantitativen Merkmalen und Indikatoren entstanden sind.

In der Ökonomie werden seit langem auf allen Gebieten allgemein gebräuchliche Maßeinheiten benutzt, wie Herstellungsnorm und Produktivitätskennziffern, die in Rubeln, Tonnen, Metern, Stücken usw. gemessen werden. In der Demographie operiert man mit traditionellen Begriffen, wie Bevölkerungsdichte, Bildung, Alter, denen ebenfalls ein allgemein bekanntes Maß zugrunde liegt: Anzahl der Menschen, der Jahre, der Einwohner usw.

Bis vor kurzem benutzte man auch in der kriminologischen Forschung Maße, die im wesentlichen der ökonomischen und demographischen Statistik entlehnt waren. Das wurde anfangs durch das Interesse der Kriminologen an den materiellen Lebensbedingungen der Gesellschaft hervorgerufen. In den Untersuchungen zeigte es sich jedoch, daß auf rechtlichem Gebiet verschiedene Skalen und Maßeinheiten zu entwickeln sind, die bisher unbekannt waren. Es wurde deutlich, daß die mangelhafte Bearbeitung von Problemen der Quantifizierung und der Schaffung von Meßinstrumentarien zu Dilettantismus und Mißverständnissen führte. Die Daten über verschiedene Merkmale, die von einzelnen Forschern gewonnen wurden, lassen unzweifelhaft erkennen, daß das empirische Material unzureichend zusammengefaßt und verallgemeinert wurde und voraussichtlich für die Lösung wichtiger sozialer Probleme nicht in vollem Umfang verwertbar ist. Darin liegt die Gefahr jener Mißverständnisse, die sich jetzt bemerkbar machen.

Zum ersten ist die spezielle selbständige Ausarbeitung von Methoden notwendig, mit denen psychologische Phänomene im Bereich des Rechts gemessen werden können,

z. B. das Niveau der Rechtsinformiertheit, der Grad der Übereinstimmung mit der Rechtsnorm, die wertmäßigen Beziehungen zu Rechtserscheinungen.

Zum zweiten ist eine Standardisierung der Forschungs- und Sammelmethoden, der Primärinformationen, die Schaffung von Musterprogrammen der quantitativen Bearbeitung der empirischen Daten notwendig. Gedacht werden könnte auch an einen Austausch von wissenschaftlichen Dokumentationen und Informationen durch Koordinierungszentren sowie an spezielle Publikationen methodischer Materialien.

Spezielle Aufmerksamkeit verdient die Frage der psychologischen Tests. Bekanntlich ist die Pädologie eng mit Testmethoden verbunden; sie geriet aber infolge einiger methodischer Unzulänglichkeiten und theoretischer Fehler, die in eine Sackgasse führten, völlig in Verruf. Die Psychologen verzichteten damals darauf, weiterhin quantitative Methoden beim Studium psychologischer Erscheinungen mit Hilfe standardisierter Proben, Aufgaben und Tests anzuwenden. Man gab psychophysiologischen Methoden den Vorzug, doch sie eignen sich kaum zur Untersuchung sozialpsychologischer Erscheinungen. Heute ist dieses Extrem in der Psychologie überwunden; aber es bleibt unzulässig, Tests leichtfertig anzuwenden.

Die Schwierigkeit besteht nun darin, daß ein großer Teil der aus der allgemeinen und der Sozialpsychologie bekannten Methoden nicht ohne weiteres in der sozialrechtlichen Forschung angewendet werden kann. Ohne eine Modifizierung der Methoden, durch die z. B. eine Schulklasse oder eine Sportmannschaft erfolgreich untersucht werden kann[5], ist es unmöglich, den Mechanismus der Gruppenbildung von kriminellen Gruppen, ihre Struktur und ihre inneren Gruppenbeziehungen zu bestimmen. In einem solchen Fall sind teilnehmende Beobachtung und verschiedene Aspekte der Gesprächsführung effektiver.

Bis vor kurzem basierte das Studium der Persönlichkeitsstruktur des Straftäters unter psychologischem Gesichtspunkt hauptsächlich auf einer Überprüfung des Verurteilten im Strafvollzug, und es wurden dabei jene Züge bewertet, die für einen Straftäter charakteristisch sind. Indessen war das nicht mehr der Mensch, der die Tat verübt hatte, sondern ein Mensch, der bereits durch den Strafvollzug geprägt war. Die wissenschaftliche Erforschung einer Täterpersönlichkeit muß in dem Moment erfolgen, da die Straftat bekannt wird.

Es gibt keine guten oder schlechten Methoden; es kommt vielmehr immer auf ihre adäquate Anwendung an. Die psychologischen Methoden allein liefern nicht wissenschaftliche Aussagen, sie stellen nur das empirische Ausgangsmaterial bereit, das eine Analyse und Interpretation ermöglicht. Jede erkenntnistheoretisch-methodologische Hypostasierung irgendeiner einzelnen Methode, wie z. B. der Fragebogen-, der Test-, der soziometrischen Methode, ist gefährlich, denn jede Methode hat ihren Anwendungsbereich. Universelle Wissenschaftsmethoden sind nicht bekannt, und wissenschaftliche Methoden sind auch nicht gegenseitig austauschbar; sie haben alle ihre positiven und negativen, starken und schwachen Seiten. Man muß ihre größere oder geringere wissenschaftliche Brauchbarkeit erproben und bewerten. Wertvolle wissenschaftliche Resultate werden nicht allein durch theoretische Voraussicht, sondern auch durch große methodische Meisterschaft erreicht.

Anmerkungen

1 Vgl. Kudrjavcev, V. N., Die Kausalität in der Kriminologie, Moskau 1968; Samsonov, R. V., Sozialpsyche und Ideologie, Erevan 1970.

2 Vgl. Efremova, G. Ch., Die Untersuchung des Rechtsbewußtseins Jugendlicher, in: Voprosy bor̂by s prestupnost'ju 19/1973, S. 46—62.

3 Vgl. ausführlicher Ratinov, A., Struktur und Funktion des Rechtsbewußtseins, in: Probleme der Rechtssoziologie, Vilnjus 1970.

4 Darunter ist ein in der klinischen Psychologie gebräuchlicher Persönlichkeitstest zu verstehen.

5 Vgl. Kolominskij, Ja. L., Die Psychologie der persönlichen Wechselbeziehungen im Kinderkollektiv, Minsk 1969; ders., Der Mensch unter Menschen, Moskau 1970.

O. N. Grigorev

Mathematische Methoden und rechtssoziologische Forschung

1. Mathematik und Soziologie des Rechts

Neben der qualitativen Seite besitzen die Erkenntnisobjekte der sozialrechtlichen Forschung eine quantitative, die mit mathematischen Methoden untersucht werden kann. Dazu gehören Fragen der Leitungstätigkeit und der Arbeit der Gerichte; quantitative Verfahren können auch bei der Mehrfaktorenanalyse des rechtlichen Regelungsmechanismus, bei der sozialrechtlichen Prognostizierung, in der kriminologischen Forschung und bei der Lösung zahlreicher anderer Probleme verwendet werden.[1]

Bei der Ausarbeitung des methodischen Apparates und der Technik der sozialrechtlichen Forschung muß man die Erfahrung, die bei der Anwendung quantitativer Methoden in den angrenzenden Gesellschaftswissenschaften, insbesondere in der Soziologie, gewonnen wurden, berücksichtigen.

Sowjetische Soziologen und Mathematiker nahmen in den letzten Jahren zahlreiche Untersuchungen über die Anwendung mathematischer Methoden beim Erforschen sozialer Beziehungen vor; die marxistische Soziologie stützt sich zunehmend auf quantitative Messungen.

Mathematische Methoden werden bei der Analyse der Entscheidungsfindung in Organisationsstrukturen, bei der Aufbereitung des Freizeitfonds, bei der Auswahl und dem Einsatz der Kader, bei der sozialen Prognostizierung und bei der Lösung einer Reihe weiterer Fragen angewandt.[2]

Von großem Interesse und vielversprechend für die soziologische Forschung, einschließlich der rechtssoziologischen, ist z. B. die Faktorenanalyse.[3] Die methodologischen Voraussetzungen zur Anwendung mathematischer Methoden in den soziologischen Forschungen wurden in der Monographie P. P. MASLOVS „Die Statistik in der Soziologie" behandelt.[4]

Auch in anderen Ländern werden Untersuchungen zur Anwendung mathematischer Methoden in der Soziologie durchgeführt.[5]

Die Entwicklung der quantitativen Untersuchungen in der Soziologie und ihre wissenschaftliche Perspektive sind für einige Autoren sogar Anlaß, von der mathematischen Soziologie als einer selbständigen Forschungsrichtung zu sprechen.[6]

Allmählich bilden sich auch Voraussetzungen für eine breitere Anwendung des mathematischen Apparates in der staatlich-rechtlichen Forschung heraus.

Methoden der Mathematik und der Rechentechnik können vor allem bei der Vervollkommnung der Gesetzgebung, der Verbesserung sozialrechtlicher Planungen sowie bei der Prognostizierung auf dem Gebiet des Staates und des Rechts angewendet werden.

In den letzten Jahren wurden von sowjetischen Juristen gemeinsam mit Mathematikern einige Voraussetzungen geschaffen, um konkrete Wege zur Anwendung der modernen Mathematik im Recht zu erarbeiten.[7] Mathematische Methoden (vor allem die Mittel der deskriptiven Statistik) wurden z. B. bei der Analyse der Abgeordnetentätigkeit, bei der praktischen Leitung von Arbeitskollektiven, bei der Untersuchung der Ursachen von Rechtsverletzungen sowie bei der Analyse einiger Fragen der Leitungswissenschaft und bei Effektivitätsuntersuchungen von Rechtsnormen angewendet.

Probleme der Anwendung mathematischer Methoden und der Mittel der modernen Rechentechnik werden regelmäßig auf Symposien zur Rechtskybernetik erörtert. Auf diesem Gebiet ist insbesondere die Sektion „Anwendung mathematischer Methoden und der Rechentechnik in der konkreten sozialrechtlichen Forschung“ tätig.[8]

Insgesamt jedoch wird mit der Erforschung quantitativer Aspekte sozialrechtlicher Erscheinungen und Prozesse erst begonnen. Die theoretische Tiefe und der Umfang solcher Arbeiten sind gegenwärtig noch gering. Den Juristen fehlen spezielle mathematische Kenntnisse. Dadurch wird eine breite Anwendung mathematischer Methoden behindert. Darüber hinaus ist auch eine gewisse Unterschätzung dieses wichtigen und vielversprechenden Apparates, der nicht isoliert, sondern komplex mit soziologischen, statistischen, kybernetischen und anderen Methoden angewendet werden muß, offenkundig. In dieser Beziehung bleibt die Rechtswissenschaft gegenwärtig noch gegenüber anderen Gesellschaftswissenschaften zurück. Vor den Rechtswissenschaftlern steht deshalb um so dringlicher die Aufgabe, die methodologischen Grundlagen der Anwendung mathematischer Methoden in ihrer Wissenschaft zu erarbeiten, vor allem die erkenntnistheoretischen und heuristischen Möglichkeiten der Mathematik in der Rechtswissenschaft näher zu bestimmen.[9]

Aus methodologischer Sicht ist es wichtig, sich über die Funktionen der mathematischen Methoden im System des Wissenschaftsinstrumentariums der Soziologie des Rechts klar zu werden. Dabei geht es um folgendes: Bei der Anwendung mathematischer Methoden ist ihr formaler Charakter zu berücksichtigen. Diese Methoden können, isoliert angewendet, nicht das sozialklassenmäßige, politische und juristische Wesen der untersuchten sozialrechtlichen und sozialökonomischen Beziehungen aufdecken. Die mathematischen Beziehungen in einer sozialrechtlichen Erscheinung vermögen die sozialen Kausalzusammenhänge nicht zum Ausdruck zu bringen.

Mathematische Methoden sind deshalb nur für die Beschreibung der quantitativen und strukturellen Aspekte von komplizierten sozialrechtlichen Erscheinungen geeignet. Mit steigender Kompliziertheit und Komplexität der sozialrechtlichen Objekte verringert sich jedoch die Möglichkeit beträchtlich, diese Objekte in formale Elemente aufzugliedern. So wird bei der Betrachtung des sozialen und politischen Wesens rechtlicher Normen und staatlich-rechtlicher Institutionen die Kompliziertheit ihrer Beziehungen mit ökonomischen, sozialen, politischen, ideologischen und anderen Verhältnissen sichtbar, und das vor allem, wenn man diese Beziehungen in ihrer historischen Entwicklung sieht. Die formalen Methoden müssen dann durch inhaltliche Methoden abgelöst werden, die in diesen Fällen wertvollere wissenschaftliche Informationen liefern. Deshalb werden unseres Erachtens Versuche, den mathematischen Formalismus auf die inhaltlichen Begriffe, wie sie z. B. in der Theorie und in der Geschichte des Staates und des Rechts erarbeitet wurden, wohl kaum für die Entwicklung der Wissenschaft von Bedeutung sein.

In der Soziologie des Rechts erfüllen die mathematischen Methoden die Rolle eines wissenschaftlichen Hilfsapparates, einer Teilmethode, die auf der Grundlage qualitativer Darstellungen und Methoden Anwendung findet. Die Bedeutung der mathematischen Methoden für das Recht ist vorläufig noch nicht völlig geklärt.

Zu den methodologischen Problemen, auf die man hier stößt, gehören: die Möglichkeit und Notwendigkeit, den mathematischen Apparat in der rechtlichen Forschung anzuwenden; das Verhältnis zwischen qualitativer und quantitativer Verfahrensweise; die Auswahl des zweckmäßigsten mathematischen Apparates; das Verhältnis zwischen den idealisierten mathematischen Modellen und der realen rechtlichen Wirklichkeit; das Wesen und der Inhalt der mathematischen Abstraktionen im Recht; die wissenschaftliche und praktische Bedeutung der Modellierung usw.

Selbstverständlich kann eine Arbeit allein nicht alle Aspekte dieses Problems mit der notwendigen Vollständigkeit behandeln oder gar die aufgeworfenen Fragen umfassend lösen. Selbst der Stand der Problemstellung und die bereits durchgeführten Untersuchungen lassen derartige Verallgemeinerungen noch nicht zu. Die Grundlage für ein tieferes Eindringen kann nur eine beträchtliche Anzahl konkret-soziologischer Forschungen liefern, die unter Anwendung mathematischer Methoden in verschiedenen Bereichen der marxistisch-leninistischen Staats- und Rechtswissenschaft durchgeführt werden.

Dennoch sind einige theoretische Fragen bereits so weit gereift, daß sie zum Gegenstand der Forschung und von Diskussionen gemacht werden können.

Eine solche Diskussion ist aus verschiedenen Gründen nützlich. Die Erörterung gnoseologischer Probleme der Anwendung mathematischer Methoden im Recht, insbesondere auf sozialrechtliche Erscheinungen, ist sowohl für die Wissenschaftler nützlich, die bereits quantitative Methoden in ihrer wissenschaftlichen Arbeit anwenden, als auch für einen breiten Kreis von Juristen.

Gegenwärtig macht die Rechtswissenschaft noch unzureichend von den modernen Methoden der wissenschaftlichen Forschung Gebrauch. Diese Situation spiegelt sich auch im Niveau der juristischen Forschung und in ihrer praktischen Effektivität wider.[10] Deshalb ist es für die Rechtswissenschaft ein aktuelles Erfordernis, das gesamte Arsenal der modernen wissenschaftlichen Methoden beherrschen zu lernen.

Das Problem der Effektivität mathematischer Methoden und der Bedingungen für ihre Anwendung in den für sie nichttraditionellen Bereichen wie den Humanwissenschaften wird auch für die Mathematiker von gewissem Interesse sein. Ohne ihre Teilnahme ist die effektive Anwendung mathematischer Methoden im Recht undenkbar.

2. Die Möglichkeit und Notwendigkeit der Anwendung des mathematischen Apparates im Recht

Die Möglichkeit, mathematische Methoden bei der Darstellung der sozialrechtlichen Wirklichkeit anzuwenden, basiert in erster Linie darauf, daß einige rechtliche Erscheinungen eine bestimmte objektive quantitative Struktur besitzen. Die Anwendung mathematischer Methoden wird auch durch die in der Rechtswissenschaft bekannte Exaktheit ihrer Begriffe und ihrer Terminologie gefördert.

Vielen sozialrechtlichen Erscheinungen sind statistische Gesetzmäßigkeiten eigen, die nur bei Untersuchungen großer Komplexe aufgedeckt werden können, die aber nicht auf Einzelerscheinungen anwendbar sind. In den mannigfaltigen und vielgestaltigen Erscheinungen der sozialen Wirklichkeit gibt es eine große Anzahl von Strukturen und objektiven mathematischen Gesetzen der Wahrscheinlichkeit, die in der theoretischen und praktischen Tätigkeit bestimmt, untersucht und berücksichtigt werden müssen.

Die statistischen Gesetzmäßigkeiten treten vor allem in der relativen Häufigkeitsstabilität der die sozialrechtlichen Erscheinungen charakterisierenden Kennziffern zutage und sind mit dem Wirken des Gesetzes der großen Zahlen verbunden. Vor einiger Zeit bereits wurde die relative Stabilität solcher Erscheinungen, wie die Anzahl von Eheschließungen und Ehescheidungen, das Auftreten von bestimmten Rechtsverletzungen, die Einteilung der Individuen nach sozialdemographischen Merkmalen usw. festgestellt.

Die Häufigkeitsstabilität wird in den Verteilungsgesetzen von Kennziffern der sozialrechtlichen Statistik, also in den Gesetzen der Verteilung von Zufallsgrößen, weiter verallgemeinert. Mathematisch können die Kennziffern der sozialrechtlichen Statistik als Zufallsgrößen bewertet werden, d. h. als Variable, deren Zahlenwerte sich in Abhängigkeit von den zahlreichen Nebenumständen verändern. Die Zufallsgrößen unterliegen bestimmten exakten Gesetzmäßigkeiten, die erst in einer großen Anzahl von Untersuchungen zum Ausdruck kommen. Diese Gesetzmäßigkeiten werden auch durch die Verteilungsgesetze gekennzeichnet, die Funktionen darstellen, die die Werte der Zufallsgrößen mit den entsprechenden Wahrscheinlichkeiten verbinden.[11]

In den Jahren 1968/69 untersuchte das Laboratorium für kybernetische Methoden der Kriminologie und der rechtlichen Statistik des Zentralen Forschungsinstituts für gerichtliche Expertisen eine Reihe von Verteilungsgesetzmäßigkeiten, die einige Kennziffern der sozialrechtlichen Statistik kennzeichnen.[12]

So wurde festgestellt, daß die Verteilung einzelner statistischer Kennziffern in der Kriminologie Gesetzmäßigkeiten unterliegt, die schon in der Mathematik erforscht wurden. Eine der grundlegenden Verteilungsgesetzmäßigkeiten, die bereits detailliert in der Mathematik untersucht wurde, ist die sogenannte Normalverteilung. Die graphische Darstellung dieser Verteilungsgesetzmäßigkeit ergibt eine glockenförmige symmetrische Kurve (normale Kurve, Gaußsche Kurve).

Der Normalverteilung unterliegen jene Erscheinungen, deren Abweichung von bestimmten Durchschnittsgrößen als Resultat des Zusammenwirkens einer großen Zahl von Faktoren entsteht, die — für sich allein genommen — lediglich geringfügige Veränderungen hervorrufen.[13]

In der mathematischen Statistik ist die Verteilung „seltener" Ereignisse, d. h. Ereignisse, bei denen die Eintrittswahrscheinlichkeit gering ist (Poissonsche Verteilung), bereits umfassend erforscht. Der Poissonschen Verteilung unterliegen bestimmte Arten von Rechtsverletzungen. So kann man mit diesem Gesetz z. B. die Anzahl der Autounfälle auf verschiedenen Straßenabschnitten beschreiben.[14]

Auf gesellschaftliche Erscheinungen ist noch ein anderes wichtiges Verteilungsgesetz anwendbar, nämlich das Exponentialgesetz. Diesem Gesetz ordnen sich jene Größen unter, deren Veränderungsgeschwindigkeit (Wachstum oder Verringerung) sich zu der untersuchten Größe zu einem bestimmten Zeitpunkt proportional verhält. Je größer zum Beispiel das Niveau ist, das ein Prozeß bereits erreicht hat, um so schneller entwickelt er sich weiter. So ist das Bevölkerungswachstum einiger Länder z. B.

Ausdruck dieses Gesetzes. In der Kriminologie äußert sich das Exponentialgesetz insbesondere in der Verteilung der Anzahl der Rückfälligen in der Zeit, die zwischen der Entlassung aus dem Strafvollzug bis zur Begehung einer neuen Straftat vergeht: Die meisten Fälle von Rückfallkriminalität werden kurz nach der Entlassung aus dem Strafvollzug begangen; dann beginnt sie, sich schnell zu verringern.[15] Nach dem Exponentialgesetz vollzog sich zum Beispiel auch die Verringerung der Kriminalität in einigen sozialistischen Ländern nach Beendigung des zweiten Weltkrieges.[16] Diese Verteilungsgesetze wurden in einem spezifischen Bereich sozialrechtlicher Untersuchungen festgestellt — in der Kriminologie.

Die Bedeutung dieser Untersuchungen geht jedoch über die Kriminologie hinaus; da die ausgearbeiteten Methoden überall anwendbar sind, wo es statistische Massenerscheinungen gibt: in der Tätigkeit des Staatsapparates, in der Abgeordnetentätigkeit, in Ehe und Familie usw.

Die Notwendigkeit, mathematische Methoden bei juristischen Untersuchungen anzuwenden, wird insbesondere durch die Kompliziertheit der sozialrechtlichen Erscheinungen und ihres nicht eindeutigen Zusammenhangs mit den sozialen Faktoren hervorgerufen. Durch große Kompliziertheit ist auch das soziale Milieu gekennzeichnet, in dem die rechtlich relevanten Handlungen vollzogen werden und wodurch sich ständig verändernde soziale Faktoren wirken. Der nicht eindeutige Verlauf sozialrechtlicher Erscheinungen wird vor allem durch das Zufallselement hervorgerufen, das diesen Erscheinungen notwendigerweise innewohnt. Die Verbindung sozialökonomischer und demographischer Faktoren ist in jedem konkreten Fall bis zu einem bestimmten Grad zufällig, wobei die Wirkung einer Faktorengruppe der Wirkung ihrer Summe nicht entsprechen muß. Insofern die Wirkung eines Faktors jeweils von allen anderen abhängt, sind auch die Ergebnisse ihrer gemeinsamen Wirkung in jedem konkreten Fall zu einem bestimmten Teil zufällig und können nicht genau vorausbestimmt werden. Zur Darstellung der komplizierten Wechselbeziehungen zwischen den sozialrechtlichen Erscheinungen und den sie hervorbringenden sozialen Faktoren ist die Sprache qualitativer Begriffe und Definitionen allein offenbar unzureichend. Wenn man sich nur auf die unmittelbare Beobachtung und auf die Erfahrung stützt, kann man nicht tief genug in den Mechanismus des sozialen Verhaltens des Menschen eindringen. Deshalb muß die Sprache der qualitativen Darstellung wesentlich durch die genauere Sprache der mathematischen Darstellung mit ihrem Begriffsapparat ergänzt werden. Die praktischen Erfordernisse der rechtlichen Regelung und der staatlichen Leitung sozialer Prozesse rufen wiederum das Bedürfnis nach neuen Erkenntnissen über die Gesetzmäßigkeiten und den inneren Mechanismus der sozialen Erscheinungen hervor. Dabei entsteht insbesondere das Problem der intensiven Untersuchung des Umfangs, der Verbreitung, der Proportionen und des Entwicklungstempos sozialer Erscheinungen, die rechtlicher Regelung unterliegen, sowie der Gewinnung von statistischen Informationen über diese Erscheinungen und der Ausarbeitung von Methoden ihrer Analyse. Die traditionellen Methoden der qualitativen Analyse rechtlicher Prozesse können diese Forderungen jedoch nicht erfüllen.

Eine objektive Basis für die Anwendung mathematischer Methoden im Recht stellt die sozialrechtliche Statistik dar.

In den Gesellschaftswissenschaften wird immer mehr die Rechentechnik eingesetzt.[17] Ihre Anwendung im Recht erfolgt gegenwärtig im Rahmen der Rechtskybernetik.[18]

Um statistische Informationen bei sozialrechtlichen Untersuchungen zu erhalten, können verschiedene Arten der Rechentechnik angewendet werden. Für die Gruppierung einer großen Zahl von Handlungen ist es zweckmäßig, Lochkartenmaschinen einzusetzen, die nach dem elektromechanischen Wirkungsprinzip arbeiten. Sie genügen jedoch nicht allen Erfordernissen sozialrechtlicher Untersuchungen. Der große Umfang der zu verarbeitenden Informationen und die schwierigen statistischen Algorithmen erfordern die Anwendung und effektive Ausnutzung elektronischer Rechner der jüngeren Generationen. Der Einsatz der elektronischen Rechentechnik zur zahlenmäßigen Aufbereitung mathematischer Modelle minimiert die Berechnungszeit und garantiert genaue Berechnungen. Elektronische Rechenmaschinen arbeiten jedoch nur auf der Grundlage mathematischer Methoden; sie können nur Daten verarbeiten, die in mathematischen Begriffen ausgedrückt sind. Die Methodik einer konkreten sozialrechtlichen Untersuchung, bei der die Rechentechnik eingesetzt wird, umfaßt folgende Hauptelemente:

1. Aufgabenstellung für die geplante Untersuchung; Erarbeitung des Programms, der Fristen und Durchführungsordnung;
2. Sammlung statistischer Primärinformationen, Anwendung mathematischer Grundlagen der Stichprobenmethode;
3. Erarbeitung eines Codesystems und Chiffrierung der Materialien;
4. Erstellung eines Rechenprogramms;
5. Verarbeitung der statistischen Informationen von Lochkarten oder elektronischen Speichern;
6. Endbearbeitung der erhaltenen Tabulargramme auf kleinen Rechenmaschinen;
7. statistische, sozialdemographische und sozialrechtliche Analysen der Ergebnisse.

Zentrale Bedeutung in dieser Methodik hat der statistische Algorithmus (Aufgabenprogramm für das Rechenzentrum), der auf Rechenmaschinen realisiert wird. Das Hauptziel dieses Algorithmus ist, ein Maximum an nützlichen Informationen über die Wechselbeziehung zwischen den sozialrechtlichen Erscheinungen zu erhalten. Das wird z. B. durch die Methode der Kombinationsgruppierung erreicht.

Die Rechentechnik beeinflußt den Umfang und die Perspektive der mathematischen Analyse im Recht von Grund auf. Viele Vorteile des mathematischen Apparates wurden früher deshalb nicht genutzt, weil es unmöglich war, innerhalb vertretbarer Fristen schwierige und umfangreiche Berechnungen durchzuführen. Heute jedoch werden komplizierteste Rechenoperationen mit Hilfe der elektronischen Rechner sehr schnell ausgeführt.

Die Anwendung der Rechentechnik ist eine fortschrittliche und effektive Forschungsmethode. Die ersten Rechenzentren arbeiten bereits in verschiedenen zentralen wissenschaftlichen Einrichtungen erfolgreich auf dem Gebiet des Rechts.

3. Wahl des mathematischen Apparates

Die mathematische Modellierung sozialrechtlicher Erscheinungen und Prozesse kann auf der Grundlage verschiedener Gebiete der angewandten Mathematik verwirklicht werden. Bei der Auswahl des für diese Zwecke günstigsten Apparates ist es sinnvoll, in der ersten Zeit auf einen relativ einfachen Apparat zurückzugreifen (was überhaupt für die Anwendung der Mathematik auch auf anderen Gebieten der Wissenschaft charakteristisch ist) und erst später entwickelte Methoden anzuwenden.

Man kann auf zwei Gruppen mathematischer Methoden im Recht verweisen:
a) auf logisch-algorithmische Methoden und
b) wahrscheinlichkeitstheoretisch-statistische Methoden.

Bei konkreten sozialrechtlichen Untersuchungen ist für das mathematische Herangehen die wahrscheinlichkeitstheoretische und die statistische Darstellung rechtlicher Erscheinungen bedeutsam.

Die Wahrscheinlichkeitstheorie ist die Wissenschaft von den Gesetzmäßigkeiten zufälliger Erscheinungen und Prozesse. Sie arbeitet mathematische Regeln für das Operieren mit zufälligen, statistischen Größen heraus und erforscht Algorithmen, die es erlauben, eindeutig von bekannten Kennziffern und Daten auf andere, früher unbekannte Kennziffern und Daten zu schließen.[19]

Mit der Wahrscheinlichkeitstheorie ist die mathematische Statistik eng verbunden — eine angewandte mathematische Disziplin, die quantitative Gesetzmäßigkeiten von Massenerscheinungen darstellt. Dabei finden die Besonderheiten des Einzelfalls keine Berücksichtigung.

Eine spezifische Aufgabe der mathematischen Statistik ist die Ermittlung verallgemeinerungsfähiger Kenndaten von Massenerscheinungen und -prozessen. Die mathematische Statistik stützt sich auf solche Begriffe der Wahrscheinlichkeitstheorie, wie zufälliges Ereignis, Zufallsgröße, Wahrscheinlichkeit, Verteilungsgesetz, korrelativer Zusammenhang usw.

Eines der zentralen Probleme soziologischer Untersuchungen ist die Untersuchung der Persönlichkeitsstruktur von Rechtssubjekten. Diese Problematik ist sehr umfangreich. Hierher gehören zum Beispiel die Einstellungsanalysen von Mitarbeitern des Staatsapparates, ihrer individuellen Besonderheiten, persönlichen Eigenschaften, Aktivitäten, demographischen Merkmale usw. Das ist z. B. bei der Auswahl von Kadern notwendig.

Andererseits ist das Problem der Persönlichkeit im Recht unmittelbar mit der Untersuchung der Ursachen von Rechtsverletzungen in den verschiedenen Sphären des gesellschaftlichen Lebens und mit einer exakten Kenntnis des sozialen Wirkungsmechanismus des sozialistischen Rechts verbunden. Zu bemängeln sind das in der Rechtswissenschaft mitunter auftretende spekulative Herangehen und die Ignoranz von konkreten Analysen bei der Persönlichkeitsuntersuchung. Die soziologische Analyse der Persönlichkeit dagegen ist konkret. Zu dieser Konkretheit muß auch die Einführung quantitativer Methoden in der Rechtswissenschaft beitragen.

In der breiten Sphäre der soziologischen und ökonomischen Erscheinungen (das Verhalten von Kunden, Zuschauern, Bedarfsschwankungen usw.) hat sich die statistische Konzeption, wonach das Sozialverhalten der Individuen als ein bestimmtes theoretisches Schema zu begreifen ist, voll bewahrheitet. Die Grundzüge der statistischen Konzeption des Sozialverhaltens werden durch folgende Merkmale charakterisiert:[20]

1. die Betrachtung der Persönlichkeit als kompliziertes stochastisches System mit einer Vielzahl von Eigenschaften, Merkmalen und Beziehungen;

2. die Ermittlung und Fixierung sozialer Gruppen, die durch ein und dieselben sozialen Merkmale (Geschlecht, Alter, Beruf, materielle Lage, Bildung usw.) gekennzeichnet sind;

3. Ermittlung und Fixierung eines bestimmten sozialen Verhaltenstyps;

4. Ermittlung der Wechselbeziehungen zwischen den fixierten Bedingungen, den charakteristischen Merkmalen der sozialen Gruppen und dem untersuchten Verhaltenstyp;

5. Errechnung der Wahrscheinlichkeit der einen oder anderen Verhaltensweise (z. B. Rechtsverletzung, Beschlußannahme).

Man darf annehmen, daß die Anwendung der statistischen Verhaltenskonzeption auf dem Gebiet des Rechts fruchtbringend sein wird. Die statistische Verhaltenskonzeption kann vor allem bei der theoretischen Analyse der rechtlichen Regelung angewendet werden. Die statistischen und Informationsmechanismen des Rechts spielen eine große Rolle, obgleich sie bisher noch nicht untersucht wurden. Die statistische Verhaltenskonzeption kann insbesondere einige Fakten auf dem Gebiet der Rechtsverletzungen, die als Massenerscheinungen (im statistischen Sinne) betrachtet werden, erklären helfen.

Bei einer kleinen Zahl von Beobachtungsobjekten wird der Zusammenhang zwischen den sozialen Erscheinungen instabiler Natur durch die Einwirkung von Nebenfaktoren „aufgeweicht". Dieser Zusammenhang wird als ein wahrscheinlichkeitsstatistischer Zusammenhang bezeichnet. Sein Hauptmerkmal besteht darin, daß er nicht eindeutig ist. Aber dieses Bild ändert sich in dem Maße, wie die Zahl der Beobachtungen wächst. Dieser Zusammenhang zwischen den sozialen Erscheinungen wird dann durch einen bestimmten, dynamischen funktionellen Zusammenhang abgelöst. Die funktionelle Abhängigkeit ist ein Grenz- bzw. Extremfall der statistischen Abhängigkeit. Die in der Naturwissenschaft und in der Technik untersuchte funktionelle Abhängigkeit ist nichts anderes als eine sehr enge wahrscheinlichkeitsstatistische Abhängigkeit. Bei dieser Abhängigkeit ist die Dispersion (Streuung um den mittleren Wert) der untersuchten Größen gering.

Bei der Untersuchung sozialer Erscheinungen auf der Makroebene, d. h. einer großen Anzahl gleichartiger sozialer Objekte, ergibt sich die Möglichkeit, einen qualitativ neuen Apparat — die mathematische Analyse — anzuwenden. Die mathematische Analyse nimmt innerhalb der modernen Mathematik einen breiten Raum ein. Zuerst entwickelte sie sich in den Arbeiten von NEWTON und LEIBNIZ aus der Aufgabe heraus, die Geschwindigkeiten komplizierter Bewegungen zu erforschen sowie Flächen krummliniger Figuren zu ermitteln, und verwandelte sich, davon ausgehend, allmählich in eine Wissenschaft von den mathematischen Funktionen und funktionellen Abhängigkeiten veränderlicher Größen.[21]

Eine der wichtigsten Anwendungen der mathematischen Analyse und ihrer Modelle in der Soziologie ist die Erforschung von Gesetzen der Dynamik verschiedener sozialer (großer und kleiner) Gruppen, ihrer Vergrößerung oder Verkleinerung in einer bestimmten Zeit, ihres Entwicklungstempos usw.

Eindeutige mathematische Modelle sozialrechtlicher Erscheinungen, die als mathematische Gleichungen aufgebaut sind, können (bedingt) „deterministische Modelle" genannt werden.

Starre deterministische Modelle sozialrechtlicher Erscheinungen können und müssen lediglich als idealisierte mathematische Schemata der jeweiligen Erscheinungen angesehen werden. Solche Schemata sind jedoch auch für die wissenschaftliche Erforschung sozialer Prozesse nützlich, da sie einen bestimmten Zuwachs an sozialem Wissen liefern.

Die Wahrscheinlichkeitstheorie, die mathematische Statistik und die mathematische Analyse schöpfen bei weitem nicht das gesamte Arsenal der mathematischen Methoden aus, die bei konkret-rechtlichen Untersuchungen angewendet werden können. In der soziologischen Literatur wird hervorgehoben, daß zur wissenschaftlichen Analyse sozialer Erscheinungen im Grunde allmählich alle Bereiche der modernen Mathematik genutzt werden müssen.

Bei den konkret-soziologischen Untersuchungen auf dem Gebiet des Rechts muß man vor allem jene Verfahren und Methoden anwenden, die faktisch schon in der Mathematik existieren. Wie die Praxis zeigt, ist eine solche Ausrichtung der Forschung möglich und ihren Resulaten nach sinnvoll. Dennoch ist die Erarbeitung eines speziellen mathematischen Apparates von Interesse, der in weit höherem Maße als die in der Mathematik existierenden Verfahren und Methoden den Tatsachen und Erscheinungen der konkreten sozialen Wirklichkeit entspricht.

Bei der effektiven Anwendung mathematischer Methoden in der konkreten sozialrechtlichen Untersuchung kommt es darauf an, über hochwertige Ausgangsinformationen zu verfügen. Ein falsches Ergebnis kann gerade deshalb zustande kommen, weil unexakte, unkontrollierte statistische Daten verwendet und nicht alle Besonderheiten berücksichtigt werden, unter denen die Primärinformationen entstanden waren. Es ist eine umfangreiche und oft mühsame Arbeit zu leisten, um die Zuverlässigkeit der Ausgangsdaten, die bei einer statistischen Beobachtung gewonnen werden, zu überprüfen. In diesem Zusammenhang verdient die Entwicklung der mathematischen Theorie und Praxis spezieller Stichprobenuntersuchungen für sozialrechtliche Erscheinungen Beachtung. Die moderne Statistik hat genaue Empfehlungen erarbeitet, an die man sich halten sollte, wenn das über Stichproben gesammelte Material repräsentativ sein soll.

4. Die Anwendung sozialer Messungen und der Rechentechnik im Recht

Die Anwendung mathematischer Methoden in der sozialen Forschung setzt in der Regel die reale oder potentielle (d. h. wenigstens im Prinzip mögliche) Messung der untersuchten Erscheinungen voraus. Gegenwärtig ist das Problem der sozialen Messung eines der zentralen Themen soziologischer Untersuchungen. Der erkenntnistheoretischen Analyse unterliegen verschiedene Aspekte des Begriffs der Sozialmessung, der für die moderne marxistische Soziologie immer mehr zu einer fundamentalen Kategorie der Erkenntnis wird.[22]

Die Sozialmessung im Recht, d. h. der quantitative Ausdruck bestimmter Seiten der sozialrechtlichen und staatlich-rechtlichen Erscheinungen sowie ihre Formalisierung mit dem Ziel ihrer exakten Darstellung in der Sprache der modernen Mathematik, ist sehr aktuell. Um den mathematischen Apparat anzuwenden, müssen die untersuchten sozialrechtlichen Erscheinungen gemessen, d. h. quantitativ beschrieben werden, um sie auf diese Weise in relativ einfache und gleichartige Komponenten zu zerlegen, mit denen man effektiv auf der formalen Analyseebene operieren kann.[23]

Gegenwärtig fixiert die sozialrechtliche Statistik Daten solcher Objekte, die sich unmittelbar zählen lassen; z. B. die Anzahl der Rechtsverletzer, die Anzahl der Eheschließungen und -scheidungen usw. Unter den sozialrechtlichen Erscheinungen gibt es jedoch auch solche, die zwar in einer bestimmten Menge vorkommen, die aber nicht unmittelbar gemessen werden können. Unseres Erachtens gehören zu diesen Erscheinungen der Begriff der „Verantwortlichkeit“ („Maß“, „Grad der Verantwortlichkeit“, „größere, geringere Verantwortlichkeit“, „Einstellung“, „Strafbarkeit“, „größere, geringere Strafbarkeit“) „gesellschaftliche Gefahr“ und einige andere.

Bei der Messung zweier verschiedener, aber gleichartiger Größen erhält man häufig ein positives wissenschaftliches Ergebnis. Eine zu verschiedenen Zeiten durchgeführte Messung gibt Antwort auf die Frage nach der Dynamik des Untersuchungsgegenstandes. Wie praxisnah dieses Herangehen ist, belegt die Tatsache, daß das Recht in großem Maße einer quantitativen Wertung zugänglich ist. So können die im Gesetz festgelegten Mindest- oder Höchststrafen als quantitative Bewertung der Schwere einer Straftat betrachtet werden. Das konkrete Strafmaß, das durch eine bestimmte Dauer des Freiheitsentzugs ausgedrückt wird, gibt eine quantitative Bewertung der Schwere der begangenen Tat und der Persönlichkeit des Rechtsverletzers.

Die Methodik der Sozialmessung ist für soziologische Untersuchungen in verschiedenen juristischen Zweigdisziplinen (Zivil- und Arbeitsrecht, Strafprozeßrecht usw.) von besonderer Bedeutung. Während bei kriminologischen Untersuchungen die staatliche Gerichtsstatistik, die eine beträchtliche Anzahl verschiedener Daten in Zahlen fixiert, verwendet werden kann, gibt es in den meisten Rechtszweigen keine Statistik dieser Art, so daß man, um quantitative Daten zu erhalten, gezwungen ist, bestimmte Meßverfahren zu benutzen. Das aber erfordert die Anwendung mathematischer Methoden.

Ein wichtiges Problem der Staats- und Rechtswissenschaft, das mit der Einführung mathematischer Methoden und Darstellungen in Erscheinung tritt, ist das Problem der Stellung der sozialen Faktoren im Wirkungsmechanismus des sozialistischen Rechts. Die sozialen Faktoren, mit denen die gesetzgebenden und rechtsanwendenden Organe konfrontiert werden, sind vielfältig und zahlreich. Diese Faktoren sind ökonomischer, geographischer, persönlicher, technischer, politischer, moralischer Natur. Ihre Wirkung macht sich — und das trifft auch auf viele andere Faktoren zu — im Stadium der Rechtsschöpfung, der Rechtsanwendung und der Einwirkung der Rechtsnorm auf die gesellschaftlichen Verhältnisse bemerkbar. Die sozialen Faktoren gehören zu den Ursachen, die zur Mißachtung von Rechtsvorschriften und damit zur Rechtsverletzung führen. Sie lassen sich jedoch staatlich-rechtlich regulieren.

Das Instrumentarium der modernen Wahrscheinlichkeitstheorie und der mathematischen Statistik enthält vielfältige wissenschaftliche Mittel zur Untersuchung sozialer Faktoren. Hierher gehören in erster Linie Methoden, um den Zusammenhang zwischen einzelnen Erscheinungen zu messen. Von besonderer Bedeutung sind dabei die Methoden der Korrelationsanalyse.

Da das Recht viele quantitative Variablen beinhaltet, kann bei der Faktorenanalyse die Theorie der quantitativen Merkmale angewendet werden. Sogar einfache quantitative Methoden, die auf statistische Primärinformationen angewendet werden, liefern Aussagen für interessante theoretische und praktische Schlußfolgerungen. Besonders in den Gesellschaftswissenschaften kann eine so relativ einfache Methode wie die der kombinierten statistischen Gruppierungen von großem Wert sein.

Bei der Untersuchung sozialrechtlicher Erscheinungen muß die quantitative Analyse der sozialen Faktoren vor allem folgende Fragen beantworten:

1. Stehen die untersuchten sozialen Erscheinungen in einem Zusammenhang zueinander oder nicht?

2. Wie intensiv ist der Zusammenhang zwischen den untersuchten Erscheinungen (Berechnung des Zusammenhangskoeffizienten)?

3. Worin besteht das Wesen der Faktoren, die den Zusammenhang bestimmen?

4. Wie ist das Gewicht der einzelnen Merkmale der Faktoren und ihr Einfluß auf das Ergebnis zu bewerten?

5. Was sind die Haupt- und Nebenfaktoren?

6. Welche Faktoren kann man ohne wesentlichen Nachteil für die Genauigkeit der Untersuchung eliminieren, und doch die wichtigsten Faktoren beibehalten?

7. Wie stellt man den Wirkungsgrad der einzelnen Faktoren auf die sozialrechtlichen Erscheinungen und Prozesse fest?

In der mathematischen und statistischen Literatur wird der Terminus „Faktorenanalyse" („Mehrfaktorenanalyse") gewöhnlich in zweifacher Bedeutung gebraucht. Einerseits wird er zur Bezeichnung der traditionellen Mittel der mathematischen Statistik, d. h. um der Korrelations- und Regressionsanalyse, verwendet. Andererseits zur Kennzeichnung der Faktorenanalyse im engeren Sinne — als eine moderne Wissenschaftsdisziplin, die sich aus den Erfordernissen der Soziologie und Psychologie entwickelt hat.

Im Unterschied zu den Naturerscheinungen muß bei sozialen Erscheinungen immer der Einfluß vieler Faktoren berücksichtigt werden. Das kompliziert und erschwert ihre wissenschaftliche Untersuchung sehr. Die Faktorenanalyse jedoch gestattet es, die Anzahl der Faktoren in bestimmtem Umfang zu verringern und auf mathematischem Wege die wichtigsten Faktoren zu ermitteln. Damit wird die Untersuchung eines der Zentralprobleme der Rechtsforschung — die Analyse der Rechtsnormen und -institutionen — auf objektiver Grundlage möglich.

Auf diesem Forschungsgebiet sind zwei Richtungen zukunftsträchtig:

1. Erarbeitung mathematischer Modelle über die Prozesse der rechtlichen Regulierung, die in mathematischer Form die Struktur der normativen Verhaltensaspekte einer vielfältigen sozialen Wirklichkeit widerspiegeln;

2. Messung der quantitativen Ergebnisse der Wirkung des Rechts auf die gesellschaftlichen Verhältnisse sowie deren Veränderung.[24]

Das Problem der Messung gehört zu jenen methodologischen und erkenntnistheoretischen Problemen, die einer Reihe von Natur- und Gesellschaftswissenschaften gemeinsam sind.[25] Die Messung sozialer Größen beinhaltet jedoch auch einige spezifische, eigenständige Momente. Diese Spezifik spiegelt sich insbesondere in verschiedenen Verfahren wider, die speziell zur Messung von Einstellungen erarbeitet wurden. Zu den Einstellungen, die eine bedeutsame Determinante der sozialen Verhaltensstruktur darstellen, gehören solche Erscheinungen, wie Arbeitsfreude, Patriotismus, Verhältnis zur Gesellschaft und Politik, zur gesellschaftlichen Tätigkeit usw.

Bei den Einstellungsuntersuchungen wird gewöhnlich die komplizierte innere Struktur der Einstellung betont. Die Einstellung vereinigt verhaltensnormierende und kognitiv-wertmäßige Komponenten. Für das Recht ist in erster Linie der verhaltensnormierende Aspekt der Einstellung interessant.

Aus der Bestimmung der Einstellung lassen sich wichtige Schlußfolgerungen für die sozialrechtlichen Forschungen ziehen. Natürlich können auch relativ umfangreiche Kategorien sozialrechtlicher Erscheinungen und Faktoren (Rechtsnormen und Rechtsinstitutionen, die juristische Praxis usw.) ein soziales Objekt sein, das auf das Bewußtsein des Individuums einwirkt und eine bestimmte Einstellung hervorbringt.

In ihrer täglichen Arbeit werden die Bürger in vielfältiger Weise mit Fragen der Funktionsweise des Staates und des Rechts konfrontiert. Das erfordert die Herausbildung einer bestimmten sozialpsychologischen Beziehung zu den staatlich-rechtlichen Erscheinungen; z. B. zur Rechtsordnung, zur Gesetzlichkeit, zu den Rechtsinstitutionen, durch ihre Beurteilung als gerecht oder ungerecht usw.

Die Art und Weise der Wahrnehmung, Aneignung und Anwendung einer Rechtsnorm hängt von der jeweiligen sozialpsychologischen Beziehung des Individuums zum Recht, zur Gerechtigkeit und zur Gesetzlichkeit ab. Deshalb sollte man u. E. die Einstellung zum Recht als eine bestimmte, durch exakte Methoden fixierbare Beziehung der Individuen zu den sozialrechtlichen Erscheinungen, als eine Form der Reaktion auf sozialrechtliche Erscheinungen und Tatsachen definieren.

Die rechtlichen Einstellungen sind ein organischer Bestandteil des sozialistischen Rechtsbewußtseins. So ist das Problem der Einstellungen im Recht zugleich ein Teilproblem des sozialistischen Rechtsbewußtseins, das nicht nur mit logischen und philosophischen Methoden, sondern auch mit soziologischen, konkreten und quantitativen Methoden zu untersuchen ist. Als konkrete Beispiele von Rechtseinstellungen seien genannt:

1. die Beziehung zur Arbeitsdisziplin und zur Rechtsordnung;
2. die Beziehung zum sozialistischen Eigentum;
3. die Beziehung zum persönlichen Eigentum der Bürger;
4. die Beziehung zu den verschiedenen Rechtsinstitutionen und ihren Funktionsweisen;
5. die Beziehung zu rechtlichen Sanktionen usw.

Die rechtlichen Einstellungen in den verschiedenen Rechtszweigen und in der staatlichen Tätigkeit müssen in vollem Umfang Objekt der systematischen rechtswissenschaftlichen Analyse werden. Die Messung der Einstellung ist ein Mittel solcher Analyse.

Gegenwärtig werden zahlreiche Methoden zur Messung sozialer Einstellungen erarbeitet; sie umfassen folgende Etappen:

1. Erarbeitung und Zusammenstellung von Testmerkmalen, die kausal oder genetisch mit den Einstellungen verbunden sind;
2. Materialsammlungen, Umfragen;
3. mathematische Verarbeitung der Daten;
4. Darstellung der numerischen Daten als Funktionen (Grafiken, Tabellen), die eine exakte Vorstellung von der Aufteilung der untersuchten Gruppe im Kontinuum der Einstellung vermitteln;
5. Herstellung von Zusammenhängen zwischen den Einstellungen und dem Verhalten der Persönlichkeit.

Eine interessante Arbeit zur Einstellungsmessung leistet eine Gruppe Leningrader Wissenschaftler. Sie betrachten die Einstellung als eine „Spur", die die Rechtsnorm in der psychischen Struktur des Individuums hinterläßt.

Die Einstellungen zum Recht werden durch eine Analyse der verbalen Reaktionen der Respondenten auf verschiedene normative Situationen ermittelt. Diese subjektiven Reaktionen gestatten es, die Einstellung zur Erfüllung oder Nichterfüllung einer bestimmten juristischen Forderung zu beurteilen und sie anhand einer bestimmten Skala auszuwerten. So wird die rechtliche Einstellung auf der Grundlage der Messung jener Erscheinungen ermittelt, die als Ergebnis des Wirkens der Einstellung entstehen. Das eigentliche Untersuchungsziel besteht darin, die Abhängigkeit zwischen Bedürfnisbefriedigung, den Interessen und den Ansichten der Individuen sowie der Aneignung der Rechtsnormen zu bestimmen, also ein Modell der rechtlichen Regelung aufzubauen. Das soll jedoch nicht nur auf der Basis traditioneller Mittel erfolgen, sondern mit Hilfe eines speziellen psychologischen Instrumentariums verwirklicht werden.

5. Der Aufbau mathematischer Modelle für sozialrechtliche Erscheinungen

Neben der Anwendung der Rechentechnik und der Sozialmessung ist die Methode der mathematischen Modellierung sozialrechtlicher Erscheinungen bedeutsam.

Unter dem mathematischen Modell einer sozialen Erscheinung oder eines sozialen Prozesses ist deren mathematisches Muster zu verstehen, d. h. mathematische Formeln, Gleichungen, Gleichungssysteme usw., die die quantitativen und strukturellen Beziehungen innerhalb des jeweiligen Objekts kennzeichnen. Die Konstruktion eines mathematischen Modells sozialer Erscheinungen ist ein entscheidender Schritt zur Verallgemeinerung dieser sozialen Erscheinungen. Die objektive Realität in quantitativer Form widerspiegelnd, schaltet das mathematische Modell Zweitrangiges und Nebensächliches aus, indem es eine Vielzahl verschiedener Größen vereint.

Die Aufgabe der Modellierung besteht darin, zu zeigen, wie eine Erscheinung, ein Faktor auf eine andere soziale Erscheinung, auf einen anderen sozialen Faktor wirkt. Indem man die Kombination der Faktoren verändert, kann man in etwa den gleichen Effekt erzielen, wie das in der Wirklichkeit bei einer entsprechenden Veränderung der Bedingungen und Faktoren für den Ablauf eines realen Prozesses der Fall ist.

Als Beispiel für die sozialmathematische Modellierung mag das Modell zur Ermittlung des Pro-Kopf-Einkommens einer Familie dienen:

$$j = \frac{v(1 + k \cdot r) \cdot h}{n}$$

In diesem Modell charakterisieren die Symbole folgende Faktoren:

j = Pro-Kopf-Einkommen der Familie;

v = Einkunftshöhe des ersten Verdieners;

k = Verhältnis zwischen den Einkünften des ersten und zweiten Familienmitglieds;

r = Zahl der zweiten Familienmitglieder;

h = Wechselbeziehung zwischen den sonstigen Einkünften und dem Gesamtarbeitseinkommen der Familie;

n = Zahl der Familienmitglieder

Als ein Beispiel, das für die rechtliche Regelung von Interesse ist, ist folgendes mathematische Modell über Verkehrsunfälle geeignet:

$D = 0{,}0003\,(NP^2)^{1/3}$.

In dieses Modell wurden folgende Bezeichnungen aufgenommen:

D = Anzahl der schweren Verkehrsunfälle mit tödlichem Ausgang;

N = Anzahl der Autos des betreffenden Landes;

P = Bevölkerungszahl des betreffenden Landes.

Dieses Modell wurde an Hand statistischer Angaben überprüft. Die Kontrolle erfolgte, indem man die Zahl der Verkehrsunfälle mit tödlichem Ausgang gemäß dem Modell mit statistischen Angaben aus 28 Ländern verglich. Diese Gegenüberstellung zeigte, daß das Modell die realen Erscheinungen durchaus zufriedenstellend widerspiegelt. Allerdings gab es bei einer Reihe von Ländern beträchtliche Abweichungen. Das ist für solche Länder wie die BRD und die Schweiz erklärbar, weil diese Abweichungen hier durch den großen Zustrom von Autotouristen während der Sommerzeit bedingt sind. Die stärkste Abweichung ist jedoch für Indien, Jugoslawien, Spanien und Norwegen zu verzeichnen. Das hängt mit dem Gebirgscharakter dieser Länder und ihrem unterentwickelten Straßennetz zusammen.[26]

Das mathematische Modell einer sozialen Erscheinung hat oft die Form einer mathematischen Funktion. In dieser Funktion symbolisieren die unabhängigen Variablen die bedingende soziale Erscheinung. Die abhängige Variable demgegenüber substituiert die bedingte soziale Erscheinung. Die mathematische Funktion charakterisiert den Zusammenhang zwischen den zu untersuchenden Erscheinungen. Dieser Zusammenhang kann sowohl linearer als auch nichtlinearer Natur sein.

Viele soziale Prozesse, die aus der Sicht der Rechtswissenschaft bedeutsam sind, kann man als funktionell abhängig von einem Parameter, etwa der Zeit, betrachten. Sie können als sich historisch entwickelnde soziale Prozesse angesehen werden.

So verändert sich in einer bestimmten Gegend von Jahr zu Jahr, von Monat zu Monat die Zahl der Rechtsverletzungen. Diese Zahl der Rechtsverletzungen kann unter bestimmten Bedingungen als eine Variable dargestellt werden, die eine Funktion des Parameters Zeit ist. Eine Funktion der Zeit ist auch die Anzahl der Eheschließungen und Scheidungen. Damit ist es möglich, die Beziehungen in Form unkomplizierter Gleichungen darzustellen, bei denen die Zeit die Rolle der unabhängigen Variablen und die quantitativen Kennziffern des untersuchten sozialen Prozesses die Rolle der abhängigen Variablen spielt bzw. spielen. Aber die sozialen Prozesse (soziale Variablen) können funktional nicht nur von der Zeit abhängig sein, sondern auch von anderen sozialen Faktoren, die diese Prozesse bedingen. Sehr wichtig ist die Analyse der statistischen Zusammenhänge zwischen den sozialrechtlichen Erscheinungen und den sozialdemographischen Faktoren, wie die natürliche Bewegung der Bevölkerung, ihre Struktur, der Prozeß der Urbanisierung und Migration usw.

In diesem Zusammenhang sind die Entwicklung und Überprüfung solcher Modelle von Interesse, die die gleichzeitige Wirkung mehrerer Faktoren auf sozialrechtliche Erscheinungen berücksichtigen. Es geht um die Konstruktion von Faktorenmodellen, besonders um die Konstruktion eines Mehrfaktorenmodells.

Das allgemeine Schema eines mathematischen Mehrfaktorenmodells könnte als Gleichung wie folgt dargestellt werden:

$y = F(x_1, x_2 \ldots\ldots, x_n) + E,$

wobei y — quantitativer Ausdruck der untersuchten sozialen Erscheinung,

x_1, x_2, x_n — bedingende soziale Faktoren,

F — Charakter der mathematischen Abhängigkeit zwischen y und $x_1, x_2 \ldots\ldots x_n$,

E — bestimmter zufälliger Fehler, der den wahrscheinlichkeitsstatistischen Charakter der Abhängigkeit widerspiegelt.

Die Ermittlung des konkreten Wertes der Funktion

$y = F(x_1, x_2, \ldots\ldots x_n)$

kann auf verschiedene Weise erfolgen. Vor allem muß man versuchen, die Abhängigkeit y nur von einer Variablen aus zu betrachten (d. h. den Fall $n = 1$). Eine solche unabhängige Variable könnten z. B. sozialdemographische Faktoren, Bevölkerungszahl, Urbanisierung usw. sein. Zur Veranschaulichung wollen wir ein einfaches Einfaktorenmodell wählen:

$y = ax + E,$

wobei y — qualitativer Ausdruck der untersuchten sozialen Größe;

x — bedingender sozialer Faktor (z. B. Bevölkerungszahl);

a — Zusammenhangskoeffizient (der Proportionalität) zwischen „y“ und „x“, der durch die Spezifik der untersuchten Erscheinungen bedingt ist;

E — zufälliger Fehler, der durch den statistischen Charakter hervorgerufen wird.

Weiterhin können Modelle aufgebaut werden, die zwei und mehrere soziale Faktoren berücksichtigen. Ist das mathematische Modell einer sozialrechtlichen Erscheinung erst einmal konstruiert, dann kann mit Hilfe eines ganzen Komplexes von mathematischen Operationen das Modell untersucht werden. Diese Operationen können darin bestehen, daß man die Veränderungsgeschwindigkeit der untersuchten Erscheinung ermittelt (Differenzierung), oder die Zahl der Handlungen bestimmt, die während einer bestimmten Zeit vollzogen werden (Integrierung) usw.

Der Absicherung eines mathematisch-sozialrechtlichen Modells durch statistische Angaben ist besonderes Augenmerk zu widmen. Offensichtlich ist das einzige Kriterium für den Wert eines mathematischen Modells die Erfahrung, die Praxis. Jedes wissenschaftliche Modell kann nur dann als wahr gelten, d. h. hinreichend exakt die Prozesse der objektiven sozialen Wirklichkeit widerspiegeln und erklären, wenn es der Realität entspricht. Die gegenwärtige sozialrechtliche Statistik verfügt jedoch vor allem über darstellende Aufgaben und hat bei weitem nicht immer ausreichendes statistisches Material, um alle Modelle sozialrechtlicher Erscheinungen überprüfen zu können. Deshalb können einzelne mathematische Modelle eine gewisse Zeit wegen fehlender empirischer Daten nicht überprüft werden.

Sind solche Modelle nun nicht inhaltsleer und abstrakt? Keineswegs! Selbst die nicht durch die Praxis bestätigten mathematischen Modelle bringen der Wissenschaft großen Nutzen, denn sie decken den logischen Mechanismus der zu untersuchenden Prozesse, ihre Struktur und den Zusammenhang ihrer einzelnen Teile auf. Eine spezielle wissenschaftliche Aufgabe ist die Gewinnung des statistischen Tatsachenmaterials zur Überprüfung der mathematisch konstruierten Modelle. Nicht überprüfte Modelle sind logische Schemata, deren rationaler Kern durch Fakten bestätigt oder widerlegt werden muß.

Die Mathematik unterscheidet „gut organisierte" und „schlecht organisierte" Systeme. „Gut organisierte" Systeme bestehen aus klar gegliederten Elementen bzw. Teilsystemen, die eine genaue mathematische Beschreibung und inhaltliche Interpretation zulassen. Seit der Zeit Newtons entwickelte sich die Mathematik durch die Erforschung dieser „gut organisierten", wohlgeordneten Systeme. „Schlecht organisierte" Systeme hingegen sind diffuse Systeme, deren einzelne Elemente bzw. Teilsysteme nicht präzise unterscheidbar, sondern eng ineinander integriert sind. Die sozialen Systeme und Kollektive gehören ausgerechnet zu den „schlecht organisierten", diffusen Systemen. Aber auch diese „schlecht organisierten" Systeme werden heute zunehmend einer mathematischen Behandlung zugänglich gemacht und damit die Spezifik der mathematischen Darstellung diffuser Systeme geklärt. Diese Spezifik besteht darin, daß Modelle nicht das ganze System, sondern nur einen Aspekt beschreiben. Und einen sozialen Prozeß mathematisch zu modellieren, genügt es nicht, nur ein Modell zu erarbeiten, es bedarf dazu mehrerer mathematischer Modelle.

Die Anwendung mathematischer Modelle in der Sozialforschung ist nicht identisch mit der Anwendung mathematischer Modelle in der Physik oder in anderen Naturwissenschaften. „Wenn man so einen Vergleich im Auge hat, dann gibt es in der Soziologie tatsächlich keine Gesetze, die den Gesetzen Newtons und Einsteins entsprechen, und für das Gebiet sozialer Erscheinungen keine mathematische Theorie, die der klassischen und Quantenmechanik ähnlich wäre." Der Grund dafür ist offensichtlich die unvergleichlich größere Kompliziertheit der sozialen Modelle. Es wäre u. E. falsch, zu hoffen, daß eines Tages Gleichungen entwickelt werden könnten, die den Gleichungen der Mechanik entsprächen. Die Abbildung der gesellschaftlichen Realität mit mathematischen Mitteln wird wahrscheinlich nicht durch mathematische Gesetze, sondern durch mathematische Modelle, wie sie die Kybernetik kennt, erfolgen. Ein und dasselbe soziale Objekt wird dann gleichzeitig durch mehrere, nicht miteinander konkurrierende mathematische Modelle beschrieben werden.

Die soziale Wirklichkeit ist kompliziert, und die Grenzen ihrer Erscheinungen sind oftmals unbestimmt. Deshalb hat das Auffinden beliebiger neuer quantitativer Strukturen einen objektiven Sinn. Die Fixierung der objektiven Wahrscheinlichkeitsstrukturen mit Methoden der modernen Mathematik bringt früher oder später ganz sicher wissenschaftlichen und praktischen Nutzen.

Man kann folgende Entwicklungen der sozialrechtlichen Modellierung annehmen. Ein erster Weg ist die Anpassung der mathematischen Modelle, die in der Ökonomie und Soziologie ausgearbeitet wurden, an die Bedürfnisse der Rechtswissenschaft. Hierher gehören die Modelle der Reproduktion der Bevölkerung, der Fluktuation der Arbeitskräfte, der Migration der Bevölkerung. Modelle der Geschlechts- und Alterseinflüsse auf das Individualverhalten usw. Die experimentelle Überprüfung dieser Modelle anhand des sozialrechtlichen Materials gestattet es, die Möglichkeiten der Prognostizierung sozialrechtlicher Erscheinungen zu untersuchen. Nehmen wir ein Beispiel. In der Soziologie werden Modelle der sozialen Diffusion erarbeitet. Auf die Zirkulation der Informationen haben hauptsächlich zwei Faktoren Einfluß. Der erste Faktor ist die Wichtigkeit der Information für die Mitglieder der Gruppe. Der zweite Faktor ist die Wahrscheinlichkeit der Übertragung der erhaltenen Information durch ein Individuum auf ein anderes. Modelle der sozialen Diffusion können im Recht z. B. zur Klärung der Gesetzmäßigkeiten der Verbreitung von Informationen über eine neue Rechtsnorm angewendet werden und der quantitativen Untersuchung des Einflusses gerichtlicher Prozesse (besonders der Verhandlungen vor erweiterter Öffentlichkeit) auf die Bevölkerung dienen.

Ein zweiter Weg ist die Erarbeitung von speziellen Modellen für die Analyse der sozialrechtlichen Wirklichkeit.

Auch in der Staats- und Rechtswissenschaft hat die Anwendung statistischer und mathematischer Methoden sowie das technische Instrumentarium der Kybernetik und Rechentechnik große Perspektiven. Allmählich entsteht eine Situation, in der die konkreten sozialrechtlichen Untersuchungen untrennbar mit statistischen, mathematischen und kybernetischen Methoden verbunden werden müssen, und die praktischen Empfehlungen für die Vervollkommnung der Gesetzgebung, das System der staatlichen Organe und die Leitungspraxis in den verschiedenen Sphären werden sich auf eine breite und dauerhafte Basis umfangreicher qualitativer Messungen stützen müssen. Im Ergebnis dessen wird sich die Effektivität der Rechtswissenschaften erhöhen. Dabei ist nicht zu befürchten, daß die qualitativen Forschungsmethoden verdrängt oder liquidiert werden. Das zeigen bereits die Erfahrungen der Mathematisierung anderer Gesellschaftswissenschaften (z. B. der Ökonomie). Infolge der enormen Veränderlichkeit und der Vielgestaltigkeit der Faktoren sozialer Erscheinungen spiegelt die mathematische Modellierung diese lediglich mit einem gewissen Annäherungsgrad wider. Deshalb bleiben nichtformalisierte, qualitative Forschungsmethoden in der Rechtswissenschaft nach wie vor erhalten.

Obwohl in der Rechtswissenschaft erst begonnen wird, mathematische Forschungsmethoden anzuwenden, kann man diese Tendenz bereits jetzt als sehr fruchtbringend einschätzen. Das Wesen dieses Prozesses besteht in der Objektivierung der Rechtsforschung, in der Zurückdrängung subjektiver Bewertungen und Vermutungen, in der Erweiterung objektiver, zuverlässiger Kenntnisse und in der Erziehung zu exaktem wissenschaftlichem Denken. Dadurch erhöhen sich das Niveau der Forschungsergebnisse und ihr Nutzen für den staatlich-rechtlichen Aufbau insgesamt. Außerdem hängt der gegenwärtige Erfolg der mathematischen Methoden in entscheidendem Maße davon ab, wie intensiv die Mittel der qualitativen Analyse entwickelt werden. Andernfalls kann die Anwendung der filigranen mathematischen Methoden zu einer Pseudomathematisierung und Pseudoformalisierung führen. Es wird also keineswegs vorgeschlagen, alle Zweige der Rechtswissenschaft zu „mathematisieren". Von der Anwendung mathematischer Methoden geht keine Bedrohung der Rechtswissenschaft durch ihr etwaiges „Loslösen" von der Wirklichkeit aus. Die schöpferische Tätigkeit der Menschen wird nicht überflüssig. Die Mathematik kann nur in den Zweigwissenschaften und bei der Lösung solcher Rechtsprobleme eingesetzt werden, wo ihre Anwendung möglich und zweckmäßig ist. Unter allen Umständen bleibt ein inhaltsorientiertes qualitatives Herangehen an die Erscheinungen auf der Basis der marxistisch-leninistischen Staats- und Rechtstheorie entscheidend.

Anmerkungen

1 Vgl. dazu z. B. KUDRJAVCEV, V. N., Soziologie, Recht und Kriminologie, in: Sovetskoe gosudarstvo i pravo, 2/1969, S. 64—72.

2 Vgl. Artikel von ŠKARATAN, O. I./LJACHOV, I. I./IVANOVA, N. G./MINC, L. E. und anderen, in: Modellierung sozialer Prozesse, Moskau 1970.

3 Vgl. ZAGORUJKO, N. G./ZASLAVSKAJA, T. I., Über die Möglichkeit der Anwendung von Methoden der Mustererkennung bei soziologischen Forschungen, Novosibirsk 1970; ISTOŠNIN, N. JU., Die Methode der Messung soziologischer Objekte mit Hilfe der Theorie der Mustererkennung, Novosibirsk 1970.

4 MASLOV, P. P., Statistik in der Soziologie, 1971; siehe auch: Soziale Untersuchungen, in: Teorija i metody, 5/1970.

5 Vgl. KEMENY, I./SHELL, I., Mathematische Modelle in den Gesellschaftswissenschaften, Boston 1962; Mathematische Methoden in der modernen bürgerlichen Soziologie, Moskau 1966.

6 „Die mathematische Soziologie hat die Stellung und Lösung sozial-mathematischer Aufgaben, die Konstruktion sozial-mathematischer Modelle sowie die Auswertung der auf der Grundlage dieser Modelle erhaltenen Ergebnisse zum Ziel" (Količestvennye metody v sociologii, Moskau 1966, S. 27).

7 Vgl. z. B. entsprechende Artikel der Bücher: Rechtskybernetik, Moskau 1970; Probleme der Soziologie des Rechts, Vilnjus 1970; Leitung, Soziologie, Recht, Moskau 1971; vgl. auch NIKITINSKIJ, V. I., Die Effektivität der Normen des Arbeitsrechts, Moskau 1971.

8 Vgl. Sovetskoe gosudarstvo i pravo, 6/1969, S. 145.

9 Konkrete soziologische Untersuchungen im Recht sind kein einheitliches mathematisches Anwendungsgebiet. Mathematische Methoden werden gegenwärtig in den verschiedenen Bereichen der Rechtswissenschaft effektiv angewendet, so z. B. in der Rechtskybernetik, zu deren Aufgaben die Anwendung der modernen Rechentechnik gehört. In der Kriminalistik und der gerichtlichen Expertise, deren Gegenstände den Naturwissenschaften besonders nahe stehen, fördert die Anwendung der mathematischen Statistik und anderer Methoden die Lösung wichtiger theoretischer und praktischer Aufgaben.

10 Die Wissenschaft ist die Einheit des Gegenstandes, der Theorie und der Methode. Das wird manchmal unbegründeterweise ignoriert.

11 Vgl. z. B. SMIRNOV, N. V./DUNIN-BARKOVSKIJ, I. V., Kursus der Wahrscheinlichkeitstheorie und der mathematischen Statistik, Moskau 1965, S. 73—100.

12 Untersuchungsergebnisse, vorgetragen auf dem III. Allunionssymposium der Rechtskybernetik, 1968.

13 SMIRNOV, N. V./DUNIN-BARKOVSKIJ, I. V., Kursus der Wahrscheinlichkeitstheorie und der mathematischen Statistik, a. a. O., S. 133.

14 Vgl. POLJAKOV, A. A., Die Verkehrsregelung auf Straßen und Wegen, 1965, S. 357.

15 Vgl. GAVRILEC, JU. P., Erweitertes dynamisches Modell des antigesellschaftlichen Verhaltens, in: Količestvennye metody v socialnych issledovanijach, informacionnyj bjulleten sovetskoj sociologičestkoj assocjacii, (Moskau) 8/1967.

16 Vgl. BENJAMIN, H., Zur Anwendung mathematischer Methoden in der staatlichen Leitung und Rechtspflege, in: Staat und Recht, 6/1965.

17 Vgl. USTINOV, V. A., Die Anwendung von Rechenmaschinen in der Geschichtswissenschaft, Moskau 1964; USTINOV, V. A./DEEV, A. F., Erfahrungen mit der Anwendung der EDV bei soziologischen Untersuchungen, Novosibirsk 1967.

18 Das IV. Allunionssymposium im Februar 1971 in Moskau war speziell der Anwendung der Rechentechnik im Recht, vor allem in der Kriminalistik und der gerichtlichen Expertise gewidmet.

19 Vgl. GNEDENKO, B. V., Kursus der Wahrscheinlichkeitstheorie, Moskau 1965.

20 Vgl. GAVRILEC, JU. N., Zur quantitativen Erforschung der Struktur komplizierter sozialer Systeme, in: Modellierung sozialer Prozesse, a. a. O., S. 74—91.

21 Vgl. FICHTENGO'LC, G. M., Grundlagen der mathematischen Analyse, Moskau 1964, S. 37 bis 48.

22 Vgl. ANDREEV, E. P./OSIPOV, G. V., Mathematik und Soziologie, in: Voprosy filosofii, 11/1968; RABBOT, B. S., Experimentelle Methoden bei der sozialen Erkenntnis, in: Voprosy filosofii, 3/1970, S. 87—96.

23 Allgemeine Fragen der sozialen Messung im Recht werden in einem Artikel von VENGEROV, A. B./NIKITINSKIJ, V. I./SAMOŠČENKO, I. S., Allgemeine Methodik der Messungen im Recht, in: Sovetkoe gosudarstvo i pravo. 6/1970, behandelt.

24 Vgl. PAŠKOV, A. S./JAVIČ, L. S., Effektivität der Rechtsnorm, in: Sovetskoe gosudarstvo i pravo, 3/1970, S. 40; SAMOŠČENKO, I. S./NIKITINSKIJ, V. I., Über die Ergebnisse der Wirkung von Rechtsnormen, in: Učenye zapiski VNIISZ, Bd. 22; SAMOŠČENKO, I. S./NIKITINSKIJ, V. I./VENGEROV, A. B., Über die Grundlagen der Methodologie und Methodik der Untersuchung der Effektivität der Wirkung von Rechtsnormen, in: Učenye zapiski VNIISZ, 1971, Bd. 25.

25 Vgl. ME'LNIKOV, O. A., Über die Rolle der Messung in der Erkenntnis, Novosibirsk 1968.

26 Vgl. BABKOV, V. F., Straßenzustand und Verkehrssicherheit, Moskau 1964, S. 6—10.

V. I. Nikitinskij,
V. V. Glazyrin,
S. E. Kazarinova

Über die Methodik der Effektivitätsmessung von Rechtsnormen

Die Errichtung der kommunistischen Gesellschaft erfordert eine ständige Vervollkommnung der wissenschaftlichen Grundlagen der Leitung der Gesellschaft, einschließlich der rechtlichen Regulierung. Zur Lösung dieser Aufgabe gehört es, die Effektivität von Rechtsnormen zu erforschen, was wiederum mit der theoretischen Ausarbeitung und Lösung zweier Problemgruppen verbunden ist. Zur ersten Gruppe gehören Probleme, die den Inhalt des Begriffes der Wirkung von Rechtsnormen und Institutionen, ihre Kriterien, die Abgrenzung der Effektivität von anderen Eigenschaften der Wirkung der Rechtsnorm usw. betreffen. Ihre Lösung ermöglicht die Frage zu beantworten, was man bei der Erforschung der Effektivität konkreter Normen und Institutionen messen muß. Dadurch erhalten wir aber noch nicht die notwendigen quantitativen Erkenntnisse. Um diese zu erhalten, muß man außerdem klären, wie, auf welche Art man die Effektivität messen kann.

Konzeptionelle Aspekte der Effektivität des Rechts wurden in den letzten Jahren in der sowjetischen juristischen Literatur umfangreich diskutiert. Die Methodik ihrer Messung dagegen ist nur unzureichend ausgearbeitet. Einzelne Artikel, die diesen Problemen gewidmet sind, werfen nur Fragen auf oder erläutern einzelne Methoden, die von diesem oder jenem Wissenschaftler angewandt wurden.[1] Diese Situation entstand nicht zufällig. Die Methoden zur Messung der Effektivität werden bei der konkreten Erforschung der Effektivität einzelner Normen und Institute nach und nach erarbeitet. Durch ähnlich gelagerte Forschungen besitzt man heute bereits Erfahrungen bei der Ausarbeitung typisierter Methoden zur Effektivitätsmessung von Rechtsnormen.

Die Messung der Effektivität von Rechtsnormen hat vor allem praktische Bedeutung. Sie soll klären, ob und in welchem Maße jene konkreten sozialen Ziele erreicht werden, die beim Erlaß der entsprechenden Normen aufgestellt wurden. Gleichzeitig sollen Empfehlungen formuliert werden, die auf die weitere Vervollkommnung der Gesetzgebung und der Rechtsanwendung gerichtet sind. Die Erforschung der sozialen Effektivität von Rechtsnormen und die Auswertung der gewonnenen Ergebnisse gehören zum Gegenstand der Rechtswissenschaft. Indessen muß die Methodik einer derartigen Forschung sowohl unter Berücksichtigung der Theorie und der Methoden der Soziologie als auch der Rechtswissenschaft konzipiert werden.[2]

Die Erfahrungen bei der Messung der Effektivität verschiedener Rechtsnormen in der Sowjetunion zeigen, daß derartige Forschungen bei aller Vielfalt der angewendeten

Methoden durch folgende Etappen gekennzeichnet sind: Bestimmung des Effektivitätsgrades der untersuchten Norm (Normen); Aufstellen von Hypothesen, die die Gründe der unzureichenden Effektivität der Rechtsnorm (Rechtsnormen) erklären; Erarbeitung von Methoden zu ihrer Überprüfung; Analyse der Informationen, die man im Verlaufe der Forschung erhält (Bestätigung oder Widerlegung der Hypothese). Die Realisierung jeder Forschungsetappe ist mit der Lösung einer Reihe allgemeiner methodischer Probleme verbunden, von denen die wichtigsten im folgenden dargelegt werden.

1. Bestimmung der Effektivität der Rechtsnormen

Bevor der Effektivitätsgrad einer Rechtsnorm bestimmt werden kann, muß ihr Ziel (Ziele) und der Grad seiner Realisierung festgestellt werden, d. h. das Verhältnis zwischen den Ergebnissen des Wirkens der Norm und dem festgelegten Ziel (Zielen) ist zu ermitteln. In vielen Normativakten sind unmittelbare Hinweise auf jene Ziele (geplante Zustände der gesellschaftlichen Verhältnisse) enthalten, die mit dem Erlaß der Normen erreicht werden sollen. In einer Reihe von Normativakten gibt es direkte Hinweise auf konkrete politische Quellen. Durch ihre Untersuchung wird es möglich, die Ziele der Normativakte zu erfassen. Hinweise auf die Zielstellung von Gesetzen und der in ihnen enthaltenen Normen findet man, wenn man Erklärungen und Begründungen jener Organe analysiert, die das Gesetz vorschlugen oder ausarbeiteten. Das Ziel einer Rechtsnorm kann aber auch ermittelt werden, indem man die bekannten Interpretationsverfahren benutzt. Wenn trotz sorgfältiger teleologischer Analyse das Ziel der Rechtsnorm dennoch unklar oder strittig bleibt, so ist es nicht möglich, ihre Effektivität zu messen.

Ist das Ziel (die Ziele) einer Rechtsnorm geklärt, so muß ein System vergleichbarer quantitativer Parameter erarbeitet werden, die den Grad seiner (ihrer) Regulierung kennzeichnen. Derartige Parameter zu finden, bereitet gewöhnlich keine prinzipiellen methodischen Schwierigkeiten. Wenn es gelungen ist, die Ziele der Rechtsnorm exakt zu formulieren, dann sind diese Parameter lediglich ihr quantitativer Ausdruck. Ist z. B. festgestellt worden, die Ziele der Normen über die disziplinarische Verantwortlichkeit der Arbeiter und Angestellten bestehen darin, die Zahl der Verletzungen der Arbeitsdisziplin (Generalprävention) zu verringern, die Umerziehung der Personen zu gewährleisten, die Disziplinverletzungen begangen haben (Spezialprävention), dann eignen sich folgende Parameter, um den Realisierungsgrad dieser Ziele zu ermitteln: a) das Verhältnis der Anzahl von Personen, deren Verhalten den Forderungen der Rechtsnormen widerspricht, zur Gesamtzahl der Arbeiter und Angestellten (eines Betriebes, einer Stadt oder einer anderen ausgewählten Gesamtheit von Forschungsobjekten); b) das Verhältnis der Anzahl der Personen, die Disziplinverletzungen begangen haben, nachdem sie zur Verantwortung gezogen wurden, zur Gesamtzahl der Personen, die zur Verantwortung gezogen worden sind.

Typisierte Parameter zur Effektivität von Rechtsnormen gibt es für die unterschiedlichsten Rechtszweige, wenn diese ähnliche Ziele haben. So wurde die Effektivität der Arten der Verantwortlichkeit (strafrechtliche, zivilrechtliche, administrative, disziplinarische) in der Praxis mit Hilfe analoger Parameter untersucht, die sowohl die generalpräventive als auch die spezialpräventive Bedeutung der verschiedenen Arten der Verantwortlichkeit berücksichtigen. Jedoch darf man nicht außer acht lassen, daß die

Aussagen dieser Parameter, die den Stand der Realisierung der Ziele der Normen kennzeichnen, noch keine genaue Vorstellung über den Effektivitätsgrad vermitteln können. So wirken z. B. auf die Arbeitsdisziplin neben den Rechtsnormen auch noch andere Faktoren — sowohl fördernde als auch die Erreichung bestimmter Ziele hemmende — ein. Deshalb sagen sowohl hohe als auch niedrige Kennziffern des Realisierungsgrades der Normziele noch nichts über die Effektivität der Normen selbst aus. Die Norm kann uneffektiv, aber der Realisierungsgrad ihres Ziels im Ergebnis des Wirkens anderer Faktoren hoch sein; und umgekehrt, die Norm gewährleistet einen bestimmten Grad der Zielrealisierung, aber andere Faktoren beeinflussen die Kennziffern negativ.

Die konkrete sozialrechtliche Forschung hat Methoden entwickelt, mit deren Hilfe die Effektivität von Rechtsnormen quantitativ bewertet werden kann. Eine Möglichkeit besteht in der Ausarbeitung genauer quantitativer Parameter, die den spezifischen Anteil der Wirkung der Rechtsnorm kennzeichnen. Es genügt, um die generalpräventive Wirkung von Normen der disziplinarischen Verantwortlichkeit auf dem Gebiet der Arbeitsdisziplin zu bestimmen, die Anzahl der Personen zu ermitteln, die vor allem wegen der festgelegten Verantwortlichkeit keine Rechtsverletzungen begehen. In derartigen Fällen kann man zuverlässige Angaben nur erhalten, indem man die Motive des Verhaltens der Menschen mit soziologischen Mitteln aufdeckt. Die Soziologie kennt jedoch noch keine Verfahren, die es ermöglichen würden, auf der Basis genauer Einschätzungen, Intentionen und verbal ausgedrückter Orientierungen verinnerlichte Wertorientierungen der Persönlichkeit festzustellen und sie von deklaratorischen zu unterscheiden.[3] Durch Anwendung solcher Verfahren kann die Methode der Eliminierung der Rolle des rechtlichen Faktors bei der Effektivitätsmessung von Rechtsnormen angewendet werden.

Eine zweite Möglichkeit, um die spezifische Wirkung von Rechtsnormen zu ermitteln, beruht auf der Methode des einzigen Unterschiedes, deren Grundgedanke von J. St. Mill stammt und der von ihm so formuliert wurde: „Wenn ein Fall, in dem die zu erforschende Erscheinung auftritt, und ein Fall, in dem sie nicht auftritt, sich in allen Sachverhalten gleichen, außer in einem, den wir nur im ersten Fall finden, so ist dieser Sachverhalt, in dem allein sich diese beiden Fälle unterscheiden, die Folge oder der Grund oder ein notwendiger Teil der Ursache der Erscheinung.“[4] Schematisch dargestellt:

$a, b, c, d \rightarrow e, f \qquad a, b, c, d' \rightarrow e, f'.$

Folglich sind die Veränderungen offensichtlich die Ursache der Veränderungen in *f*.

Hinsichtlich der Effektivitätsforschung von Rechtsnormen kann man diese Methode folgendermaßen interpretieren: Wenn die Wirkung bestimmter Faktoren *a*, *b*, *c*, *d* (wobei „*d*“ die Rechtsnorm ist) zu dem Ergebnis *e*, *f* führt sowie bei Veränderung der Norm (d') und bei Beständigkeit aller anderen Faktoren das Ergebnis e, f' erreicht wurde, ist die Schlußfolgerung berechtigt, daß sich das Ergebnis gerade durch die Einwirkung der Rechtsnorm verändert hat.

Diese Methode ist auf viele Situationen anwendbar; insbesondere bei der Veränderung bestimmter Rechtsnormen und beim Messen der Parameter der Zielrealisierung „bis zu oder nach“ solchen Veränderungen. Die „Grundlagen der Arbeitsgesetzgebung der UdSSR und der Unionsrepubliken“ regelten z. B. die Schadensersatzforderungen von Betrieben neu. Konnte vorher Schadenersatz in einer Reihe von Fällen bereits durch den Betriebsleiter gefordert werden, so muß nun eine solche Forderung bei fehlendem schriftlichen Einverständnis des Werktätigen auf dem Gerichtsweg eingeklagt werden. Hat sich diese Gesetzesveränderung nun auf die Zielrealisierung der Normen über die materielle Verantwortlichkeit ausgewirkt?

Nach Angaben von S. A. Sviridov, der entsprechende Untersuchungen durchführte, betrug 1970 die Zahl der Werktätigen, die wegen Geringfügigkeit der Schadenssumme nicht zur Verantwortung gezogen wurden, 15,5% der Schadensverursacher. 1971 betrug diese Zahl 17,1% und 1972 19,4%. Durch die Veränderung der Rechtsnorm wurde also die Effektivität ihrer Wirkung vermindert.[5]

Ein anderes Anwendungsbeispiel der Methode des einzigen Unterschiedes ist die Eliminierung der spezifischen Rolle des rechtlichen Faktors bei der Effektivitätsbestimmung lokaler Normen, d. h. von Normen, die auf der Grundlage der allgemeingültigen Rechtsnormen nur in einzelnen Betrieben gelten.

Lokale Normen regeln z. B. die Zahlung von Jahresendprämien. Durch sie soll u. a. die Fluktuation der Kader verringert werden. Aber die Fluktuation wird durch viele Faktoren beeinflußt. Wie kann man nun die spezifische Wirkung der Normen der Jahresendprämienverordnung auf diesen Prozeß bestimmen? Bei Untersuchungen im Allunionsforschungsinstitut für Sowjetgesetzgebung wurde diese Aufgabe folgendermaßen gelöst: Um den Einfluß der anderen Faktoren zu eliminieren, wurde zuerst eine Gruppe von Betrieben ermittelt, in denen die Hauptfaktoren, die auf die Fluktuation Einfluß haben, einander ähnlich waren (Arbeitsbedingungen, technischer Ausstattungsgrad, Höhe des Lohnfonds, materielle Stimulierung der Werktätigen usw.), die sich aber durch einen Parameter unterschieden, nämlich in der durchschnittlichen Höhe der Jahresendprämie (im Verhältnis zum durchschnittlichen Arbeitslohn der Arbeiter pro Jahr).

Um den Einfluß verschiedener Faktoren auf ein Resultat zu bestimmen, benutzt man in der mathematischen Statistik die Korrelationsanalyse, durch die mit Hilfe verschiedener Korrelationskoeffizienten (des Fechnerschen Koeffizienten, des Koeffizienten der Rangkorrelation nach Spearman, des linearen Korrelationskoeffizienten usw.) die Intensität und die Richtung des Zusammenhangs zwischen den zu untersuchenden Merkmalen bestimmt werden kann. Die Korrelationskoeffizienten erhalten die Werte von -1 bis $+1$, wobei eine negative Größe einen indirekten, eine positive Größe einen direkten Zusammenhang anzeigt. Mit Annäherung an ± 1 wächst der Zusammenhang; sind die Werte der Koeffizienten kleiner als $\pm 0{,}5$, so zeugen sie von einem schwachen, sind sie größer als $\pm 0{,}7$, so zeugen sie von einem engen Zusammenhang zwischen den Merkmalen.[6]

Der Wert des linearen Korrelationskoeffizienten (r), der die Beziehung zwischen den Mittelwerten der Höhe der Jahresendprämie und den Fluktuationskennziffern in den untersuchten Betrieben kennzeichnet, betrug $-0{,}41$. Auf der Grundlage dieses Wertes konnte man schlußfolgern, daß die Höhe der Jahresendprämie die Fluktuation nicht merklich beeinflußt. Mittels der Korrelationsmethode kann man den spezifischen Anteil bestimmen, den der rechtliche Faktor im Rahmen aller anderen Faktoren, die auf einen bestimmten Prozeß wirken, hat. Das wird erreicht, indem man eine Korrelationsgleichung aufstellt und löst. Mathematischer Ausdruck eines indirekten Zusammenhangs der Merkmale ist z. B. die Hyperbelgleichung in der Form

$y_x = a_0 + \frac{a_1}{x}$, wobei a_0 den Einfluß der übrigen Faktoren (außer x) fixiert und der Parameter a_1 zeigt, um wie viele Einheiten sich der Wert y bei jeder Veränderung des Wertes x verändert. Unter Berücksichtigung der faktischen Angaben sah die Hyperbelgleichung, die den Zusammenhang zwischen Jahresendprämie und Fluktuation der Kader darstellt, folgendermaßen aus: $\tilde{y}_x = 9{,}729 + \frac{18{,}965}{x}$, wobei x der Wert der Höhe der Jahresendprämie ist (in % zum Jahresverdienst); $\tilde{y}_x$ der theoretische Wert der Fluktuation, der sich durch die Einwirkung des Faktors x verändert. So wird, wenn $x = 1$ ist (die Jahresendprämie beträgt insgesamt 1 % des Jahresverdienstes), die Fluktuation auf dem Stand von 28,694 % sein. Bei der Erhöhung des Wertes x auf 6 (maximal hoher Durchschnitt der Bezahlung für bestimmte Betriebsgruppen) vermindert sich die Fluktuation auf 12,889 %, und folglich ist in diesen Grenzen (von 12,889 bis 28,694 %) die Jahresendprämie in der Lage, auf die Fluktuation in den untersuchten Betrieben einzuwirken.

In einigen Fällen ist es möglich, die Lösung der Eliminierungsaufgabe immer mehr zu konkretisieren und mehrere Faktoren zur Analyse heranzuziehen, indem man sich nicht auf die Untersuchung des Einflusses eines Faktors beschränkt. Eine solche Analyse erfolgt durch die Anwendung der multiplen Korrelation. Ihr Wesen besteht darin, daß die Größe des Einflusses auf das Ergebnis durch mehrere wesentliche Faktoren (wie eines jeden im einzelnen, so auch in der Gesamtheit) bestimmt wird. Zum Beispiel wurde bei der Effektivitätsmessung der Jahresendprämie die Aufgabe gestellt, den Einfluß folgender zwei Faktoren auf die Fluktuation zu bestimmen: die Höhe der Jahresendprämie und den Grad der Zufriedenheit mit der Arbeit.

Bei der linearen Abhängigkeit zwischen den zu untersuchenden Faktoren und dem Resultat ergibt sich folgende Gleichung: $y_{x_1,x_2} = a_0 + a_1x_1 + a_2x_2$, wobei $\tilde{y}_{x1,x2}$ der theoretische Wert des Merkmals ist, der sich unter der Einwirkung der Faktoren x_1 und x_2 verändert. x_1 und x_2 sind die beeinflussenden Faktoren; a_0 ist der Wert des resultativen Merkmals bei $x_1 = 0$ und $x_2 = 0$; a_1 und a_2 sind Regressionskoeffizienten, die den Einfluß der Faktoren x_1 und x_2 auf das Resultat kennzeichnen.

Nach der Lösung des Gleichungssystems erhält man folgende Korrelationsgleichung: $y_{x1,x2} = 20{,}01 - 1{,}51x_1 - 12{,}65x_2$, wobei $y_{x1,x2}$ der Wert der Fluktuation ist, der sich unter der Einwirkung der Faktoren x_1 und x_2 verändert; x_1 ist der Wert der Höhe der Jahresendprämie (in % zum Jahresverdienst, die Skala der möglichen Werte reicht von 1 bis 6 %); x_2 ist der Wert des Grades der Zufriedenheit mit der Arbeit (das Verhältnis zwischen der Zahl der mit ihrer Arbeit zufriedenen Werktätigen und der Gesamtzahl der Werktätigen; die Skala der möglichen Werte reicht von 0 bis 1,00).

Der Koeffizient bei x_1 zeigt, daß sich die Fluktuation mit der Erhöhung der Prämie auf 1 % um 1,51 % verringert unter der Bedingung, daß die Zufriedenheit mit der Arbeit gleich bleibt. Der maximale Wirkungsgrad des Faktors beträgt $1{,}51 \cdot 6 = 9{,}06$ %. Der Koeffizient bei x_2 zeigt, wie sich die Fluktuation mit der Änderung des Grades der Zufriedenheit mit der Arbeit bei gleichbleibender Höhe der Jahresendprämie verändern würde. Der Wirkungsbereich des Faktors x_2 reicht von 0 bis 12,65 % der Fluktuation.

Die Methode der Mengenkorrelation ist sehr vielversprechend, wenn es um die Lösung praktischer Aufgaben der Lenkung verschiedener sozialer Prozesse geht. Kennt man die Parameter der Gleichung und gibt man für die steuerbaren Faktoren bestimmte Werte vor, so kann man den wahrscheinlichen Einfluß bestimmter Faktoren voraussagen, um auf sie einzuwirken. Mit Hilfe dieser Methode kann man insbesondere den Einfluß verschiedener Faktoren auf den Stand der Arbeitsdisziplin im Betrieb oder auf den Stand der Rechtsverletzungen in einem beliebigen anderen Bereich ermitteln und viele andere Aufgaben lösen, wenn einer der wirkenden Faktoren ein juristischer

Faktor ist. Mit Hilfe der Methode der multiplen Korrelation ist es u. E. zweckmäßig, die Effektivität der verschiedenen Rechtsnormen zu messen, die auf ein Gesamtziel gerichtet sind (z. B. des Systems der Normen, die den Werktätigen des Hohen Nordens Vergünstigungen und Vorrechte einräumen).

Der dritte mögliche Weg der Eliminierung der spezifischen Wirkung einer Rechtsnorm ist ein juristisches Experiment, das mit einer zielgerichteten Veränderung der Rechtsnorm anhand kontrollierbarer Objekte einhergeht. Diese Möglichkeit wurde in der Effektivitätsforschung von Rechtsnormen bisher nicht genutzt.

2. Hypothesen über die Ursachen ungenügender Effektivität von Rechtsnormen

Die Erforschung der Effektivität von Rechtsnormen beschränkt sich gewöhnlich nicht auf die Bestimmung ihres Grades. Ungenügende Effektivität einer Norm führt meist zu Hypothesen, die derartige Situationen erklären sollen. Diese Hypothesen gehen vom sozialen Wirkungsmechanismus der Rechtsnorm aus. Das Recht wirkt in zwei Hauptrichtungen auf die sozialen Verhältnisse ein: durch das Rechtsbewußtsein und durch die Realisierung von Rechtsnormen. Deshalb ist die Effektivität der Rechtsnormen von folgenden verallgemeinerten Bedingungen abhängig: a) von der Vollkommenheit der Rechtsnorm, b) von der Vollkommenheit der Realisierung der Rechtsvorschriften, c) von einem hohen Rechtsbewußtseinsstand der Bevölkerung. Die ungenügende Effektivität von Rechtsnormen entspricht meist ungenügender Qualität dieser Bedingungen. Daher werden Hypothesen, die die ungenügende Effektivität von Rechtsnormen erklären, in der Regel ausgehend von den Bedingungen für ihre effektive Wirkung aufgestellt.

Die Vollkommenheit der Rechtsnorm wird vor allem durch die adäquate Widerspiegelung der sozialökonomischen und politischen Gesetzmäßigkeiten des Sozialismus in den Rechtsvorschriften bestimmt. Sie setzt außerdem voraus, daß bei der Normschöpfung die Prinzipien der Leitung sozialer Prozesse und die Prinzipien der rechtlichen Regulierung beachtet werden. So ist eine der Bedingungen der Effektivität von Rechtsnormen nicht nur ihre innere Übereinstimmung mit dem Rechtssystem, sondern auch die Übereinstimmung mit dem System der anderen sozialen Regulatoren (Normen der Moral, Normen gesellschaftlicher Organisationen usw.).

Bei der Analyse der Rechtsnormen ist es sinnvoll, ihre einzelnen Strukturelemente (Hypothesen, Disposition, Sanktion) aufmerksam zu betrachten. Ein solches Herangehen verhindert es, die Merkmale der Rechtsnorm insgesamt mit den Merkmalen ihrer einzelnen Elemente zu vermischen.

Wenn man annehmen muß, daß die untersuchten Normen diesen Forderungen nicht entsprechen, dann muß die Methodik ihrer Effektivitätsforschung eine Darstellung und Kontrolle entsprechender Hypothesen vorsehen. Bei einer Untersuchung der Effektivität der Normen über die materielle Verantwortlichkeit der Betriebe wegen nicht qualitätsgerechter Lieferung, die das Allunionsinstitut für Sowjetgesetzgebung durchgeführt hat, wurde z. B. festgestellt, daß die materielle Verantwortlichkeit in vielen Fällen nur auf die juristische Person insgesamt, d. h. auf den Betrieb gerichtet ist, ohne die konkreten Personen zu erreichen, die an der nicht qualitätsgerechten Produktion schuld sind.

Hier liegt eine Situation vor, in der das wichtigste Prinzip der materiellen Verantwortlichkeit — ihre Unabwendbarkeit — nicht berücksichtigt wird. Deshalb wurde die

Hypothese aufgestellt, daß die Ursache der ungenügenden Effektivität der Normen über die materielle Verantwortlichkeit des Betriebes die Unvollkommenheit der Rechtsnormen sei, die die Realisierung des Prinzips der Unabwendbarkeit gewährleisten. Diese Hypothese wurde bestätigt. Um sozial effektiv zu sein, muß die Rechtsnorm vor allem über das Verhalten jener Rechtssubjekte realisiert werden, an die sie sich wendet. In einigen Fällen ist die Erfüllung der Normvorschriften gleichbedeutend mit ihrer sozialen Effektivität, in anderen Fällen tritt die Garantie des durch die Norm geforderten Verhaltens als notwendige (wenn auch unzureichende) Voraussetzung ihrer sozialen Effektivität auf. Deshalb ist die Suche nach Wegen zur Erhöhung der Effektivität der Rechtsnorm unausweichlich mit der Bestimmung des Grades der Realisierung ihrer Verhaltensanforderungen (der Effektivität ihres Wirkungsmechanismus) verbunden.

Realisierungsformen der Verhaltensanforderungen der Rechtsnorm können die Einhaltung von Verboten, die Erfüllung von Pflichten, die Verwirklichung subjektiver Rechte, die Anwendung von Rechtsnormen durch kompetente Organe usw. sein. Deshalb wird ganz allgemein der Grad der Realisierung von Rechtsvorschriften (Effektivität des Wirkungsmechanismus der Norm) dadurch charakterisiert, in welchem Umfang und wie qualifiziert die Rechtssubjekte die Rechtsnormen einhalten, erfüllen, ausnutzen und anwenden. Konkrete Kennwerte für den Stand der Realisierung werden durch die Spezifik der Rechtssubjekte und durch die Form der Rechtsverwirklichung bestimmt. Um die verschiedenen Seiten der Realisierung der Rechtsvorschriften (Gesetzlichkeit, Aktivität, Schnelligkeit usw.) bewerten zu können, muß man diese Kennwerte weiter konkretisieren. Ein entwickeltes Kennwertsystem ermöglicht es, die Realisierung der Rechtsnormen (Stand der Effektivität des Mechanismus ihrer Wirkung) durch die verschiedenen Subjekte einzuschätzen. Als Beispiel nennen wir ein Kennwertsystem, das erarbeitet wurde, um den Grad der Anwendung von Sanktionen für die Lieferung nichtqualitätsgerechter Erzeugnisse durch die Rechtsabteilungen der Betriebe festzustellen. Das allgemeine Ziel dieser Rechtsabteilungen besteht darin, in jedem Falle einer nicht qualitätsgerechten Lieferung Sanktionsforderungen gegenüber dem Lieferer zu erheben. Daraus ergibt sich der Gesamtkennwert für den Grad der Sanktionsanwendung: $P = \frac{N}{N_1}$, wobei N die Zahl der Forderungen ist, N_1 die Zahl der möglichen Forderungen. Dieser Kennwert, der für 112 der ausgewählten Betriebe in drei Varianten (nach der Anzahl der Lieferungen, dem Wert der nichtqualitätsgerechten Erzeugnisse und der Summe der „Strafen") errechnet wurde, beträgt 0,80; 0,73; 0,57. Unter Berücksichtigung dessen, daß der allgemeine Kennwert nicht alle Seiten der Arbeit der Rechtsabteilungen vollständig widerspiegeln kann, wurden noch zwei Kennwerte eingeführt, die die Aktivität und Qualifiziertheit dieser Abteilungen charakterisieren. Unter Aktivität versteht man die Anwendung von Sanktionen in jedem notwendigen Fall, unter Qualifiziertheit die gesetzliche und begründete Anwendung von Sanktionen. Als Kennwerte treten hier folgende Beziehungen auf:

$P_1 = \frac{N_2}{N_1}$, wobei N_2 die Anzahl der geltend gemachten Ansprüche ist und N_1 die Anzahl der nicht qualitätsgerechten Lieferungen.

$P_2 = \frac{N_3}{N_2}$, wobei N_3 die Anzahl der befriedigten Ansprüche und Forderungen ist; N_2 die Anzahl der geltend gemachten Ansprüche und Forderungen. Die Durchschnittswerte dieser Kennwerte der ausgewählten Menge betrugen $P_1 = 0{,}73$ und $P_2 = 0{,}68$.

Wenn der Realisierungsgrad der untersuchten Norm unzureichend ist (die Aussagen der Werte sind weit vom maximal Möglichen entfernt [= 1,00]), so müssen Teilhypothesen aufgestellt werden, die diese Situation erklären.

Jeder Realisierungsakt von Rechtsvorschriften ist eine Wechselwirkung zwischen Rechtssubjekt und Rechtsnorm, der sich unter bestimmten sozialen Bedingungen vollzieht. Erklärende Hypothesen können verbunden sein mit der Rechtsnorm (mit ihrer Realität, Genauigkeit der Formulierungen, Widerspruchsfreiheit usw.), mit den Rechtssubjekten (vor allem mit ihrer juristischen Qualifikation) und mit den sozialen Bedingungen, unter denen die Norm verwirklicht wird. Dabei sollten zweckmäßigerweise hypothetisch sowohl die Faktoren bestimmt werden, die zur Realisierung der Rechtsvorschriften beitragen: die Stimuli (die Übereinstimmung des Inhalts der Normen mit den Interessen der Rechtssubjekte, ein genaues System der Anreize und Strafen für die Befolgung oder Nichtbefolgung von Rechtsvorschriften usw.), als auch die Faktoren, die diese verhindern: Antistimuli (z. B. die Befürchtung, daß die Befolgung von Rechtsvorschriften ungünstige Folgen für das Subjekt hat). Zur quantitativen Bewertung eines jeden Faktors wird ein Kennwertsystem erarbeitet. Ferner wird durch die Gegenüberstellung der entsprechenden Kennwerte der Einfluß eines jeden Faktors auf die Realisierung der Rechtsnormen festgestellt. Notwendige Bedingung der Rechtsnormeneffektivität ist, wie bereits gesagt, ein hohes Rechtsbewußtsein der Personen, die die Rechtsnormen anwenden oder die sich rechtsgemäß verhalten. Die Kategorie des Rechtsbewußtseins schließt eine breite Palette von Begriffen ein. Jedoch genügen im allgemeinen zwei Kennwerte, um die Effektivität von Rechtsnormen zu erforschen: die Rechtsnormenkenntnisse und das Verhältnis zu den Rechtsnormen, da gerade diese Kategorien das reale Verhalten in Situationen, die durch das Recht geregelt sind, bestimmen. Um die Kennwerte mit einem realen Inhalt auszufüllen, wird den Respondenten eine Gruppe von Fragen vorgelegt, deren Beantwortung eine Aussage über den Grad der Kenntnisse der untersuchten Normen und das Verhältnis zu diesen Normen erlaubt. Oder es werden projektive Situationen vorgesehen mit der Aufgabe, die entsprechenden Rechtsnormen zu bilden. So wurde der Kenntnisstand der Arbeiter über die rechtliche Regelung der Prämiierung mit Hilfe zweier Fragen bestimmt, einer direkten: Kennen Sie die Verordnung, nach der man Sie prämiiert? und einer Kontrollfrage: Schreiben Sie auf, wofür Sie die Monatsprämie erhielten (für die Erfüllung welcher Kennziffern und Bedingungen?). Dabei wurden zur Personenzahl, die den Inhalt der untersuchten Norm kannte, nur jene Respondenten gerechnet, die die Kontrollfrage richtig beantwortet hatten. Die Beziehung der Wirtschaftsleiter zum Gesetz wurde in einer der Untersuchungen des Allunionsinstituts für Sowjetgesetzgebung besonders mit Hilfe folgender Frage bestimmt: Teilen Sie die Meinung, daß man sich wegen der ökonomischen Zweckmäßigkeit, örtlicher Bedingungen oder anderen Gründen über Rechtsvorschriften hinwegsetzen kann?

In der nächsten Forschungsetappe muß in der Regel festgestellt werden, welchen Anteil die Rechtsnormenkenntnis und das Verhältnis zu den Rechtsnormen auf deren Effektivität haben.

3. Kontrolle der aufgestellten Hypothesen

Die Kontrolle der aufgestellten Hypothesen umfaßt die Ausarbeitung von Verfahren zur Erfassung sozialrechtlicher Informationen, die Bestimmung einer Auswahlgesamtheit von Untersuchungsobjekten und den Nachweis ihrer Repräsentativität, die Verarbeitung der Informationen, ihre gedankliche Interpretation. Alle diese Operationen gehen nach Regeln vonstatten, die in der allgemeinen Methodik soziologischer Forschungen erarbeitet wurden und die keiner speziellen Analyse bedürfen. Eine bestimmte Spezifik hat nur die letzte Etappe der Effektivitätsmessung — die Analyse der gesammelten empirischen Daten. Gerade in dieser Etappe müssen Schlußfolgerungen darüber gezogen werden, ob die aufgestellte Hypothese bewiesen oder nicht bewiesen werden konnte. Methodisch setzt das folgende Operation voraus: a) Ausfüllen der Kennwerte, die den Einfluß verschiedener Faktoren auf den Effektivitätsgrad kennzeichnen, mit realem Inhalt; b) Suche nach Wechselbeziehungen zwischen den genannten Kennwerten und jenen, die den Realisierungsgrad des in den untersuchten Normen fixierten Ziels charakterisieren; c) die Bestimmung des Einflusses der hypothetischen Faktoren auf die Effektivität der Normen.

In dieser Etappe ist die Anwendung von Methoden der mathematischen Statistik, besonders der Methode analytischer Gruppierungen, der Korrelations- und Faktorenanalyse notwendig. Als Beispiel führen wir das Beweisverfahren einer der Hypothesen bei den Untersuchungen an, die vom Allunionsinstitut für Sowjetgesetzgebung von 1971 bis 1973 durchgeführt wurden.

Bei der Untersuchung der Effektivität der Normen über die materielle Verantwortlichkeit für die Lieferung nichtqualitätsgerechter Erzeugnisse wurde eine der Hypothesen folgendermaßen formuliert: „Die Effektivität der Normen ist um so höher, je vollständiger die Besteller die vom Gesetz vorgesehenen materiellen Sanktionen anwenden". Der Index der Effektivität der Normen (F_1) drückt das Verhältnis zwischen der Anzahl (Wert) der Lieferungen nichtqualitätsgerechter Erzeugnisse und der Anzahl (Wert) aller Lieferungen aus. Der Index des Grades der Anwendung der Sanktionen durch die Besteller (P_2) drückt das Verhältnis der Anzahl (Summe) der geforderten Sanktionen und der Anzahl (Summe) der Lieferungen nicht qualitätsgerechter Erzeugnisse aus. Bedingung für die Bestätigung der Hypothese ist: den höheren Indizes (P_2) müssen höhere Indizes der Effektivität der Normen (P_1) entsprechen. Zur Eliminierung der Wirkung anderer Faktoren wurden die Lieferbetriebe nach wichtigen Parametern, die Einfluß auf die Produktion nicht qualitätsgerechter Erzeugnisse haben, angeglichen. Die Besteller wurden je nach der Anwendung der Sanktionen in drei Gruppen eingeteilt, wobei sich folgende analytische Gruppierung ergab:

Tabelle 2: Effektivität der Wirkung materieller Sanktionen auf die Lieferer nichtqualitätsgerechter Erzeugnisse

Index der Realisierung der materiellen Verantwortlichkeit durch den Besteller nichtqualitätsgerechter Lieferung	Index der Rechtsverletzungen seitens der Lieferer, die mit Sanktionen belegt wurden (P_1)		
	1969	1970	1971
1	0,0064	0,0061	0,0033
0,73	0,0170	0,0200	0,0160
0	0,0240	0,0270	0,0320

Die Tabelle zeigt: Je besser die Betriebe die Normen über materielle Verantwortlichkeit realisieren (Index 1), desto geringer wird die Lieferung nicht qualitätsgerechter Erzeugnisse. Und umgekehrt, eine schlechte Realisierung dieser Normen (Index 0) führt zu einem Wachstum der Lieferung nicht qualitätsgerechter Erzeugnisse.

Nachdem die Ursachen für die Uneffektivität oder unzureichenden Effektivität einzelner Rechtsnormen aufgedeckt worden sind, können entsprechende Empfehlungen ausgearbeitet werden. Gewöhnlich ergeben sie sich aus den Forschungsergebnissen. Manchmal reichen jedoch selbst die genauesten Angaben über Ursache—Wirkung—Beziehungen noch nicht aus, um Empfehlungen zu formulieren, weil das Ziel auf unterschiedlichsten Wegen und mit unterschiedlichen Mitteln erreicht werden kann. Die Bestimmung der optimalen Lösung macht dann meist eine besondere Untersuchung erforderlich (z. B. ein ökonomisch-juristisches Experiment).

Anmerkungen

1 Vgl. z. B. SAMOŠČENKO, I. S./NIKITINSKIJ, V. I./VENGEROV, A. B., Über die Grundlagen der Methodologie und Methodik der Erforschung der Effektivität der Wirkung von Rechtsnormen, in: Učenye zapiski VNIISZ, Bd. 25, 1971; PETROV, I. N., Vergleichsmethoden und Messung der Effektivität von Rechtsnormen, in: Učenye zapiski VNIISZ, Bd. 28, 1973.

2 Vgl. ausführlicher Marxistisch-leninistische allgemeine Theorie des Staates und des Rechts, Bd. 4, Moskau 1973, S. 277—279.

3 Vgl. Die Persönlichkeit und ihre Wertorientierung, in: Informacionnyj bjulleten SSA i IKSI AN SSSP, N. 19, Bd. 1, 1969.

4 MILL, J. ST., System der deduktiven und induktiven Logik, Moskau 1899, S. 314.

5 Vgl. SVIRIDOV, S. A., Effektivität der Gesetzgebung über die materielle Verantwortlichkeit der Arbeiter und Angestellten in Industriebetrieben, Autorreferat zur Kandidatendissertation, Voronež 1973, S. 15—16. Danach bewirkte die Einführung einer neuen Verordnung über Schadenersatz eine sofortige Verringerung von Fällen ungesetzlicher Abzüge.

6 Vgl. ausführlicher z. B. URLANIS, B. C., Allgemeine Theorie der Statistik, Moskau 1973, S. 322—323.

Quellenverzeichnis

A. F. TEERDANZEV
Das Prinzip der Parteilichkeit in der marxistisch-leninistischen Staats- und Rechtswissenschaft, in: Sovetskoe gosudarstvo i pravo, 1976, Nr. 9, S. 3—10

I. S. SAMOŠČENKO, V. M. SYRYCH
K metodologii sovetskogo pravovedenija, in: Sovetskoe gosudarstv i pravo, 6/1973, S. 29—37

V. A. MASLENNIKOV
Trudovye proisvodstvennye kollektivy v social'no-pravovych issledovanijach, in: Pravo i Soziologija, Moskau 1973, S. 291—324

R. A. SAFAROV
Jurisdiceskoe prognosirovanie, in: Pravo i Soziologija, Moskau 1973, S. 95—112

D. A. KERIMOV
Metodologičeskij aspekt pravotvorčestvo, in: Voprosy filosofii, 5/1975, S. 107—118

M. P. SHURAVLEV, V. N. KUDRJAVCEV
Konkretno-sociologičeskie metody naučnych issledovanij v prave, in: Problemy metodologii i metodiki pravovedenija, Moskau 1974, S. 95—115

A. A. TILLE
Sravnitel'nyi metod v issledovaijach i v praktike sovetskogo prava, in: Problemy metodologii i metodiki pravovedenijach, Moskau 1974, S. 115—124

V. V. LAZAREV
Experimental'nyi metod issledovanija gosudarstvenno-pravovych javlenii, in: Teoretičeskie problemy metodologii issledovanija gosudarstva i prava, Kasan 1972, S. 74—90

A. A. EJSMAN
Logičeskie i semantičeskie issledovanija v oblasti prava, in: Problemy metodologii i metodiki pravovedenija, Moskau 1974, S. 137—153

A. R. RATINOV
Primenenie psychologičeskich metodov v socialno-pravovych issledovanijach, in: Problemy metodologii i metodiki pravovedenija, Moskau 1974, S. 124—136

O. N. GRIGOREV
Matematičeskie metody v konkretnych social'no-pravovych issledovanijach, in: Pravo i Soziologia, Moskau 1973, S. 146—168

V. I. NIKITINSKIJ, V. V. GLAZYRIN, S. E. KAZARINOVA
O metodike izmerenija ėffektivnosti pravovych norm, in: Sovetskoe gosudarstvo i pravo, 9/1975, S. 25—34

Bei Fragen zur Produktsicherheit wenden Sie sich bitte an:
If you have any questions regarding product safety,
please contact:

Walter de Gruyter GmbH
Genthiner Straße 13
10785 Berlin
productsafety@degruyterbrill.com